燃灯者

与其诅咒黑暗,不如燃亮灯火

The Supreme Court

A C-SPAN Book,
Featuring the Justices in their Own Words

关于编者

布莱恩·拉姆
C-SPAN电视台创立者、首席执行官和资深出镜主持人。

苏珊·斯温
C-SPAN电视台联席总裁和出镜主持人,在C-SPAN已出版的6本图书中担任主编。

马克·法卡斯
C-SPAN电视台纪录片资深制片人。

关于译者

何 帆
最高人民法院法官,业余从事法政作品著译。著有《大法官说了算:美国司法观察笔记》(2010)等,译有《法官能为民主做什么》(2012)、《批评官员的尺度:〈纽约时报〉诉警察局长沙利文案》(2011)、《九人:美国最高法院风云》(2010)、《大法官是这样炼成的:哈里·布莱克门的最高法院之旅》(2011)、《作为法律史学家的狄更斯》(2009)。主编有"美国最高法院大法官传记译丛"。

谁来守护公正
美国最高法院大法官访谈录

THE SUPREME COURT
A C-SPAN Book, Featuring the Justices in their Own Words

〔美〕布莱恩·拉姆　苏珊·斯温　马克·法卡斯 编

何帆 译

大法官说

我们的政体之所以举世无双,在于它受法治约束,拥有一部必须由法律人和法官解释的成文宪法。所以,你会发现,这个地方发生的事,与国会大厦、白宫内有些许不同。你会意识到这些事对我们的政体运行来说,有多么重要。

——约翰·罗伯茨首席大法官

在民主制度下,最高法院的职能,就是公正、忠实地解释宪法、法律的含义,使之符合立宪者或国会立法者的意图。最高法院的职能就这么简单,除此之外,别无其它。我并不认为我们是社会变革的引领者,我们也不是历史车轮的推动者。我们的工作只是为前人的立法提供解释。

——安东宁·斯卡利亚大法官

世界上有六十亿人口。超过一半的人们在法治领域之外生活。他们所在的地方,将法律视为障碍,而不是进步的工具,把法律看成威胁,而不是希望。在他们眼里,法律是一种需要绕行的东西,而不是需要接受的东西。他们不理解法律。

——安东尼·肯尼迪大法官

当我审理案件时,我的重心会更多地放在普通公民身上,而不是那些评论我们的人。我关注的重点不是那些写法律论文或者教宪法的人,而是在葛底斯堡来找我的人、在"家得宝"碰上的人、那些刚从前线回来的人,以及孩子们的老师。

——克拉伦斯·托马斯大法官

公众最终看到的，是列明裁判理由的判决意见。法官必须遵从，而且与立法者相区别的一项行为准则是：我们不能简单地说某个当事人应该获胜，我们所做的每一个判决，都要有充分的依据。

——露丝·巴德·金斯伯格大法官

我们有三亿国民，就可能有九亿种观点，在许多问题上，人们都不可能达成一致。尽管大家有大量分歧，但他们都会在法律框架内解决纠纷。我们在电视上，会看到有些国家战乱不休，他们没有法治传统，只能靠枪炮解决问题。

——斯蒂芬·布雷耶大法官

"最高法院的主要职能是什么？"如果我记得没错的话，答案非常精炼：解释与适用美国宪法和法律。美国人民相信我们能够公正、客观地解释与适用法律。这也是我们的神圣职责。

——塞缪尔·阿利托大法官

你坐在哪里，按什么顺序坐，如何投票，所有这些传统，所有这些做法，都在提醒我们制度的重要性，而不是个人的重要性。我热爱传统，因为它们评价着我们的历史，也让我们有历史留给后人。也是它让我们作为一个国家走过了两百多年。你知道任何形式的政府能像我们这样平稳地存续这么久，在人类历史上是罕见的。

——索尼娅·索托马约尔大法官

最高法院最值得称道的地方是：即使人们不同意对方的观点，有时甚至强烈反对，并对一些重大、疑难议题坚持己见，但大家都明白，每个人只是要尽量做好自己的工作，都在很努力地工作，也都很热爱法律和这个国家。

——艾琳娜·卡根大法官

在我看来，大法官的一项重要工作，就是解释自己在案件中的立场。这个机构的审判程序是完全公开、透明的，我们会以公开方式，向公众解释我们的判决是什么，为什么要这么判。如果最高法院内部存在分歧意见，最好让那些持异议者发表意见，向大家说明他们为什么觉得自己的观点更有道理。

——约翰·保罗·斯蒂文斯大法官（已退休）

最高法院得到了美国人民的尊重。我想，它也是最受人民尊重的政府机构之一。我们的立法机关包含两个不同的党派，政治立场也比较多元，留给人民的印象比较复杂。人们对待总统，也是有褒有贬。只有最高法院赢得了全体人民的尊重和赞赏，我希望我们能一直拥有这些。

——桑德拉·戴·奥康纳大法官（已退休）

每位法官的共同义务在于：对简单案件的存疑，对普遍公理的质疑，对既往先例的谦抑，以及不受现实环境约束，勇敢挑战权威原理的勇气。

——戴维·苏特大法官（已退休）

译者导言
探寻守护公正者的内心世界

一

2012年5月24日,首次来华的斯蒂芬·布雷耶大法官在清华大学法学院举行了一场学术讲座。我作为布氏新书《法官能为民主做什么》一书的译者获邀列席。大法官虽已74岁高龄,但精神奕奕,活泼健谈。当天,主办方在法学院楼前立有一幅中文海报,上有"当代美国最高法院最有智慧的大法官"字样。得知这段话的意思后,老人家大笑:"哇,这下我回去可就麻烦了。"私下还逗乐说:"等斯卡利亚大法官下回过来,你们可以把这张海报给他看。"

无论在意识形态领域,还是司法理念上,同样以智慧过人、文笔犀利著称的安东宁·斯卡利亚大法官,都可谓布雷耶的"老对手"。虽然俩人私交不错,但布雷耶的新书还是以相当篇幅,批判了斯卡利亚的宪法解释方法。我问布雷耶:"斯卡利亚大法官对这些批评有何反应,会不会撰文反击?"他回答:"他正在写一本新书,里面或许会有回应。"

当时,举世瞩目的"医保案"庭审已经结束,布雷耶和斯卡利亚分处不同阵营。按照常理,案子将在六月底宣判,无论结果如何,都将对年底的总统大选产生重要影响。多数媒体的预测是,由于自由派和保守派势均力敌,最终将由安东尼·肯尼迪大法官投出决定性一票〔1〕。当月出刊的《时代》杂志,还把肯尼迪作为封面人物,并附上主标题:"决断者"。我不便打听投票详情,只好旁敲侧击:"肯尼迪大法官仍会起关键作用么?"布雷耶微微一笑:"正式宣判前,一切皆有可能。"

讲座非常精彩。布雷耶妙语连珠,生动诠释了联邦最高法院在当代美国社会和政府体系中的职能,其语言魅力和气场风度,完全不输给他的哈佛前同事迈克尔·桑德尔。谈到宪法的重要性时,布雷耶像变戏法一般,从上衣口袋里摸出一本袖珍版宪法,频频挥舞,激起全场阵阵掌声。讲座结束后,他将那本宪法小册子签名赠我。我问:"您总是随身带着宪法吗?"他正色道:"当然,宪法是拿来用的,必须随身携带。"

事后,我请人将讲座视频配上字幕,上传至某视频网站。没想到这一专业性较强的讲座,居然大受欢迎。截至此刻,已有84720人次点击收看了这一视频,新浪微博也有12000多次转发,1640个评论。有网友说:"以前总觉得美国最高法院大法官都是沉默寡言的老古板,没想到布雷耶这么和蔼可亲、风趣幽默,是一位又有学问又爱'卖萌'的老爷爷。"事实上,我自己虽对九位大法官的履历、个性和立场比较熟悉,但若想对一个人有真切、完整

---

〔1〕 自由派与保守派:当代民主党与共和党之间,虽然共同拥有一些基本的意识形态和价值观念,但也存在着诸多分歧,尤其在面向变革方面,民主党是相对支持变革的政党,又称左翼;共和党相对反对变革,又称右翼。进入二十世纪后,民主党渐渐被贴上自由派的标签,共和党则被贴上保守派的标签。从政治观点上看,自由派赞成堕胎、同性婚姻、平权措施、安乐死、移民政策,要求扩大联邦政府权力、限制死刑、反对公民个人持枪、禁止政府支持宗教活动。保守派则坚决反对堕胎、同性婚姻、安乐死,支持死刑,赞成公民个人持枪,要求限制联邦政府权力、减少对富人减税、限制移民进入美国,积极推动宗教进入公立学校、政府机构等公共领域。不过,两派观点也并非绝对对立,保守派也存在中间偏左的立场,自由派也有中间偏右的观点。一般来说,民主党总统提名的大法官,司法立场上多倾向自由派,如最高法院现任大法官露丝·巴德·金斯伯格、斯蒂芬·布雷耶、索尼娅·索托马约尔、艾琳娜·卡根;共和党总统提名的大法官,司法立场上多倾向保守派,如现任首席大法官约翰·罗伯茨、大法官安东宁·斯卡利亚、克拉伦斯·托马斯、塞缪尔·阿利托;还有的大法官虽然由共和党总统提名,但立场飘忽不定,被称为中间派,如现任大法官安东尼·肯尼迪,经常在自由派和保守派相持不下时,投出决定性的一票。需要强调的是,即使大法官有派性倾向,但并不代表他们在具体案件中的裁决一定受意识形态影响。关于美国当代社会的自由主义、保守主义和中间主义思潮,可参见楚树龙、荣予:《美国政府和政治》(上册),清华大学出版社2012年版,第73—167页;刘军宁:《保守主义》,天津人民出版社2007年版。

的认识,只"观其文"的效果,的确远不如"见其人"和"听其言"。

6月28日,"医保案"宣判,投出关键一票的居然是首席大法官约翰·罗伯茨,而且破天荒地支持了巴拉克·奥巴马总统的医改法案。这一结果,几乎令各界人士大跌眼镜。由于罗伯茨向来被视为保守派的中流砥柱,人们纷纷揣测首席大法官为何会有这样的意识形态转向,保守派阵营和旗下媒体则众口一词,痛斥他为"叛徒"。有媒体报道,最高法院内部也为此案闹得很不愉快,爱憎分明的斯卡利亚甚至找罗伯茨吵了一架,彼此拍了桌子摔了门。理念纷争赫然已上升到"诸神之战"的高度。

7月,斯卡利亚大法官与人合著的新书《阅读法律:法律文本解释》出版。[1] 为推广新书,斯卡利亚先后接受多家电视台专访,并澄清了他与首席大法官的不和传闻:"有人说我与罗伯茨大法官吵过架,这纯属子虚乌有。大法官之间只有法律观点之争,个人从不交恶。媒体老喜欢把我们描述成一个瓶子里的九只蝎子,实际情况并非如此。"[2]

更有意思的还在后面,《阅读法律》一书开篇就对布雷耶大法官的批评进行了"反批评",然而,还未等布雷耶回应,中国读者非常熟悉的联邦第七巡回上诉法院法官理查德·波斯纳就掀起了一场新的论战。8月24日,波斯纳在《新共和》杂志发表了一则长篇书评,指责斯卡利亚新书内容自相矛盾,作者本人亦言行不一,口口声声说要严格按立宪原意解释宪法,却在2008年的"华盛顿禁枪案"等案件中凭个人好恶解释法律。[3] 斯卡利亚很快发起反击,公开表示波斯纳的说法完全扭曲事实,只能蒙骗《新共和》读者这样的外行,根本不会得到法律专业人士的认同。波斯纳干脆拒绝发表

---

[1] 该书即 Antonin Scalia and Bryan Garner, *Reading Law*: *The Interpretation of Legal Texts* (West,2012)。前述布雷耶大法官的新书已有中文版,即〔美〕斯蒂芬·布雷耶:《法官能为民主做什么》,何帆译,法律出版社2012年版。

[2] Adam Liptak, "Scalia Says He Had No 'Falling Out' With Chief Justice," *New York Times* (July 19, 2012).

[3] Richard A. Posner, "The Incoherence of Antonin Scalia," *New Republic* (August 24, 2012).

回应。[1]

二

从前面这段叙述中,大家可以看到,美国最高法院九位大法官不仅审理着影响国家政治走向的重要案件,还会著书立说、发表演讲、公开论战,甚至走到摄像机前接受专访。搁在十多年前,后面这些行为几乎难以想象。美国人民虽有鄙视、嘲弄政客的传统,但对最高法院大法官却一直非常尊重,甚至普遍存在"法袍崇拜"情结。[2] 在公众心目中,最高法院大楼被称作"大理石神殿",九位大法官也被视为"天神"一般的人物。他们深居简出,研习法律,审理案件,撰写判决,守护着宪法与公正。除了开庭和宣判,大法官很少集体公开露面,也不允许任何人拍摄庭审场景。可以说,在政府事务日益讲求透明化的今天,联邦最高法院已成为美国最"神秘"的机构。早年的许多大法官也认为,与公众保持距离,可以维系人民对法官的尊敬。[3]

保持低调和神秘,固然有利于博得尊重,但与公众的过度隔离,也会产生负面效应。近年来,对最高法院的批评逐渐增多,媒体时常指责大法官们的判决死扣条文,不接地气,脱离民意。另一方面,由于公民教育的缺失,美国公众对最高法院知之甚少。根据2009年的一项民意调查,仅有三分之一的受访者可以说出政府三大分支的名称,但三分之二的人可以说出《美国偶像》节目三个评委的名字;四分之三的人不知道法官与议员的区别;一大半受访者连一位大法官的姓名都说不出。[4] 民众的疏离和陌然,意味着司

---

[1] Terry Baynes, *Antonin Scalia: Judge Richard Posner Lied In Judicial Philosophy Criticism*, Reuters(Sept 17, 2012).

[2] Jerome Frank, "The Cult of the Robe," 28 *Saturday Review* 12 (October 13, 1945).

[3] Felix Frankfurter, "Personal Ambitions of Judges: Should a Judge 'Think Beyond the Judicial'?" 34 *American Bar Association Journal* 656 (1948).

[4] 美国教育部最近对四年级、六年级和十二年级学生的调查显示,在广大学生当中,的确存在类似的令人担忧的基础公民知识缺失的情况,参见国家教育统计中心2011年发布的 *The Nation's Report Card: Civics 2010: National Assessment of Educational Progress at Grades 4, 6, and 12*, 电子版网址为: http://nces.ed.gov/nationsreportcard/pdf/main2010/2011466.pdf.

法的正当性和公信力将受到挑战。

最高法院也意识到危机所在。约翰·罗伯茨 2005 年接任首席大法官后,对公众和媒体采取了更为开放的态度。上任伊始,他就接受了美国广播公司《夜线》节目的采访。2010 年 9 月发布的《联邦司法发展战略》,则将加强与公众的沟通,向人民介绍法院的职能和功用,作为联邦法院一项重要工作。

近年来,大法官们纷纷走出法院大门,致力于推动公民教育。布雷耶、肯尼迪、克拉伦斯·托马斯和桑德拉·戴·奥康纳大法官都参加过公共事务电视台(C-SPAN)向广大中学生介绍知名人物的系列节目《学生和领袖》。布雷耶大法官也在新书中多次呼吁,希望能进一步开放庭审、安排更多民众参观法院、建立法官定期与社会各界交流的机制,并开发更多的法制教育资源。退休大法官奥康纳在推动中小学生的公民教育方面,更是不遗余力。2009 年夏天,她甚至协助网络公司开发出一款名为"我们的法院"的在线游戏,方便广大中学生熟悉美国的宪政架构和法院的审判流程。

正是在这样的背景下,2010 年,当 C-SPAN 申请对全体大法官进行采访时,大法官们破天荒地批准了这一请求。九位现任大法官和三位离任大法官,同时接受一家电视台的专访,这在美国历史上,绝对是头一次。

三

C-SPAN 的全称为"公共事务有线电视网"(Cable-Satellite Public Affairs Network),是 1979 年成立的一家民营、非营利性电视台,由本书编者之一布莱恩·拉姆创办。C-SPAN 最初只有一个频道,全天候报道政治选举和国会辩论情况。1986 年和 1997 年,C-SPAN 先后成立了二台与三台,节目类型涵盖政治活动直播、时事动态报道、公众人物访谈、读书荐书栏目和历史纪录片等,陆续打造了《华盛顿杂志》《白宫之路》《美国和法院》和《有问有答》等品牌节目,还组织拍摄了《白宫》《国会》等纪录片,向公众介绍美国政府机构的历史渊源和现实运转情况。

2009年,当C-SPAN为制作纪录片《最高法院》,提出进入最高司法机构拍摄,并采访九位大法官时,并未想到他们将完成一项史无前例的任务。包括从来不愿上电视的戴维·苏特大法官在内,所有大法官都同意了C-SPAN的请求,先后接受了采访。面对镜头,大法官们侃侃而谈,话题涵盖最高法院的历史、职能、传统和规则,对自己的司法理念、行事风格与个人偏好也毫不讳言。虽然受司法伦理限制,大法官们并没有谈及具体案件的裁判内幕,但访谈中的大部分内容都是首次公布,信息量非常丰富。

节目录制完成后,C-SPAN将访谈内容统一收入2010年出版的《谁来守护公正:美国最高法院大法官访谈录》(*The Supreme Court: A C-SPAN Book, Featuring the Justices in their Own Words*)一书。[1] 之后,由于约翰·保罗·斯蒂文斯大法官退休,艾琳娜·卡根大法官履新,C-SPAN又对卡根进行了补充采访,并将新内容增补到修订版中。本书中译本即根据2011年推出的修订版译出。[2]

四

近些年,在许多学者、译者和出版界人士的努力下,美国司法题材的图书逐渐受到重视,对之感兴趣的读者越来越多。人们不仅乐意了解美国的宪政历程和重大案件,对联邦最高法院的审判流程、大法官们的生平、理念和喜好也很好奇。例如,每年有8000多起案件申请由最高法院复审,大法官们要从中选取大概80起审理,这些案子是怎么选出来的?由谁来选?选取标准又是什么?受理案件后,最高法院的庭审又是什么形式?除了法官,有没有陪审团列席?证人可以出庭吗?律师发言有没有时间限制?是否有空闲发个微博?大法官们如何判案?内部讨论如何进行?怎样决定判决书主笔人选?重要案件一般何时宣判?大法官会当庭阅读判决全文么?异议

---

[1] 采访记录在编辑成书过程中,对部分重复的对话做了删减,书面记录与采访视频并不完全对应。

[2] 需要补充的是,2011年推出的原书修订版并没有纸质版,仅有Kindle版。

意见是否具有法律效力?

的确,在《风暴眼》、《美国司法体系中的最高法院》和《司法的过程》等关于美国最高法院的经典著作中,大家肯定能找到上述问题的答案。[1] 可是,除了专业研究者,普通读者可能读不进这类教科书或"大部头",相比之下,《谁来守护公正》这样的访谈实录,阅读界面要更为"友好"。借用原书副标题的含义,这本书是让大法官们用自己的话,向广大读者介绍他们的工作,阐释他们的立场。非专业人士也可以像欣赏布雷耶大法官的讲座视频那样,轻松释解疑惑,获取信息。

事实上,即使对法律人而言,这本书也能提供许多有价值的视角或信息。专业人士固然了解最高法院的诉讼流程和内部操作,却未必明白大法官们对特定议题的见解。例如,最高法院如何看待民意?民意"一边倒"的案子,会不会影响大法官们的判断?庭审之前,大法官内心对判决结果是否已有结论?律师的发言真能让他们回心转意吗?如果能,他们喜欢什么样的庭辩风格?许多大法官过去都是出色的最高法院出庭律师,如罗伯茨、肯尼迪、露丝·巴德·金斯伯格等,罗伯茨还曾被誉为"律师中的律师",作为经验丰富的过来人,他们对出庭律师又有何建议?大法官的书架上都放些什么书,他们最常用的宪法参考书是什么?每位大法官都配备了法官助理,那么,哪些大法官习惯亲自撰写判决书初稿,哪些大法官喜欢交给法官助理代为起草,各自的理由又是什么?大法官们是否受到科技发展的影响,他们用不用 Google 搜索资料,上不上 Twitter 发言,会不会把诉讼文书存储在 iPad 或 Kindle 里阅读?如果某位大法官特别喜欢某个案子,会不会向首席大法官主动请缨,要求撰写这起案件的判决意见?访谈者就这些问题,向多位大法官提问,并得到风格各异的精彩答案。

喜欢司法八卦的读者,也能从阅读中找到不少乐趣。虽然书中记录的

---

[1] 关于最高法院的工作机制和大法官的遴选方式,中文图书领域较好的介绍性著作主要有以下三本:〔美〕戴维·奥布赖恩:《风暴眼:美国政治中的最高法院》,胡晓进译,上海人民出版社2010年版;〔美〕亨利·亚伯拉罕:《司法的过程》,泮伟江等译,北京大学出版社2009年版;〔美〕杰弗瑞·西格尔等:《美国司法体系中的最高法院》,刘哲玮、杨微波译,北京大学出版社2011年版。

都是一些严肃的访谈,但大家还是可以从大法官们的不同反应和表现中,感受到他们的鲜明个性,了解到许多逸闻趣事。例如,斯卡利亚大法官会抱怨太多好学生都去学法律、做律师,实在是浪费人才,但他又会给未来的出庭律师们支招,告诉他们如何在大法官已在诉状上批下"胡说八道"几个字后,利用庭审扭转败局。肯尼迪大法官会不时卖弄文采,引经据典,甚至"吐槽"俄罗斯作家索尔仁尼琴,指责他虽然反对极权,但不注重法治。向来在审判席上惜字如金的克拉伦斯·托马斯大法官一反常态,兴致勃勃地讲述自己驾驶房车、周游全国的经历。金斯伯格大法官会对自己的中国法袍和丈夫的厨艺津津乐道。索尼娅·索托马约尔大法官则会与大家分享她接到奥巴马总统通知提名的电话时的内心感受,以及赶赴华盛顿途中的迷路经历。包括退休大法官桑德拉·戴·奥康纳在内的几位女性大法官,还各自透露了自己的着装心得。

更加难能可贵的是,为了使全书内容更加丰富、完整,C-SPAN还附上了对几位最高法院"专家"的采访内容。这些人或是最高法院的工作人员,或长期在最高法院出庭,或者进行过多年司法报道,对法院情况如数家珍。他们是:《今日美国》资深记者、奥康纳和斯卡利亚的传记作者琼·比斯丘皮克;前首席政府律师德鲁·戴斯三世;最高法院记者团团长、SCOTUS博客创办人莱尔·丹尼斯顿;前法官助理、著名上诉律师莫琳·马奥尼;最高法院历史专家詹姆斯·奥哈马;最高法院现任书记官威廉·苏特。从这些人口中,读者可以从不同视角,进一步了解联邦最高法院的历史、传统与文化,并获得更多新颖、有趣的资讯。

长久以来,人们多习惯从具体案件的投票结果,判断大法官的政治倾向,据此给特定大法官贴上温和派、自由派或保守派等意识形态标签。但是,一旦出现像"医保案"这样的案子,"标签论"或"派系论"可能就无法自圆其说了。换句话说,如果案子还没开审或宣判,人们就能从大法官的所谓"派系"中猜测出判决结果,这样的法院是否有资格守护公正,承受世人尊重,恐怕值得怀疑。因此,只有深入探究大法官们对司法、法治和民意的看法,才可能真正理解他们的所作所为。而本书的访谈内容,正是管窥这些守护公正者内心世界的窗口之一。

五

对我来说,翻译这本大法官访谈录,是一段非常愉悦的经历。毕竟,访谈不同于演讲,对话相对简洁,没有刻意修辞,也不会有繁复的长句和生僻的知识点。不过,为了方便读者理解,译者还是就部分术语的含义和对话的背景添加了注释。

感谢本书编辑曾健、陈晓洁、美编乔智炜的辛勤工作,尤其是曾健先生,从选题策划、联系版权、内容审校,到确定书名、目录、装帧和版式,他事无巨细、亲力亲为,为本书付出的智慧和心血,一点儿也不比我这个译者少。感谢中央电视台的陈晓卿先生,文中涉及电视节目制作方面的术语,在他的指正下,才避免出现常识性错误。感谢郑晓菊、刘媛和唐磬女士在本书译校过程中给予的诸多帮助。当然,译文中出现的任何错漏,都由我个人负责。

译完此书,最令我感慨的,是大法官们在访谈中流露出的焦虑和担忧:当司法权威逐渐变弱,司法公信受到怀疑时,如何才能让更多的人了解法院的工作、理解法官的职责,进而明白司法独立的重要性,成为"大法官说了算"体制的坚定拥趸。面对隐忧,大法官们没有选择继续在"神坛"上布道,而是离开"大理石神殿",走进中学、大学校园或媒体演播室,用最平实、浅显、诚恳的语言向人民宣讲:在最高法院这条"流水线"上,作为最终产品的"公正判决"是如何生产出来的?一个拥有三亿多国民、上千枚核弹的超级大国,司法公正为何交由九个人守护?人民又凭什么信任这九个人的司法能力和职业操守?在此过程中,美国人民也见证了这些守护公正者们的法治信仰和人格魅力。而这一过程,对我的中国同行们也一定有所启发。

何 帆
2012 年 10 月 22 日
于最高人民法院

序 言

> 我们的政体之所以举世无双,在于它受法治约束,拥有一部必须由法律人和法官解释的成文宪法。所以,你会发现,这个地方发生的事,与国会大厦、白宫内有些许不同,你会意识到这些事对我们的政体运行来说,有多么重要。
>
> ——首席大法官 约翰·罗伯茨
> C-SPAN 访谈,7月29日

这绝对是一本非同凡响的书。所有在世的最高法院大法官,包括九位现任大法官和三位已退休大法官,首次全部同意接受一家电视台的独家专访,而所有访谈内容,都收录在这本书内。他们这么做,是为支持 C-SPAN 2009 年秋天播出、2010 年修订重播的一部纪录片。

这个项目刚启动时,我们还不确定有多少大法官愿意参加,制作重心只打算放在最高法院大楼的历史上。但是,当越来越多的大法官同意接受采访后,一次不可思议的机会来临了。我们可以透过大法官们的视角,了解最高法院的内部运作。要知道,对于广大公众而言,最高法院可是最不透明的一个政府分支。

如果没有首席大法官约翰·罗伯茨、C-SPAN 制片人马克·法卡斯、最高法院首席新闻官凯西·阿尔贝格的大力相助,这个项目绝对不可能完成。下面的内容,展现了最高法院这次与摄像机短暂接触的过程。

历史上,最高法院及其成员与大多数毕生以追逐公众眼球为己任的华盛顿政客截然相反,总是主动远离公众视野。大法官们终身任职,并没有在民众面前曝光的动力。事实上,几代大法官之所以与世隔绝,正是为了让自己的判决能够独立于民意。但是,最高法院并不是修道院。早期的大法官,行事多少有些隐士风格。而在今天,这些最高法院法官们,已习惯涉足公共领域。例如,大法官上任初始,都要经历备受瞩目的司法确认听证程序。

当代大法官已习惯接受演讲邀请、兼职教学、撰写著作和公务出访。他们偶尔会同意接受电视或平媒采访,但为数不多。由于最高法院的政策禁止电视摄像机拍摄庭审实况(每个开庭期约有 75 场言词辩论),所以,C-SPAN 只能利用大法官们离开"大理石殿堂"的机会进行拍摄。多年来,许多大法官都曾面对过 C-SPAN 的摄像机镜头,我们通过记录他们的公开演讲、学术活动,向公众介绍最高法院及其工作。需要指出的是,奥康纳、布雷耶、肯尼迪和托马斯大法官都参加过 C-SPAN 制作的节目,如向中学生介绍知名人物的系列栏目《学生和领袖》(*Students and Leaders*)。公开亮相时,大法官们也会谈论他们的日常工作、最高法院的职责及其社会功能,但是,他们通常不会提及具体案件,以及有可能诉至最高法院的议题。

其他大法官对摄像机的态度,却和退休大法官戴维·苏特相同。他曾戏言,摄像机若想进入最高法院,除非"跨过我的尸体"。新晋大法官中,塞缪尔·阿利托大法官自 2006 年的参议院确认听证会之后,就很少出现在公众视野内。安东宁·斯卡利亚大法官一直公开反对摄像机进入最高法院,他对摄像机的反感有时也延伸到最高法院之外。有几次,C-SPAN 摄制组去拍摄他的演讲,结果却并不那么令人愉快:记者们被请出门外。

尽管在言词辩论期间,摄像机不得进入法庭,但是,适度的科技手段已被允许运用于庭审记录。1955 年之后,最高法院开始将庭审内容录音备份,随后转交国家档案馆,供未来的学者和记者们研究使用。2000 年的总统大选纠纷,对这项工作起到至关重要的影响。大选引发的官司一路打到最高法院时,C-SPAN 申请对"布什诉戈尔案"(*Bush v. Gore*)的庭审进行电视直播,其他媒体也迅速提出同样申请。首席大法官伦奎斯特审查上述申请后表示,电视直播绝无可能,但考虑到公众的强烈关注度,最高法院会迅速公开庭审录音。2000 年 12 月 11 日,庭审结束几分钟后,最高法院公开了音频记录。包括 C-SPAN 在内的电台和电视台马上完整播出了庭审录音,使美国人民得以第一时间感受到最高法院言词辩论环节的智慧交锋。

先例对最高法院的未来决策有很大影响。"以公众是否强烈关注为标准",为最高法院在庭审当日发布音频记录提供了一种操作模式:由首席大法官对相关申请进行审查,决定是否立即发布。从2000年到2010年,C-SPAN获准播出过21起这类案件。2010年秋天开始的那个开庭期内,最高法院宣布了一项新政策:每次庭审的音频记录必须于当周周末,公布在最高法院官方网站上。虽然最高法院的庭审实况仍未能实时播出,但是,新政策使媒体和公众能够比过去更加快捷、方便地接触到庭审记录,无须再经最高法院逐项审查。

不幸的是,尽管音频记录在10年前已取得突破,但最高法院仍将电视直播拒之门外,甚至不给电视台任何机会。2005年,约翰·罗伯茨接替伦奎斯特成为首席大法官后,C-SPAN曾提议为大法官们进行一次演示,证明现代数码录像技术已不会对庭审造成任何干扰。但新任首席还是礼貌地回绝了这一请求。2009年,就在本书第一版接近完成之际,罗伯茨法院以五票对四票判定,禁止联邦第九巡回上诉法院将某次庭审的视频放在著名视频网站Youtube上,藉此表达了他们对以摄像方式记录庭审的严重质疑。

以上即是2009年3月,C-SPAN制作这部关于最高法院的纪录片之前,联邦司法系统对摄像机的态度。我们委托在C-SPAN工作过25年的资深新闻人马克·法卡斯与首席大法官联络。他曾制作过历史纪录片《国会》(2006年)和《白宫》(2008年)。2009年3月23日,马克代表C-SPAN致信最高法院,请求携带数码摄像机进入这座1935年竣工的著名建筑,通过介绍这座大楼的艺术特点和建筑风格,记录最高法院的历史。一星期后,我们没收到任何回复,只好一等再等。到四月第二个星期,马克接到最高法院首席新闻官凯西·阿尔贝格的电话。这个项目终于启动了!

最高法院大楼的历史,远比白宫或国会大厦要短。直到1935年,大法官们还得在国会大厦内办公。要说最高法院的大楼雄伟壮观、令人仰止,一点儿也不为过。大楼建设期间,正值国家与宪政的危难之时。大楼之所以建成,威廉·霍华德·塔夫脱居功至伟,他是唯一一位先后做过总统与首席大法官的美国人。塔夫脱为建此楼，鞠躬尽瘁、竭尽全力，聘请了当时最负盛名的建筑师之一卡斯·吉尔伯特。塔夫脱于1930年去世，未能亲眼看到这座耗资900万美元的大楼竣工，他的继任者查尔斯·埃文斯·休斯在1932年主持了最高法院新址的奠基仪式。

既然项目已获准进行，我们迅速制作了一份志在必得的工作进度表，希望能在2009年10月第一个周一，也即最高法院秋季开庭期之初开始这项工作。不久，苏特大法官宣布退休，巴拉克·奥巴马总统首次有机会任命最高法院大法官，确认听证会也将在这年夏天举行。如果一切按计划进行，苏特大法官的继任者将在新开庭期到来时进入最高法院。所以，这个时候，民众会比以往对最高法院更感兴趣。我们必须赶在最后期限前完成。

2009年4月29日，我们正式开始在最高法院开机录影。五月与六月，C-SPAN摄制组忙得不可开交。马克·法卡斯的技术搭档，首席摄影师鲍勃·赖利，为这个项目组建了一支规模不大，但技艺高超的摄制团队，成员包括鲍勃·扬、比尔·赫夫利、乔恩·凯利、本·索伦森、迈克·麦卡恩，他们经验丰富，深谙C-SPAN的制作风格。赖利在C-SPAN工作的时间，几乎与马克·法卡斯一样长，他也是我们拍摄《国会》、《白宫》时的摄影主力。他具有丰富的数码拍摄经验，能够根据敏锐直觉，在政府部门进行电视拍摄。

长期以来，白宫和国会的工作人员已习惯日常工作中无处不在的电视摄像机。但最高法院则不然。摄制组很少来这里，我们的拍摄行为有时也会遭遇各种质疑。凯西·阿尔贝格的大力配合和热情支持，以及马克·法卡斯的灵活机动、高昂斗志使C-SPAN团队的工作在这年夏天取得了显著进展。摄制组利用夜间和周末时间，拍摄了许多公众罕见，甚至从未见过的画面。例如，律师休息室。每次言词辩论前，出庭律师会在那里做最后一分钟的准备工作。还比如，大法官们的法袍室。大法官们的黑色法袍，统一挂在镶有姓名标牌的木质连体衣柜内——这可是世界上独一无二的衣柜间。

高贵庄严的法庭位于这座大楼正中心。对摄制组全体成员来说，能在那里拍摄，无疑是一段最激动人心的经历。看着审判席上九个黑皮座椅，仿佛可以听到法庭内回荡着的激辩之声。正是这些声音,在大半个世纪里,界定着我们的法律,形塑着美国的民主进程。

我们共用了26个小时,拍摄最高法院里里外外各个角落。为丰富我们的节目内容,最高法院文史室提供了大量历史照片。[1] 在此过程中,只要我们提出申请,就可以拍摄任何地方,但也有两处例外:一处是会议室,大法官们在那里召开内部会议,讨论案情,任何职员都不得在场(那里不允许任何外人入内,大法官们开会时,通常由资历最浅的大法官负责应门)。即便如此,我们还是获得了一家制作公司在1990年代中期拍摄的会议室画面。2011年初,我们终于获准拍摄会议室,供修订这部纪录片时使用。另一处不得涉足的地点是顶楼的篮球场,那里被戏称为"美国最高院"。[2]

在纪录片《国会》中,我们采访了所有国会领导人。《白宫》节目则采访了奥巴马和小布什夫妇。在这个项目中,我们似乎也应采访每位大法官。他们分别答应了我们的请求。斯蒂芬·布雷耶大法官同意我们拍摄他的办公室。他在采访过程中,也充分显示出学者风范。他站在摆满各色诉状的书架前,详尽解释了最高法院审查调卷申请的程序。随后,他又在壁炉边,描述了最高法院与国会在宪法功能上的不同。他办公室的窗户,是全华盛顿最适合观赏国会大厦景致的地方。

这天晚些时候,另一个历史性时刻到来了。以寡言少语著称,来自新罕布什尔州的大法官戴维·苏特坐在我们面前,接受了他生平第一次电视采访。采访时间很短,不到20分钟,苏特大法官似乎对摄像机与麦克风很不适应,但是,谈及这座自己即将离开的大楼时,他充满了感情。他描述了自

---

[1] 最高法院文史室(Office of the Curator):1973年,首席大法官沃伦·伯格批准设立文史室,记录和保存最高法院的历史档案和重要文献。文史室收藏了大量珍贵文献,包括照片、影片、录像、大法官的手稿及年表。文史室职员致力于研究与最高法院有关的各类文献,并回应广大民众、学术团体和司法人员的信息需求。文史室全体人员包括:一个文史官、一个副文史官、一个收藏品管理人、一个观光者项目协调人、一个项目规划助理、一个摄影师和一个人事助理。原书无脚注,所有注释均为译者注,下同。

[2] 英文中篮球场的"场"与法院是同一个单词 court,类似于汉语中的拼音,该篮球"场"因在最高法院楼顶,所以被称为美国最高的"场",形式同于"美国最高院"(highest court in the land),汉译可能无法准确体现其中意味,特此注明。

己坐在审判席上,向律师发问时的体验:

> 法庭虽气势恢弘,但在庭审时,却能维持人与人之间的亲切感。一方面,这是因为法庭并不宽敞,但这种亲切感实际源自台前发言律师与听审法官之间的关系。如果台上的法官探出身子,而台前的律师也尽量向前靠,我们几乎可以握到对方的手。这就意味着,言词辩论时,你和身边人从身体上到心理上,都非常接近,这是非常重要的,这使每个人都有了真正的参与感。

不幸的是,您不会在这本书中读到戴维·苏特大法官其他的访谈内容,他是唯一一位以客气但坚决的口吻,拒绝我们将访谈全文公开出版的大法官。[1]

之后几个月中,更多大法官同意接受我们的采访。首席大法官罗伯茨答应给我们半小时摄制时间,访谈结果也令人欣喜,最终采访了50分钟。现已退休的资深大法官约翰·保罗·斯蒂文斯带我们参观了他的办公室。我们也参观了露丝·巴德·金斯伯格大法官的办公室,在那里,她谈到自己作为最高法院唯一一名女性成员时面对的种种挑战。当然,她现在已经有了两位女同事。安东宁·斯卡利亚大法官和我们畅聊了30分钟,夸奖了自己的法官助理,批评了国内律师过剩的现象。桑德拉·戴·奥康纳回忆了自己首次出席庭审的体验。克拉伦斯·托马斯描述了他在最高法院夏季闭庭期间,驾房车畅游全国的经历。安东尼·肯尼迪谈到,他在会议室与同事讨论案件时,会有肾上腺素分泌加快的感觉。每次会面过程中,我们都能感受到这些大法官的人格魅力、深邃智慧和他们对最高法院的热爱之情。所有人都承认,袍泽之情赋予最高法院应对各类复杂案件的能力,哪怕是最棘手的案子。

夏天很快就要过去了。布莱恩·拉姆和我忙着录制大法官访谈时,马克·法卡斯和我们的同事康妮·多伊贝尼(C-SPAN 法庭纪录片资深制片

---

[1] 联邦最高法院九位大法官中,苏特大法官行事最为低调。他几乎从不接受采访,也从不发表公开演讲。苏特大法官于 2009 年 6 月 30 日退休,继任者为索妮娅·索托马约尔大法官。

人)采访了那些非常了解最高法院,并能为节目提供更多资讯的人——记者琼·比斯库皮克、莱尔·丹尼斯顿;前首席政府律师德鲁·戴斯;出庭律师莫尼·马奥尼,她还担任过伦奎斯特的法官助理;最高法院书记官威廉·苏特;最高法院历史专家詹姆斯·奥哈马。为拍摄这部85分钟的纪录片,我们积累了近50个小时的采访素材。已经到了该剪辑的时候,但仍有一位在任大法官迟迟未有回音——塞缪尔·阿利托。

一天,摄制组在最高法院地下车库搬运器材时,恰好遇到克拉伦斯·托马斯大法官。"进展如何了?"他问。马克·法卡斯说,我们计划采访每一位大法官,但阿利托那边一直没定下来。"我和他谈谈,看看我能做些什么。"托马斯答应试试看。很快,我们就收到阿利托的答复,他同意接受采访。

节目录制期间,最高法院自身也正发生变化。七月中旬,参议院司法委员会开始对苏特大法官的继任者索尼娅·索托马约尔进行审议。这位55岁的纽约法官将成为最高法院第三位女性成员,也是第一位美籍西班牙裔大法官。如果她通过确认,我们肯定得想办法将她纳入访谈项目。但是,现实进展打乱了我们的安排:8月6日,索托马约尔大法官通过参议院确认,并于两天后在罗伯茨首席大法官主持下宣誓就职。最高法院突破常规,决定在九月初开庭,再次听取一起竞选捐助案的言词辩论。索托马约尔大法官将在最高法院出席她的首次庭审。凯西·阿尔贝格同意我们在新任大法官履任后,迅速提出采访申请。

9月16日,索托马约尔大法官穿过最高法院西厢会议厅大门,走到摄像机和聚光灯前。她微笑着与制作团队每位成员握手后,方才落座。在之后30分钟的访谈里,她提到许多有趣体验,但我们都不会忘记她关于奥巴马总统询问她是否愿意到最高法院工作那段经历的回忆:

> 我当时站在阳台门前,右手拿着手机,左手捂住胸口,尽量平复自己的激动心情,这可一点儿也不夸张。总统在电话里对我说:"法官,我会对外宣布,选择你为最高法院下一位联席大法官的人选。"我告诉他——其实是屏住呼吸,流着泪说:"谢谢你,总统先生。"

完成采访后,我们迅速赶回 C-SPAN。几天后,新内容就被增补到纪录片中,并于 2009 年 10 月 4 日在 C-SPAN 首播。

一年后,最高法院再次出现了人事更替,新开庭期到来时,50 岁的前哈佛法学院院长、奥巴马行政分支的首席政府律师艾琳娜·卡根作为新任大法官履职。尽管卡根多次在最高法院出庭辩论,但她之前并没有法官经历。她同意由 C-SPAN 对自己进行首次电视专访。2010 年 10 月,我们在她的临时办公室完成了采访与拍摄。卡根大法官风度优雅、态度友善,她形容自己初到最高法院时,埋头学习新知识,简直像是"用消防水管吸水喝"。

C-SPAN 成立 32 年来,先后获准进行过许多采访,对象包括总统、内阁政要、国会领袖、各州首脑,但这次采访的意义却格外不同。部分原因在于,最高法院的传统就是低调行事,很少曝光。更重要的是,这是唯一一次同时采访到首席大法官和他现在和过去的同事。当然,由于这样的采访机会史无前例,所有对大法官的采访内容,不会在机房内被剪辑得支离破碎。相反,所有访谈内容都会完整保留。任何人都可以在我们的电子视频图书馆内找到它们,网址是:www.cspan.org。

我们要对许多人表示感谢,尤其是首席大法官约翰·罗伯茨和他的秘书杰夫·明尼尔、现任和已退休的联席大法官们,以及所有接受采访的记者们、最高法院职员和前公职人员。我们还要感谢最高法院公共信息办公室的凯西·阿尔贝格、帕特丽夏·麦凯布、埃斯特拉达,以及他们的同事斯科特·马可尼、拉伦·雷、埃拉·亨特、柯瑞·玛吉奥。另外还要感谢最高法院文史官凯瑟琳·菲兹及其下属,尤其是副文史官马太·霍斯戴特,他任劳任怨,协助我们核对史实,并为我们的纪录片和本书提供了大量罕见照片。同时感谢最高法院执行官帕梅拉·托金,以及诸多院内安保、行政、技术人员,在托金指挥下,他们给予我们诸多帮助。受篇幅所限,我就不一一列举那些热情帮助者们的姓名了。

苏珊·斯温

2011 年 3 月

于华盛顿,特区

目 录

1　译者导言:探寻守护公正者的内心世界

1　序　言

1　**约翰·罗伯茨:**
　　我们并非政府的一个政治分支

35　**安东宁·斯卡利亚:**
　　我只喜欢大功告成的感觉

55　**安东尼·肯尼迪:**
　　说服自己,才能说服他人

75　**克拉伦斯·托马斯:**
　　我更喜欢聆听和安静地思考

97　**露丝·巴德·金斯伯格:**
　　全力以赴,办好下一个案子

115　**斯蒂芬·布雷耶:**
　　这里没有党派纷争与拉帮结派

141　**塞缪尔·阿利托:**
　　我不喜欢模棱两可

159 **索尼娅·索托马约尔：**
这里肯定没有公众想象的那么轻松

177 **艾琳娜·卡根：**
穿上法袍，你就不再是平时的你

199 **约翰·保罗·斯蒂文斯：**
我只是很喜欢这份工作

221 **桑德拉·戴·奥康纳：**
对法官的批评之声让我忧心忡忡

239 **戴维·苏特：**
这使每个人都有了真正的参与感

附录一　他们了解最高法院

245 **琼·比斯丘皮克：**
最大的挑战是向公众解释判决内容

261 **德鲁·戴斯三世：**
这不是我的辩论，是大法官们的辩论

280 **莱尔·丹尼斯顿：**
我对最高法院新闻报道的前景比较悲观

307 **莫琳·马奥尼：**
那些胜诉的案子，是我本来就该打赢的案子

322 **詹姆斯·奥哈马：**
走进最高法院历史深处

340 **威廉·苏特：**
法庭需要我做什么，我就去做什么

附录二　如何了解最高法院

- 353　了解最高法院资讯的网络资源
- 355　美国最高法院大法官年表
- 361　C-SPAN 近期关于公众对最高法院认识的民意调查
- 367　申请最高法院审理案件数及最高法院实际审理案件数（1980年—2010年）

约翰·罗伯茨

我们并非政府的一个政治分支

约翰·罗伯茨首席大法官

美国最高法院现任首席大法官。他1955年出生于纽约州布法罗市,先后以优异成绩毕业于哈佛历史系和法学院,曾任《哈佛法律评论》编辑。1979年从法学院毕业后,罗伯茨担任过联邦第二巡回上诉法院法官亨利·弗兰德利的助理,因表现出色,次年又被推荐给时任最高法院联席大法官威廉·伦奎斯特任助理。

助理生涯结束后,罗伯茨先后在联邦司法部、白宫法律顾问办公室任职。1986年,他离开白宫,转任律师,在诉讼领域取得斐然成就。1989年至1993年间,罗伯茨出任副首席政府律师,作为肯尼思·斯塔尔的副手,多次代表联邦政府在最高法院出庭。1992年,老布什决定提名罗伯茨出任哥伦比亚特区巡回上诉法院法官,因受到参议院内民主党人阻击,提名最终搁浅。

克林顿上台后,罗伯茨重返律师界,成为在最高法院出庭经验最丰富、胜诉比率最高的上诉律师,被业界誉为"律师中的律师"。2003年,他被小布什总统任命为哥伦比亚特区巡回上诉法院法官。2005年9月,他成为最高法院首席大法官时,年仅50岁,是自约翰·马歇尔以来最年轻的首席大法官。事实上,罗伯茨本人也视约翰·马歇尔首席大法官为偶像,希望尽可能维护最高法院的内部团结,提升法官的权威与待遇。出任首席大法官后,罗伯茨多次呼吁国会为联邦法官加薪,但至今未获成功。

2009年6月19日，苏珊·斯温在最高法院东厢会议厅采访了罗伯茨首席大法官。

斯温：罗伯茨首席大法官，我们所坐的会议厅内，悬挂着历史上许多著名大法官的画像，我想从最高法院的历史谈起，开始我们今天的访问。

罗伯茨：好的。

斯温：今天的最高法院已是一座现代型法院。制宪先贤当年设想中的最高法院，又是什么样子呢？

罗伯茨：我想，就许多方面而言，最高法院仍与他们预想的一样，是根据宪法第三条设立的政府三大分支之一。[1] 但是，公允地说，当今最高法院在社会发展、政府体系中所发挥的作用，比制宪者们原本期望的要重要得多。

有个最简单的例子，可以推断出他们当年对最高法院地位的重视程度。当时，总统在白宫办公，国会在国会大厦开会，但没人考虑最高法院应该设在哪儿，在哪儿开庭。最高法院成立之初，只能借用一间公寓办公，后来又挪到国会大厦的某个地下室，这显然与它作为平等的三大政府分支之一的地位很不相称。但是，随着最高法院职能的逐渐扩张，它终于拥有了一座属于自己的华美建筑。

---

[1] 这里有必要就部分译法与表述做一说明。在美国，Government 是指美国联邦政府，包括立法（国会）、司法（最高法院）、行政（总统）三大分支，而 Administration 只是指政府的行政分支，也称执行分支（Executive Branch）。所以，罗伯茨才在这里说最高法院是政府的一个组成部分。而在我国，根据宪法"一府两院"的设置，法院不在政府序列，对全国人民代表大会的工作报告也是分开进行的。国内常有学者将 Clinton Administration 或 Bush Administration 译为"克林顿政府"或"布什政府"，这样的表述严格来说是不准确的，而且容易造成误导，将立法、行政分支混为一谈，规范译法似应为"克林顿领导下的行政分支"或"布什领导下的行政分支"，或简化为"克林顿行政分支"、"布什行政分支"。为严谨起见，本书将 Government 一律译作"政府"，Administration 一律译作"行政分支"，这样的表述或许有些拗口，但能够尽量贴近原意。关于相关表述的差异，参见林达：《总统是靠不住的》，生活·读书·新知三联书店1998年版。

约翰·马歇尔,美国最高法院第四任首席大法官

斯温:我们后面会花很多时间讨论这座大楼,以及它的功能和象征意义,但现在我们还是继续谈最高法院的历史吧。这么多年以来,对于推动最高法院发展,并使它拥有今日的地位,您的哪位前任起到的作用最为重要?

罗伯茨:当然,有一个人的作用远在众人之上。他就是被我们称为"伟大的首席"的约翰·马歇尔。他也是第一个真正认真履行这个岗位的职责的人。绝大多数法律人,都以为他是美国第一位首席大法官,其实不然。他实际上是第四任首席。

他的三位前任,在首席任上都没干多少年。事实上,他们都没有把最高法院看作一个重要的机构,精力也大都放在其他事务上。第一位首席大法官约翰·杰伊的名声,更大程度上来自他与英国签署的条约。[1] 但是,约翰·马歇尔看到了首席大法官及最高法院职能的特殊性,也高度重视自己的工作,一干就是30年。他在任期间,确立了最高法院审查国会立法的权威。因此,可以说,是他将最高法院提升到与其他两个政府分支并列的重要地位上来的。

斯温:当代首席大法官中,谁的影响最大?

罗伯茨:嗯,应该是我的上一任首席,伦奎斯特大法官。他在任期间,对最高法院的法律立场产生了特别重大的影响。当然,还有厄尔·沃伦,他最著名的举措,是促使最高法院团结一致,作出了像"布朗诉教育委员会案"这样的伟大判决。[2] 所以,我认为与当代其他首席相比,他俩的贡献最为突出。

斯温:最早期的最高法院有多少大法官?

罗伯茨:我记得最开始只有六位,这挺有趣的,因为是一个双数。他们当时很难聚齐。约翰·杰伊第一次召集开庭时,因为连法定人数都凑不齐,不得不宣布休庭。第二次终于把人凑齐了,却只讨论了些行政事务,因为根本没什么案子可审。所以,最高法院成立后,很长时间内都无事可做。内战之后,最高法院成员人数才变成九位,并延续至今。

斯温:富兰克林·罗斯福曾尝试增加最高法院法官数量。根据您对最

---

[1] 1794年,美国与英国签署《杰伊条约》(Jay's Treaty),并应英国人要求,扣押为法国运送物资的中立国船只。该条约由杰伊出面缔结,故以他的名字命名。

[2] 布朗诉教育委员会案(*Brown v. Board of Education*):1950年代,美国许多州和哥伦比亚特区的学校都实行"隔离但平等"的种族隔离措施,黑人学生不得与白人学生同校就读。1951年,堪萨斯州托皮卡市的奥利弗·布朗代表自己8岁的女儿起诉该市教育委员会。原因是,他希望女儿能在距家5个街区的白人学校就读,而不是到离家21个街区的黑人学校读书,但是,布朗的请求遭到白人学校和教委的拒绝。联邦法院审理此案后,认为两所学校基本设施条件相同,判布朗败诉。布朗随后上诉至最高法院。1954年,由厄尔·沃伦担任首席大法官的最高法院以9票对0票一致裁定,教育领域不适用"隔离但平等"原则,并宣布公立学校的种族隔离措施违反宪法。此案是联邦最高法院在"民权时代"的一起里程碑案件。

高法院及大法官的观察,一旦发生"填塞法院"之类的事件,最高法院还能正常发挥自己的职能么?[1]

罗伯茨:坦白讲,真要发生这样的事,最高法院将不可能再对其他政府分支的行为进行审查。那是一个非常特殊的历史时期。

富兰克林·罗斯福上任时,受到绝大多数老百姓的拥戴。他在参众两院,都拥有数量庞大的支持者。而最高法院的立场,当时却处于非主流地位。法院推翻了罗斯福许多改革法案,这些改革关系到社稷民生,至关重要。于是,罗斯福提出"填塞法院"计划,希望能任命新的大法官进入最高法院,迅速增加法官数量,藉此获得最高法院的判决支持。

但是,尽管他的声望如日中天,全国人民却都反对他这么做,相关计划最后也胎死腹中。我想,民众已经认识到最高法院作为一个独立的、能够审查其他政府分支行为的机构的重要性,尽管最高法院的立场不受欢迎,但它的独立地位的重要性却毋庸置疑。

斯温:今天,其他两个政府分支工作的透明度已经相当高,公允地说,公众对最高法院的熟悉程度,远不如另外两个分支。所以,希望您能谈谈,人民应当了解最高法院在现代社会中的哪些作用和职能。

罗伯茨:我认为,公众最需要明白的是,我们并非政府的一个政治分支[2]。我们不是人民选出来的。如果民众不喜欢我们的所作所为,可以选

---

[1] 1930年代,美国经济陷入大萧条,为拯救全国经济(包括各州经济),罗斯福总统领导下的行政分支推出"新政",国会也通过了《国家工业复苏法》等一系列法律,然而,联邦最高法院的保守派大法官们却集体反对"新政",在"谢克特诉美国案"(*Schechter v. United States*)等案件中,推翻了包括复苏法案在内的许多联邦新法。1937年,罗斯福一气之下,决定启动"最高法院填塞计划"(Court-Paking Plan),打算通过增加大法官人数改组联邦最高法院,一些大法官选择妥协,转变了抵制立场。随后几年,由于联邦最高法院不再干涉,"新政"得以顺利推行。

[2] 美国法官认为,政府的行政分支和立法分支属于政治分支,因为他们由人民选举产生,目的是为公共事务做决策。但制宪者设置司法分支,不是用作反映多数人意志的工具,并非政治性的分支。所以,政治问题由政治分支解决,最高法院不解决政治问题。参见美国国务院国际信息局编:《美国法律概况》,金蔓丽译,辽宁教育出版社2006年版,第151页。

择弹劾定罪程序,或者更厉害的——弹劾之外的方式,但这种情况目前还没有发生过,也从来没有发生在最高法院身上。

所以,公众需要认识到,当我们作出一个判决时,我们依据的是法律,而不是政策上的偏好。例如,如果我们在某个环境案件的判决中,支持了环保组织的诉求,你可能会在报纸上看到这样的标题,"最高法院判决支持环保组织",或者"最高法院支持环境保护"。这种说法其实是不准确的。**我们所做的一切工作,就是解释法律。我们只是履行职责,告诉大家法律是什么,并不是要通过判决去支持其中一方或另一方。**我想,让公众明白这一点,是非常重要的。

斯温:我们已经谈过了您的前任们,那么,当代首席大法官的职责有哪些呢?

罗伯茨:其实,在很多方面,首席大法官的职责与联席大法官并没有显著差别。和其他同事一样,我也只有一票可投。首席的职责,就是主持言词辩论,还有大法官的投票程序、内部讨论会议。这也意味着,我得引导大家开始讨论,并确保所有观点在会上都能得到充分展示。

我最重要的一项职责,是在投票结束后,指定判决意见的主笔者。如果我位于多数方,可以决定由谁来撰写本案的判决意见。这项工作非常关键,因为你必须确保自己指定的那位大法官的立场,能够使最高法院的判决赢得最大程度的支持。你必须保证各项工作按时完成,所以,如果有人行事节奏比其他人慢一些,而这个案件又非常重要,你就得设法让那些动作快一些的人得到指派。有些案子比其他案子有趣,有的则要麻烦一些,你得保证指派足够公平。我们审理的案件形形色色。你还得确保每位大法官审理的案件类型搭配合理、均衡。不能指望一个大法官总是审理刑事案,或者其他某一类案子。所以,决策时必须考虑多重因素,这些都是非常重要的。[1]

首席大法官同时还是司法联席会议(Judicial Conference)的首脑,这个组织负责为全国联邦司法系统制订各类政策,这也是一项非常重要的职责。[2] 首席大法官还得承担一些似乎与本职工作没有关联的额外职责。例如,我会自动成为史密森博物学院的主席,所以,过去几年来,我掌握了不少关于博物馆和相关研究机构的知识。[3]

斯温:某种程度上,您也是"最高法院公司"(Supreme Court, Inc.)的首席执行官(CEO)吧?我的意思是,您要负责管理这里的场馆、预算和所有职员?

罗伯茨:理论上说,是的。从某种角度来说,最高法院就像一个小型政府机构。比如,我们拥有近一百名警卫、安保人员。许多人会来这里参观,偶尔还会有人在台阶上滑倒,我们不得不操心这类事务。我们还需要获取预算,维持最高法院的正常运转,幸亏我们这里有许多非常能干的员工,他

---

[1] 联邦最高法院的工作基本上通过判决意见呈现。庭审结束后,大法官们会开会讨论,并初步投票,如果首席大法官在多数方(≥5票),就由他亲自或指定一位大法官起草法院意见;如果他在少数方(≤4票),就由多数方中最资深的大法官亲自或指定一位大法官起草法院意见。判决意见起草完毕后,会首先在大法官们之间传阅,由他们评论或修改。如果判决意见说理充分,论证有力,会促使一些原本投反对票的大法官改变立场,因此,为了争取尽可能多的大法官加入,一份法院意见经常会被修改十几次。全体法官一致同意或多数大法官同意形成的判决意见,统一称为法院意见(Opinion of the Court),如果该意见并非全体大法官一致同意,也可称为多数意见(Majority Opinion),法院意见与多数意见都可以形成先例,对以后的案件具有约束力。多数方的大法官同意判决结论,但可能不同意论证的理由与逻辑,或者想就具体论据发表个人观点时,可以撰写协同意见(Concurring Opinion)。少数意见方的大法官,可以撰写自己的异议意见(Dissenting Opinion),异议意见由于不具备约束力,大法官在书写时可以有更大的发挥空间。如果最高法院做了判决,但判决的理由无法形成一个统一的多数意见,就会形成"各说各话"的多元意见(Plurality Opinion)。

[2] 美国司法联席会议:美国司法联席会议负责制定联邦司法政策,最初由塔夫脱首席大法官提议设置,后经国会立法授权成立。

[3] 史密森博物学院:由全美20家历史、科学、艺术等各方面的博物馆和9个研究机构组成的世界上最大的博物馆群。史密森总部集中负责整体的战略规划、基础设施、建筑维护和法律事宜。

们熟悉业务，替我分担了不少工作。[1]

斯温：您刚才提到预算，每年我们都会看到大法官们来到国会，请求立法机关拨付预算的场景。它很好地说明了政府各分支之间的关系。您个人如何看待这个环节？

罗伯茨：制宪者们意识到，由政治分支来控制"钱袋子"，决定钱怎么花，是非常重要的。从这一点上看，我们与其他分支没什么不同。我们也得跑到国会，申请预算。我们要的钱很少，不会给联邦国库造成丝毫负担，可还是得不断申请，或许因为我们要的不多，国会成员压根儿就不重视这个问题。我想，他们或许把这个环节当作一次机会，让大法官跑到他们面前，听听他们对我们正在审理的案件，或者已经判决的案件的看法。

斯温：我们花点儿时间，谈谈这座建筑吧，因为之前您也提到，最高法院曾在街对面的国会大厦内办公。在华盛顿众多有标志性意义的建筑中，您怎么看待这座大楼的地位？

罗伯茨：或许因为我有所偏爱，所以认为它是华盛顿最漂亮，也最有特色的建筑。华盛顿有许多不错的建筑——尤其是雄伟壮观的国会大厦，当然也包括绝大多数人会在电视新闻中看到的白宫。但是，最高法院的大楼更加别具一格。它以大理石为原始材料，比传统的政府大楼更加亮丽，也更有光彩，你一看到它，就能感受到这些不同。

它意味着最高法院是一个与众不同的政府分支，也的确更具有标志性意义。与其他政府大楼相比，它在视觉效果上，更像杰弗逊纪念堂或林肯纪念堂。我想，如果把它称为司法殿堂，也是完全合适的。

---

[1] 首席大法官罗伯茨目前的年薪为 223 500 美元，比其他年薪为 213 900 美元的同僚要多出近 10 000 美元。这一数字差异，说明因首席大法官承担了部分专属于他的司法职责，国会认为其工作的价值要高于另外八位地位平等的最高法院成员。如果薪酬可以量化的话，九位大法官在 96% 的工作上是相同的，首席仅比其他同僚额外多承担 4% 的工作。

斯温：据我了解，这座大楼 1935 年建成时，因过于华丽，引起过不少争议。人们的说法很多，纷纷议论这样的建筑风格是否适合最高法院。当您漫步其中，是否认为这座建筑与里面的人肩负的职责相称？

罗伯茨：当然相称。当时的确存在一些争议，我不确定 1935 年的人们，会认为什么风格的建筑才适合最高法院使用，而这座建筑的确又过于宏伟亮丽。但我认为，它非常适合表达我们不介入政治的概念。我们的任务就是适用法律。**我们的政体之所以举世无双，在于它受法治约束，拥有一部必须由法律人和法官解释的成文宪法。**所以，你会发现，这个地方发生的事，与国会大厦、白宫内有些许不同。你会意识到这些事对我们的政体运行来说，有多么重要。

是的，政治分支也很重要，毕竟我们是一个民主国家，但是，我们是法治之下的民主，某种程度上说，这与世界上多数同样宣称自己是民主政体的国家有很大不同。

斯温：所以有些事更适合在国会大厦内进行？

罗伯茨：是的，有些事在街对面解决更合适一些。我们经常在开庭时提到这个问题，例如，有些人提出一些听上去很有政治性或政策性色彩的观点时，我们会说："这些事您应该带到对街去处理。"

我们和立法机关都是相互平等的政府分支，彼此之间也有一些交流。我想，让大家彼此隔街对视是非常适当的，我们都能看到对方。我们知道，他们的职责是处理各种政策性事务，这是他们的工作。同样，他们也需要理解，我们的工作是解释宪法和法律。

斯温：您与国会高层之间有没有交往？

罗伯茨：嗯，偶尔会有接触。我们在华盛顿肯定会碰面，彼此间也都认

最高法院门前广场的示威抗议者

识。坦白说,我们倒是能从他们那儿弄到些拨款,但也仅此而已。我们的工作不是帮他们制定政策,另一方面,我们解释法律是什么时,他们也不可能提供任何帮助。我们有时会因预算之类的事务交流接触,但大家的工作性质差别很大。

斯温:谈谈最高法院门前的大广场吧,那里似乎常年都有许多民众在抗议游行。您认为,当初这样设计,就是为了空出一大块儿地方,好容纳那么多人在上面么?

罗伯茨:嗯,我不确定设计师卡斯·吉尔伯特空出这一区域,是不是为了方便容纳那些抗议的人群,但我完全可以肯定,深度介入大楼设计工作的塔夫脱不会抱此目的。其实这种场景很有意思,人们蜂拥而至,表达各种抗议情绪,但至少会与大楼保持合理距离。我当然能理解,他们对我们正处理的事务有强烈意见。但是,我们的判决不能随着大家的喜好走,更不能被一时的民意所主导。某种程度上说,示威抗议是人们表达情绪的一种途径,但

> 我们的判决不能随着大家的喜好走,更不能被一时的民意所主导。

并非直接针对我们,当然,也不应该针对我们。**大家总不能让我们根据民意喜好去判定宪法的含义吧。**

历史上,最高法院许多最负盛名的判决,一开始都非常不受欢迎,那种认为我们应屈从于公众抗议的说法,对维系一个法治国家来说,是非常有害的。

斯温:外面有大规模抗议时,您一般都知道么?

罗伯茨:当然知道。上午上班时,有时会看到最高法院门外聚集了许多人,看起来也不像是来旁听庭审的。不过,大法官们的工作,当然不会随民意摇摆而变幻不定。

斯温:我们采访布雷耶大法官时,他说自己到最高法院工作那年,每年的参观者约有一百万人,但这个数字现在已大幅降低,有时一年还不到这个数字的一半。当然,这很可能是"9·11"事件后,旅游业整体萎缩的缘故。您认为最高法院应该接纳更多美国民众参观么?最高法院对这项工作是否积极?

罗伯茨:当然,我认为每个有机会到华盛顿一游的人,都应该来最高法院看看。在宪法实施与政府运行方面,这是一个与白宫、国会大厦同等重要的地方。

我们的大楼在国会大厦后面,但我们的宪法职能却与它同样关键与重要,所以,我认为人们应该来这里看看。就像你提到的,参观人数减少,主要因为旅游业在"9·11"事件后整体萎缩。我们目前正在进行大楼整体翻新项目,也是70年来的第一次。

斯温:这可是项大工程。

罗伯茨:的确是大工程。

斯温:翻新包括哪些内容?

罗伯茨:可以说,整个基础设施都得同步更新。1935年以来,我们没有进行过任何翻修工作。那时,光是在整个大楼内牵电话线就是一项大工程,更别说要配备各种现代化电子技术了。有时你必须挖开墙体,才能进行这些工作。有些修修补补,则是出于安保的需要,必须承认,我们得加大防范力度,防止任何形式的非法侵入。此外,我们还得更新供热通风和空气调节系统,毕竟这是一座有70年历史的建筑了。

斯温:您在楼内散步时,有没有遇到过参观者?

罗伯茨:当然,经常遇到。

斯温:他们能认出您么?

罗伯茨:有些人认得出,有些人不认识。有时,他们会叫住我,和我聊上几句,我向来对他们自何处而来比较感兴趣。要知道,我平时得处理很多事情,经常要选择最快捷的路线,在这座大楼内走来走去。在此过程中,我很高兴看到许多人来此参观,并观摩我们的日常工作。

斯温:您外出期间,也经常被人认出来么?

> 我们审理这些案件,并不因为我们认为它们判错了。我们的主要工作,是确保联邦法律在全国适用的统一。

罗伯茨:这个得看我去哪儿了。我的意思是说,如果我去一家法学院,那被认出的几率,肯定要大于我举家旅行的时候。

斯温:我们谈谈最高法院每年的运转情况吧。您之前已给我们进行了简单介绍,但我希望能用更多时间,谈谈最高法院各开庭期和具体运转的细节。如果您不介意,请概括介绍一下最高法院每年的工作情况。本开庭期即将结束,新的开庭期很快又将开始。所以,您可以先谈谈案件进入最高法院的程序和具体流程。

罗伯茨:每年都有大量案件被送到这里,申请由我们审理。许多人也曾信誓旦旦:"我将竭尽全力,将官司打到最高法院。"我估计,每年约有9 000个案子申请由我们审理。我们只会审理其中100件,所以,我们的工作内容,很大一部分是审查这9 000起案件,努力从中甄别出比较重要的案子。按照普通法法院的传统,我们会在每年十月的第一个周一开始新的开庭期,在此之前,我们已用很长时间审查各类申请,甄别出我们打算审理的案子。

这是一个非常有趣的过程。你要知道,我们审理这些案件,并不因为我们认为它们判错了。我们的主要工作,是确保联邦法律在全国适用的统一。所以,如果加利福尼亚州某个联邦下级法院就某一问题作出一种判决,而纽约州的一家联邦下级法院却就同一问题作出另一种判决,这样的案子就可能被我们挑出来,决定究竟该如何裁判。

斯温:这就是所谓的"调卷令"(*cert*)审批程序,对吗?

罗伯茨:对,"调卷复审令"(*Certiorari*)。这是一个古老的罗马法术语,又称"调卷令"。这个词由历史传承而来,没人知道它的确切含义。

斯温: 您前面提到,最高法院选择在十月第一个周一进入新的开庭期,也来自悠久的历史传统,具体出处是什么?

罗伯茨: 我也不是特别清楚。其他普通法国家通常有几个开庭期。过去我们有过五月开庭期、十月开庭期,我怀疑这样安排是为了方便大法官们到各地巡回审案。现在则把审案时间压缩到一起,也就是目前的十月开庭期。

斯温: 您前面提到了案件数量,过去20年来,申请由最高法院审理的案件数和得到批准的案件数发生了很大变化。申请数大量上升,获批准数却趋于减少。这是为什么呢?

罗伯茨: 我认为,申请数增多,是因为全国的案件总量在增加。获批准的案件数量减少,说明最高法院在宪法体制中的重要性在增加。有句话似乎不太符合人们的惯性思维,但事实的确如此,那就是:**最高法院审理的案子越少,它的地位才越重要**。事实上,最高法院成立之初,恨不得审理每一起诉至本院的案件。

例如,在19世纪,最高法院审理的绝大多数是海事案件,你若翻开当年的案件年鉴,会发现数以百计的海事案判决。但是,最高法院的地位提高、作用增强时,它会侧重审理那些在宪政体制中比较重要的案件,其他个案则交给联邦下级法院去审理。与过去相比,我们的职能已经发生很大变化。

许多国家的首席大法官来访时,都会说,我们每年不得不审理三千多起案件,所以不能像你们那样,把注意力放在处理最重要的事务上。他们得耗费大量时间翻阅案卷,查证事实,确保一些不那么重要的个案得到正确处理。我们则不需要这样。我们只关注那些对我们的政制运转至关重要的案件。

斯温：那么，每位大法官在受理这80到100起案件过程中，具体起到哪些作用呢？

罗伯茨：我们决定哪些案件应当受理时，也像处理其他事务一样，按"一人一票"原则进行。只要有四人同意，即可批准"调卷令"，决定受理这起案件。最高法院曾对许多特定类型的案件拥有强制管辖权，必须审理这类案子。后来，国会通过立法，规定我们无须审理全部上诉过来的案件，不再对一些案件行使强制管辖权。而且，决定是否受理某起案件时，不再需要五票，四票就够了。当然，"四票法则"只是不成文的规定，即使有四个人同意受理某案，但最终的审理结果，却未必能如这四人所愿。

斯温：您在判定是否受理某起案件时，阅读卷宗的工作量有多大？

罗伯茨：如你想象，工作量并不大。九千多起案件，如果你逐一仔细审阅，那就别的什么事情都不用干了。我们的法官助理会协助我们做这些事。他们会根据每份调卷令申请的内容，撰写备忘录。我们审读备忘录即可。他们必须眼光精准，知道对哪类案件应该更加慎重，当然，我也一样。我在阅读备忘录时，也会感慨："对，这个案子我们应该更慎重些"，然后判定该如何投票。

斯温：您有几位法官助理？

罗伯茨：四个。每位大法官现在都配备四个助理。

斯温：首席不能额外多配么？

罗伯茨：不是。我有权多配一个助理，但我觉得四个就足够了。

斯温：您在选取案件时，是否能根据直觉，预感到某个案子会成为最高法院下一开庭期的"重头戏"？

罗伯茨：当然。有些案件涉及热点议题，肯定会受到各方关注，但我们决定是否受理时，不会考虑这些因素。我们的待审案件排期表上的案子，多半平淡无奇。可以说，我们每年审理的 90 个案子里，最多只有 6 至 7 个会出现在报纸的头版头条。其他案件的类型，则涉及破产税、《联邦仲裁法》、退休金方案，等等。它们在待审案件排期表上占很大篇幅，而且都至关重要，但根本不会吸引到人们的关注。

斯温：当您决定受理某些案件、不受理某些案件时，是否会想到那些被拒绝受理的决定影响到的人们？

罗伯茨：当然。这些人多半会认为，把官司打到最高法院是非常重要的，这毕竟是诉讼之路的终点。

我做律师时，把客户的案子送到最高法院也是工作重心，有时你必须非常遗憾地告诉某人，最高法院不打算听审我们的案子。但是，当一起官司打到最高法院时，当事人在联邦司法系统内，至少已有两次机会说服法院接受他们的立场，如果是在州法院系统内，机会有时更多些。

我们并不是一个纠错的法院。纠正 9 000 起案件中的错误，并不是我们的工作。作为政府三大分支之一，我们不必去干这些活儿。

斯温：您平时会收到当事人的来信么？

罗伯茨：我收到的不多。可能他们没有直接寄给我，所以很少见到这样的来信。我会阅读部分来信，但不会一一细读。与案件有关的来信多半会被过滤掉，但是，当你读到一封来自刚参观完最高法院的小学生的来信时，你可能会欣然回复，即使不能经常这么做。

斯温：一旦决定在本开庭期审理的案件数量，就会进入排期环节，那么，您们是如何分配、确定每起案件开庭的时间表呢？

罗伯茨：这是一个动态的过程，随时可能补充、调整。我们批准受理某些案件后，会依序将它们编入待审案件排期表，所以，我们在十月之前批准受理的案件，未必会在十月开庭审理，而是在本开庭期末审理。

进入新开庭期后，最早审理的案件，多是当年春天批准受理的案子。法官助理们负责分配、确定案件的开庭时间，并交我们审查，我们一般都会同意。

斯温：好的，下面来谈谈言词辩论，这可是民众与最高法院面对面接触的机会，能介绍一下这个环节么？

罗伯茨：言词辩论之前，阅读诉状是一项重要工作。正式庭审中，每起案件有一小时言词辩论时间，每方各有半小时用来发言。在其他普通法国家里，言词辩论时间可能更长一些。但在我们这儿，大部分发言内容都已写进诉状。律师们就算内心充满渴望，也不享有畅所欲言的演讲机会。

其实，言词辩论的绝大部分时间，都留给大法官们提问。我们已从诉状中了解到各方立场。所以会提出以下问题："你刚才提到这个，是怎么回事？你谈到了那起案件，可以解释一下么？你说这份记录可以证明相关事实，那么，怎么证明呢？"

提问环节非常非常紧张。每位大法官都有自己独特的提问方式。有人喜欢密集发问、咄咄逼人，有人习惯不断设问、层层深入。这对律师来说，的确构成巨大挑战，他们不仅要回答问题，还得引导整个案件朝他们希望的方向发展，并且尽可能维护客户利益。我个人非常喜欢这个环节，从头至尾都乐在其中，因为我能利用这个机会与律师进行交流，同时，我还可以通过倾听其他同事对律师的提问，了解他们的观点。

其实，只有在言词辩论环节，我才能第一次听到同事们对案件的看法。

因为庭审之前,我们不可能坐在一起讨论具体案件,不能说"这就是我的想法",或者"我就是这么看待这起案件的"。只有透过他们的提问,我才能推断出他们对案件的立场。这些问题,还有助于我调整自己的观点。如果他们提出的是一个你事先漏掉的问题,还可能对你有所启发。总之,这是一个激动人心、非常刺激的环节。

斯温:所以,您需要全神贯注地倾听?

罗伯茨:非常认真,不仅要听问题,还要听律师们的回答。因为他们的回答可能启发你从另一个角度思考问题,并据此考虑另一个人的发言内容。

斯温:庭审时,大法官们之间,是通过提问进行沟通的么?

罗伯茨:的确如此,有时你会觉得大法官们在扮演魔鬼辩护人的角色。如果我知道某个同事关心某个具体问题,而律师也回答得不错,就会故意问一个挑衅式的问题,看起来像是很有敌意。但我知道,律师会给出一个漂亮的答案,很好地回应其他大法官的疑问。

斯温:您说到每位大法官在言词辩论时,都有自己的提问风格,您自己是什么风格?

罗伯茨:我习惯针对特定事项,不断重复提问,探究症结所在。我不太喜欢以设问方式抽丝剥茧,因为自己做律师时,就很不喜欢这样的问题,但不得不去回答。在其他情况下,我会采取另一种发问方式。比如,我对某个案件中的问题,已经有了比较成熟的想法,而我希望律师给出一个确切的答案。我就会说:"律师,我是这么看这个案子的:你固然有自己的法律依据,但先例却与你的观点相悖,你如何证明这起案件与先例不同?"如果顺利的话,律师会给出答案,当然,他也可能答不上来。

斯温：您也做过律师，并参加过最高法院的言词辩论，能谈谈身份转换后的不同感受么？

罗伯茨：呵呵，向人提问总比回答问题要容易得多。做出庭律师时，你会有许多优秀的竞争者，有的站在你这边儿，有的和你唱对台戏。作为律师，官司自然有输有赢，有时你得打电话给客户，告诉他"我很遗憾，输了官司"，有时可以高喊"太棒了，我们赢了"。要想表现优异，就必须在不断竞争中取胜。

审判席上的情况则有所不同。当然，我可能位于多数方，也可能身处异议方，但这和输赢无关，也不存在什么竞争关系。能有机会在审判席的台上台下享受不同的工作体验，让我非常欣慰。

斯温：您还记得自己第一次参加言词辩论时的经历么？

罗伯茨：哦，这个绝对记得，是在"美国诉哈尔珀案"（*United States v. Halper*）中。我当时非常紧张。不过，即便在最后一次参加言词辩论时，我一样很紧张。我想，除非你曾以律师身份在最高法院出过庭，否则不会理解这种心情。

斯温：每一个有幸在最高法院出过庭的律师，应该都能体会到您的心情。回头来看，您希望当年的自己具备哪些关于言词辩论环节的知识？

罗伯茨：在今天这个位置上，我想对律师说："你必须回答问题。不要试图回避问题，或以任何方式，让你的案子显得与众不同。"我希望自己做律师时，也能做到这些。这是我坐上审判席后的最大感悟。你必须认识到，大法官之所以发问，是为了尽可能做到正确裁判，所以他们总会问些刁钻、疑难的问题。

作为出庭律师，你必须保持客观、冷静。当然，为了对得起客户的委托，你也应该热情洋溢、充满斗志。大法官们当然知道这些。但是,当他们就一起疑难案件向你发问时,你最好说:"我知道这个判例不支持我方立场,也清楚由此产生的困难。但我还是想略抒己见,阐述大家为什么不必过分看重这个判例。"千万不要在我们发问时,立刻回应:"不,这个判例对我立场无碍,理由如下……"

大法官其实希望你帮助他们得出正确结论。他们当然理解你要代表客户利益,也不反对你这么做。但是,如果你能让大法官确信,你是站在他们的立场上,协助他们得出正确结论,他们就不会对你步步紧逼,强迫你回答各种难缠的问题。理解这一点,对最高法院和你的客户来说,都是很有帮助的。

斯温:您在听审后改变过立场么?

罗伯茨:经常如此。

斯温:真的吗?

罗伯茨:因为你走进法庭前,内心未必已形成结论。决定一个案件应当如何裁判,其实是一个连续的过程。当你拿起申请复审人提交的诉状,也即蓝色封皮的诉状时——诉状通常是按封皮颜色分类的——你对这个案子还没有太多想法,也不知道结果如何。读完之后,你会说:"哦,他们说的挺有道理。"然后,你拿起另一方当事人提交的红色封皮的诉状,看看他们又怎么说。随后坐下来,与法官助理们研讨案情,并问他们:"你们怎么看这个案子?"接下来,就得思考如何裁判了。在此之前,你可能已有了想法,但阅读诉状后,却可能改了主意。有时,你的想法是这样的,可是,在与法官助理交流后,你的立场又会改变。

所以,当你听审时,脑海里肯定不会是一片空白,但立场或许会有反复,而你可能倾向于某一种观点,而且带有疑问。如何弄清这些问题呢?庭审时,其他同事可能比你更重视此案。所以,你的想法"或许"会有变化——这样的情况时有发生。一开始,你会说,"我非常确定自己会这么做",但最

约翰·罗伯茨

约翰·罗伯茨首席大法官主持巴拉克·奥巴马总统宣誓任职

后却可能改了主意。此外,在内部会议上,你可以与同事们充分讨论案情,并可能得出一个与最初观点截然相反的结论。

斯温:如果出庭辩论的一方是代表司法部的首席政府律师,您会不会给予额外关照,毕竟你们都属于平等的政府分支?[1]

罗伯茨:肯定不会。我做律师时,也跟政府打过官司。他们拥有出色的律师,但许多情况下,他们也会犯错,这时我会努力证明他们的说法不对。**这也是在最高法院打官司过程中最有意思的地方。对手是世界上最强大的**

---

〔1〕 首席政府律师(Solicitor General):司法部的"第三把手",配备5位副手和20位助理。联邦行政分支的某一部门或机构在上诉法院败诉后,会向司法部提出申请,希望将案件提交最高法院复审。首席政府律师的基本职责,是代表联邦对这些案件进行审查,决定将哪些案件提交最高法院复审,如果最高法院批准复审,首席政府律师将代表联邦出席最高法院庭审,进行言词辩论。由于这个职位十分重要,又被称为"第十位大法官"。

力量——美国政府,而我所要做的,就是代表我的当事人,说服至少五个法官,证明政府一方是错的,这样就能获取胜利。而政府不得不认输。这种异乎寻常的事,在世界范围内都很罕见。这才是法治的真谛。所以,作为大法官,如果我偏向政府律师一方,肯定是违反法治原则的。

斯温:如果您当天要听取言词辩论,会如何做日程安排?

罗伯茨:这个……

斯温:如果您知道当天要开庭,乘车上班时,是否会……

罗伯茨:的确。刚才已提到,从我履任时起,言词辩论环节就非常重要。这是一个非常激动人心的环节。庭审前,我已花了很长时间研究案情,现在可以听到同事们的想法。而且我也可以首次听到律师们怎么说。这会是个令人兴奋的日子。所以我会比平时到得早一些。

斯温:具体时间呢?

罗伯茨:早上7点半。我会利用提早的时间,最后整理下思路。我会叫来跟进这个案子的法官助理,请他谈谈对案件的看法:"这里存在什么问题;那里又存在什么问题;你如何理解这个案子?"然后,我会最后浏览一下诉状。

临开庭前,我们会去法袍室,在那里穿上法袍。我们会在法庭后的会议厅碰头。然后,我们会依循梅尔维尔·富勒首席大法官一百多年前创立的传统,在进入审判席前互相握手致意。接着依序进入法庭,在审判席入座。

斯温:您与同僚走出法庭时,会和他们聊到刚听审过的案件么?

罗伯茨:不会。这是一个不成文的规矩,我们不会讨论案情。上午的庭审结束后,我们会一起去吃午饭。那时是午饭时间。

斯温:一起吃?

罗伯茨:是啊,经常如此。如果有人外出办事,他当然就不在那里吃饭了。但是,在庭审日里,绝大多数大法官会在我们的餐厅就餐。不过,在那里,我们不能讨论案子。

斯温:那您们谈什么呢?

罗伯茨:你知道,我的一些同事喜欢欣赏歌剧,他们会谈论歌剧。还有一些人会聊到棒球赛或高尔夫球锦标赛。有人会提到最近看的一部好电影或一本好书,又或各自的家庭轶事。这些都是我们午饭时的话题。

斯温:下午又会开庭审理另一起案件?

罗伯茨:偶尔如此。按照案件排期表,有时我们一天要审三起案子。多数情况下是一上午审两起。秋天时,经常审三起。春天里,通常是两起,因为那时我们的工作负担太重,都要忙着撰写判决意见。

斯温:我们谈谈内部会议吧。请您介绍下会议程序。

罗伯茨:每次我们都坐在一张固定的会议桌前。我坐在桌子一头。资历最深的联席大法官斯蒂文斯大法官,坐在另一头。其他人以资历为序,环桌而坐。大家走进会议室,坐下。如果不用开庭,我们会在周五召开会议。落座前,大家会再次彼此握手致意。

斯温：您认为，握手仪式的重要性何在？

罗伯茨：我想重申的一点是，我们是一个合议庭，大家都在同一个诉讼流程中审案。我们要阅读同一份诉状，审阅同一套案卷，听取同一场辩论。就某些至关重要的事务，我们之间有时也存在明显分歧。讨论时，我通常第一个发言："这个案子是这样的。存在的争议包括……我想我们应该推翻或维持原判，理由如下……"如果是一起简单的案件，可能要说上一分钟。要是棘手的案子，时间会更长些。

接下来的发言，以资历为序。斯蒂文斯大法官第二个发言。他可能会说："首席，我完全赞同您的意见。"那就太棒了。但是，他也可能说："我不同意。我想我们应当依循另一种裁判思路，理由如下……"或者，他可能说："我同意这么判，但理由应该是这样的……"

大家随后会依次发言。顺序是：斯卡利亚、肯尼迪、苏特、托马斯、金斯伯格、布雷耶和阿利托。其实，大家这时候的发言，相当于试探性的投票。比如，有人会说："我倾向于推翻原判。"如果需要进一步讨论，我们会继续交流。

讨论案件时，我们秉持一条非常有用的基本原则："只要还有一个人没有发言，任何人不得发第二次言。"如果每个人都发言完毕，我们会决定是否有必要继续深入研讨。有时会继续，有时则不然。有时我们讨论了半天，最后仍不能达成一致意见。这时我会说："好了，大家还是书面交流意见吧。"这意味着，大家会后可以以传阅书面备忘录的形式，决定案件该如何处理。主持会议时，我会确保所有事项均能得到充分讨论，争论双方都有机会各抒己见。

斯温：之前您曾提到，您在分配判决意见写作任务时，会尽量公平公正，兼顾每个人的特点。那么，什么时候您会指定自己为判决意见主笔者？

罗伯茨：这可不是一件好办的差事。很显然，有许多好案子的判决，我都想亲自操刀,但必须确保自己在这项事务上的公正程度。所以,我会自觉承担一些不那么有趣的案子的判决意见写作任务,当然还有一些比较棘手的案子。至于那些不错又有趣的案子,为公正起见,我会分给其他人。

斯温:您自己怎么撰写判决意见呢?

罗伯茨:我当然是手写了。

斯温:是吗?

罗伯茨:我不在电脑上写作,会坐在……

斯温:您通常都这么写作么——手写,而不是使用电脑?

罗伯茨:是的。我读大学和法学院时,距离科技革命还早,所以,我从没有真正学过如何利用电脑写作。当然,现在已经会了。但我还是习惯用笔写东西。有些较容易的地方,我会交法官助理们完成,然后由我修订。如果涉及我不太了解的新领域,我会亲自撰写,并核定事实,这是非常重要的。总之,我会反复将文章修改到自己满意为止。

初稿完成后,还有一系列工作要做。"嗯,我还得再了解下这个判例的适用情况。"你得折回去再读一次案卷。反复阅读诉状,并和助理们讨论。"到底存在什么问题呢?"某种程度上,这也是言词辩论的延续——"哪个地方不对劲?答案又是什么?"

有时,其他大法官那里也会传来新的备忘录,内容一般是:"在会上,我是这么说的,理由是……我随后就此进行了深入研究,结论未必一定对。但如果是我,会这么写这份判决意见。"他们的观点也会不断调整。所以,我通常得几易其稿。20 稿,甚至 25 稿,都不算罕见,每一稿都会调整若干处地方,有时还得折回去,接着又恢复之前一稿。如此反复……不过,我非常喜欢,而且很享受这样的写作过程。

接下来,你得把初稿送出去,并准备接受同事们的批评,这或许会是世上最严苛的批评。他们的批评意见,不会留丝毫情面,给出的分析思路可能与你完全不同,并在备忘录上进行了细致、充分的论证。有时,结果还算不错,但有人会说,"我不喜欢这个脚注",或者"我不喜欢这个段落",又或者"我不希望援引这个判例,这样不妥"。只有你据此作出调整,才可能赢得他们的支持。

很明显,如果你刚着手写作,这时有人说,"我希望你转变立场",你可能会容易接受一些。但是,如果你已掌握八票,这时第九个人对你说,"希望你作出调整",你估计会说,"哦,……"

斯温:您会说,"我不会改变立场了"。

罗伯茨:不会。我会说:"没门儿"。不过,要知道,第五票可是非常关键的。通常情况下,第五票比第九票更容易让你改变立场。

斯温:那些以五票对四票达成的判决和异议意见呢?如果您已经知道最终结果会是五票对四票,会腾出多少额外精力去修改判决意见?您如何看待异议意见的价值?

罗伯茨:哪怕我知道结果是五票对四票,或者无法争取到九票,我也会尽力写好这些判决意见,它们将来可是会被收入法官和律师的案头书的……

斯温:您在写作时就已认识到这一点?

罗伯茨:我对这一点认识得很清楚。实践中,异议意见也是非常有价值的。它表达了最高法院内部的不同意见,说明所有观点都被充分考虑了。

对多数意见的执笔者来说,异议意见也很有价值,因为它提出了有益的质疑,可供参考、修正,使多数意见更加充实完备。

的确,你可能不喜欢别人提出反对意见。但在一些案件中,这类异议是非常重要的。当然,不是每起案件都这样。你希望能够说服别人,我想,最好的办法,就是通过传阅备忘录,尽可能达成共识。但有时我们做不到这一点,而且你必须对异议作出回应。

这样几经反复。当异议意见被传阅时,你试图说:"在这个问题上您错了,事实应该是这样的……"你会试图调整自己的意见,说:"大家知道,异议意见是这么说的,下面是我的回应……"

有时候,大家会多次交换意见。这是一个非常重要的环节。

斯温: 作为首席大法官,您在协调异议时,是否发生过伤害到个人感情的状况?

罗伯茨: 我想我们每个人都遇到过。我在上诉法院期间,许多法官都有个不错的习惯:当上诉法院决定如何判决,但投票结果为两票对一票时,大家会坐下来,多数方的两人会问另外一人:"您认为,我们的意见是否冒犯到您,或者有什么越界或不妥之处吗?"[1] 另一人会说:"可以考虑去掉某些形容词和副词,或类似'哦,多数方会忽略以下意见'之类的话。"其实多数方并非真的忽略不计,只是认为不重要罢了。

我想,这是一项很好的习惯。虽然并未诉诸文字,但有时候,你可能坐到某人身边,然后说:"您确定您需要使用这么严厉的措辞么?"多数情况下,他们会表示惊讶:"哦,我没想到会让您这么想。"他们会很乐意进行调整。不止是我,我的所有同事都会这么做。

斯温: 当您在最高法院出任首席大法官时,您的同事都已在此工作多

---

〔1〕 联邦巡回上诉法院审理上诉案件时,合议庭一般由三人组成,所以又称"三法官合议庭",判决结果依少数服从多数方式确定。

年,您能描述一下您是如何应对这个转变的么?您如何让自己在最短的时间内熟悉了解各种传统、惯例以及会议程序,使自己能够以首席大法官的身份掌控局面?

罗伯茨:"掌控局面"的表述是不正确的,我想我的同事们也会在这个问题上纠正你。而且,早在25年前,我就已在这里担任法官助理了。我了解最高法院是如何运转的。

斯温:但是,您任助理时,从未进过内部会议室。

罗伯茨:的确从来没有。但我以私人律师和政府律师的身份,已经在这里打了20年官司。所以,我对最高法院如何运作已经有了一定的感性认识。到这里后,同事们也给予我很多建议和帮助,告诉我许多程序该如何操作,虽然他们的建议,有时也会相互矛盾。但你会大致知道接下来该怎么做。有时你必须屏住呼吸,希望他们不会指责说:"嗯,你在说什么?为什么要这么做?"关键在于,我的八位同事为了让我尽快适应这个岗位,对我提供了非常多的帮助。

设想一下——当我以首席大法官身份来到最高法院时,不仅是审判席上最年轻的人,法官经验也是最少的。而且,最高法院当时已经有11年没有过人事更替了。你很容易想象出我所面临的困难。但是,他们中的每个人,都尽可能给予配合,保证各项事务能够顺利延续下去,我对此一直心存感激。

斯温:我们只剩下5分钟的采访时间了,当然,之前我的提问就占了25分钟。让我们把话题转向这座大楼,事实上,这也是我们来这儿的主要原因。空闲时,如果在这座大楼内漫步,您最喜欢哪个地方?什么地方会让您驻足思考?您有哪些真切感受?

> 你抬头时,会看到约翰·马歇尔的画像,是他使最高法院变得真正像一座法院。

罗伯茨:在一些宁静的夜晚,我喜欢在两个会议厅待着,即东厢会议厅和西厢会议厅。的确,我们不太擅长给会议厅起名字。我喜欢这两个地方的原因是,它们的墙上分别悬挂着八幅画像,上面是我的十六位前任,当年的首席大法官们。我常常带着敬畏之情仰望他们,感激他们的所作所为。我想,他们俯视到我时,也会感到惊讶。他们每个人或许都有一段故事要讲,故事或与个人无涉,但与最高法院这个机构息息相关。

你抬头时,会看到约翰·马歇尔的画像,是他使最高法院变得真正像一座法院。而且,在他主导下,最高法院从过去每位大法官分别发布自己的判决意见,转变为由一人主笔,即"我们的意见都写在最高法院判决意见中"。这对今天的最高法院判决形式的形成,起到了关键作用。

马歇尔右边那位,是罗杰·坦尼,我运气最差的前任,"德雷德·斯科特案"(*Dred Scott*)判决的主笔者。其实,他知道奴隶制已是这个国家存在的重大问题,并尝试着手解决。但他的解决方式,却完全由错误思想主导,并给最高法院造成绵延数十年的恶劣影响。这也警示我如何审慎看待自己的工作。

你若再往前挪几步,可以看到莫里森·韦特的画像。如果我们问1 000名律师和法学教授:"莫里森·韦特是谁?"估计只有极少数人会知道答案。这是个极好的例子。说明你所从事的工作,未必能赋予你杰出的地位和显赫的名声。接下来是梅尔维尔·富勒,他的主要功绩,是让最高法院更加团结一致。

来到另一个房间,我们会看到查尔斯·埃文斯·休斯的画像。此时,我会想起他在"填塞法院计划"中力挽狂澜的作用,并据此思索司法独立的重要性。

这一直是一个有趣的体验。也许,我不会每天或每周这么做,但经常在这里独坐省思,能不断提醒我履行好首席大法官的职责。

斯温:您的前任们有过诸多作为,包括开创握手传统这样的小细节。您是否也打算令罗伯茨法院有一些改变?

罗伯茨:我没这么想过,至少,我还没意识到自己做出过任何改变。当然,在真正的改变发生之前,你很难确定自己改变过什么。所以,我只能说还没意识到自己做过什么改变。

斯温:当您手按《圣经》宣誓时,会有什么感想……我的意思是,在您之前,只有十六个人在这个岗位上待过。你如何认识自己肩负的职责?

罗伯茨:我在从事一项极为重要的工作。我非常庆幸自己有八位同事。如果所有判决都交给我一个人来干,审判工作必然会瘫痪掉。我们分摊任务,共担责任,在日常工作中互相扶持。当然,这份工作时常令我非常激动。庭审当天,我一早就会心情激动,迫不及待赶去上班。

斯温:此时此刻,最高法院正打算迎接一位新成员。可以描述下您现在内心的感受么?

罗伯茨:你会把最高法院视为一个众多成员组成的集体,很难说由任何一个成员代表。这有点儿像人们看待自己的家庭。新成员的到来,会激起我们各样情绪。但一位成员的离职,会勾起我们巨大的失落感。

苏特大法官是一位非常杰出的同事,各方面都很值得尊敬,我们会非常怀念他。不过,这也是最高法院新陈代谢必然要经历的过程。我们会张开双臂,热烈欢迎新同事。最高法院的历史也因为这种人事更替而更加丰富。你已经习惯了每天看到同一个人,习惯了每天和这个人共进午餐,如今,一个新人又将加入。

怀特大法官常说:"最高法院每来一位新成员,一切都会改变。"的确,我们每个人身上都会发生变化,即便是简单的变化。我们在法庭内的席位会变动。这些席位通常按资历排序,所以必须微调,当然,也包括会议室内的席位。我想,更重要的是,新成员的到来,会提供一个全新的审判视角。新成员看待我们习以为常的议题时,可能会有与以往不同的想法。这对最高法院来说,也是非常激动人心的事情。

斯温:夏季闭庭期快到了,首席会在这个夏天外出度假吗?

罗伯茨:"度假"这个词不太准确。布兰代斯大法官说过:"我们在十个月里,要做十二个月的工作,而不是在十二个月内完成这些工作。"大家能在繁忙的工作之余,适当休整下,也是件不错的事。

当然,在此期间,我们也有工作要做。我们还得应付陆续涌来的9 000件调卷复审令申请。你不能把这些工作拖到秋天再做,必须保持工作进度。此外,我们有时还得处理各类紧急事务。不过,由于我们是在华盛顿之外办公,工作量会明显降低,与开庭期相比,我们可以腾出点儿时间多陪陪家人。

斯温:谢谢您花一个小时接受我们的采访,首席大法官。非常感谢您。

罗伯茨:多谢。

安东宁·斯卡利亚

我只喜欢大功告成的感觉

安东宁·斯卡利亚大法官

当代美国最高法院最富个性的大法官。他于1936年出生于新泽西州特伦顿市,先后以优异成绩毕业于乔治敦大学和哈佛法学院,担任过《哈佛法律评论》编辑。

离开法学院后,斯卡利亚做了6年律师,1967年进入弗吉尼亚州大学法学院执教。1971年,他受理查德·尼克松总统之邀,出任电信政策办公室法律顾问,次年转任联邦行政联席会议主席。1974年,斯卡利亚被任命为助理司法部长,主管法律顾问办公室。1977年,他结束公职,先后在乔治敦大学、芝加哥大学和斯坦福大学法学院执教。

1982年,罗纳德·里根总统任命斯卡利亚出任哥伦比亚巡回上诉法院法官。担任上诉法官期间,斯卡利亚极力推崇"宪法原旨主义"思想,认为法官应当根据制宪者当年的立法意图判案,严格依照文本含义解释宪法,不必考虑时代、社会的变迁。他的司法理念,得到保守派和共和党高层的高度信任和认同。1986年,他被里根总统任命为最高法院大法官。斯卡利亚个性鲜明,文笔一流,言词犀利,逻辑缜密,他旗帜鲜明地反对堕胎,赞成死刑,支持公民持枪,提倡严格按原始意图解释宪法,而且直言无忌,经常成为美国政界的话题人物。

主要著作:*A Matter of Interpretation : Federal Courts and the Law*(1998年);*Making Your Case : The Art of Persuading Judges*(与布莱恩·加纳合著,2008年);*Reading Law : The Interpretation of Legal Texts*(与布莱恩·加纳合著,2012年)。

2009年6月19日,斯卡利亚大法官在最高法院东厢会议厅接受了C-SPAN记者苏珊·斯温的采访。[1]

斯温:尊敬的安东宁·斯卡利亚大法官,能简单为我们介绍一下最高法院大法官的职责和义务吗?

斯卡利亚:我们的工作是,尽己所能,对最高法院受理的所有案件作出公允、适当的裁判。另外,与上诉法院法官不同的一点是,我们可以决定本院受理哪些案件。所以,我们的基本职责有二,刚才提到的第二项职责排列在先。首先,我们决定受理什么样的案子,其次,我们对受理的案子作出公正裁判。

斯温:在您看来,最高法院在当今社会扮演了什么样的角色?在您的任期内,这一角色发生过变化么?

斯卡利亚:在我看来,最高法院的职能从未改变过。**在民主制度下,最高法院的职能,就是公正、忠实地解释宪法、法律的含义,使之符合立宪者或国会立法者的意图。**最高法院的职能就这么简单,除此之外,别无其他。
我并不认为我们是社会变革的引领者,我们也不是历史车轮的驱动者。**我们的工作只是为前人的立法提供解释。**

斯温:在您的工作中,最吸引您的是什么?

斯卡利亚:我喜欢思考法律问题,尽可能寻找正确答案。信不信由你,并不是每个人都喜欢干这事儿。有些人憧憬着成为上诉法院法官,不过,一旦梦想成真,他们会发现这份工作没那么轻松。如果你这辈子就喜欢琢磨

---

[1] 斯卡利亚大法官的传记已有中译本,即〔美〕琼·比斯丘皮克:《最高法院的"喜剧之王":安东宁·斯卡利亚大法官传》,钟志军译,中国法制出版社2012年版。

法律问题,那你的思维一定异于常人。这是份寂寞的差事。日常工作中,你接触外界的唯一机会,就是听取律师们的言词辩论。其他情况下,我们的工作都与世隔绝,纯粹是脑力劳动。某种意义上讲,这类工作和法学院教授比较类似。我以前就在法学院教书,所以没觉得有什么不习惯。

斯温:回想您在最高法院的这二十多年的工作,您是否想过,如果有可能的话,您最想把哪一部分工作委托给别人去做,或者尽可能减少这方面的工作量?

斯卡利亚:在我看来,最繁重也是最无趣的工作,要算审阅那些提交到最高法院的调卷令申请了。我上任以来,这类申请的数量猛增。如果我没记错的话,我刚入院时,最高法院每年大约会收到五千多份调卷令申请。而这几年来,数量激增到每年接近1万份。我必须逐一审阅这近1万份调卷令申请。即使不读调卷令申请的原件,其实,我们也很少真正阅读原件,只读助理阅卷后为我们准备的要点备忘录,但光是看近万份备忘录,也是很繁重的工作,这可一点儿也不好玩。

斯温:这近万份调卷令申请中,为什么只有80到100起案件会被选中?

斯卡利亚:可能还不到这个数目。这几年来,最高法院审理案件的数量大约在每年75起左右,这与其他国家最高法院每年审理案件的数量大致持平。我们也许每年可以审理75起以上的案子,就算是100起我们也应付得来。但是,如果每年受理案件的数量像我刚入院时那样,达到150起,那我们肯定应付不了。

为什么呢?其实这些年来,我个人甄选案件的标准并没有太大变化,我的同事们也是如此。二十多年前,我刚到最高法院任职时,许多重要的立法刚刚付诸实施,比如新的破产法、职工退休保障法。最近几年并没有太多新法出台。涉及新法的案件最容易被最高法院受理,因为澄清新法中那些模糊不清的内容，大概需要十年时间。当然，这也是我们的主要工作。

我们受理案件的标准，并不是看那些案件是否判错。我们很少为纠错而受理某个案子，除非涉及死刑问题。通常情况下，我们受理某个案子，肯定是因为下级法院的判决对某部联邦法律的含义的解读存在分歧。联邦法律必须在全国统一适用，不同地区对同一条联邦法律作出不同解读的情况是不被允许的。如果出现这种情形，我们就会受理相关案件。

近年来，人们在重要问题上的分歧越来越少了。一般来说，每年受理多少起案件，并不是事先定好的。我们不会在每个开庭期末开会商量这个："伙计们，咱们明年审多少案子呢？大伙看 120 个怎么样？"我们不会这么做。受理案件是一个循序渐进、日积月累的过程。我们每周都会以投票方式，决定受理哪些案件。过去几年来，每个开庭期末统计案件量时，数量都在 75 件左右。

斯温：当您决定是否受理某个案子时，您会预感到它可能成为举国瞩目的大案么？

斯卡利亚：经常会。我一般能判断出哪些案子会涉及立法中的重要内容，也知道哪些立法内容会对社会产生重大影响。

斯温：这会对审判工作产生影响么？

斯卡利亚：不会，至少不会影响到我。至于其他人，你得去问他们，不过我认为他们也不会受到影响。我对所有案件都一视同仁，不管是大案还是小案，都会投入同样的脑力、心力和体力。如果有人问我："您任职期间处理的最棘手的案子是什么？"估计你会对我的答案完全没兴趣，因为那个案子一点儿也不出名，但确实很难处理。案件的重要程度，与审判的难易程度之间并没有必然的关联。

斯温：原来如此，那您能说说这个案子么？

斯卡利亚：你不会感兴趣的。

斯温：好吧。我们采访其他大法官时，他们常提到自己的助理。您能谈谈法官助理在您的工作中起什么作用么？他们结束助理工作后，您还会与他们保持联系吗？

斯卡利亚：当然会。我每年都会与前任助理们聚会一次，见到他们很开心。这也是我法官生涯中的一大乐趣。我每年会配备四个助理。第二年又会换四个新人。他们精力充沛，活力四射，毫不懈怠，一切对他们来说都是崭新的。朝夕相处，我也常常被他们的热情感染。大家在这一年里，亲密无间，并肩作战。一年终了，他们又会踏上新的旅程。如此反复，仿佛每年都会迎来一批新的侄儿侄女。他们每个人都才华横溢、前途无量。这些人离开最高法院后，都有辉煌的前程。我乐意与他们保持联系，了解他们的最新动向。

斯温：除了每年的聚会，您平时也与他们保持联系？

斯卡利亚：是的，当然啦。

斯温：日常工作中，大法官通常安排助理们做什么工作？

斯卡利亚：我只能告诉你我是怎么做的，并不代表其他大法官也会这么做。我通常会让助理挑选他们感兴趣的案件，这有点儿像职业橄榄球的选秀。他们通过一选、二选、三选，筛选自己感兴趣的案件。我觉得凡事应当以兴趣为先，如果他们的确感兴趣，通常做得也不错。每次庭审前，我会和负责挑选那个案子的助理简短讨论一下案情。

庭审结束后,我会找到这个助理和另外三个助理一起碰个头,认真研讨这个案子。另外三个人未必像承办人那么熟悉案情,但也大致了解案件情况。这个碰头会有时需要一个小时,有时得两个小时。如果我恰巧被指派撰写多数意见或异议意见,我就会安排承办此案的助理起草初稿。我会告诉他基本思路,但初稿仍由他执笔。然后,我会在初稿基础上修改、润色。

说实话,在每年的聚会上,我都会对助理们说,我的每一份判决意见,都凝聚着他们的智慧和汗水。如果没有这些才华横溢的年轻人的帮助,我不可能出色地完成各项工作。

斯温:最高法院开庭期间,您平均每周要工作多少个小时?

斯卡利亚:我也说不准。

斯温:每周40小时,还是每周60小时?

斯卡利亚:这个工作的好处,当然也可能是坏处,就是你在哪儿都能工作。我可以只在开庭时才来最高法院办公,估计上诉法院的一些法官也是如此。我完全可以在家办公。但是,那样一来,我就无法跟助理们研讨案情,他们也很难找到我。所以,我一般会来法院办公。不过,这跟我的工作时间长短也没有必然联系。我从没有统计过自己每周工作多少小时,但我几乎每个周末都会处理公务。当然周末两天也不全是在加班,但总要做会儿工作。

斯温:那么,夏天您都会休假一段时间么?

斯卡利亚:会的,夏天可以休息一会儿。我们会在六月底把手头的工作都处理完,这样就可以放心大胆地过暑假了。在夏天,我们唯一需要时刻留意的事情就是各种调卷令申请。因为暑期临近结束时,我们会开一次会,处

> 传统是一个机构的基石。最高法院已运转了220年，它的伟大传统会时刻提醒人们注意这一事实。

理陆续提交上来的申请，然后投票决定受理哪些案子。所以，你必须预先了解申请的内容，但这个工作量并不大。至于其他方面，联邦政府三个分支都是一样。华盛顿中心区到七八月份跟鬼城一样，没有太多人。这时候最高法院多数人都在外休假，一般得到九月才回来，为十月份的庭审做准备。不过，在暑期，我们可以自由支配时间，有空读些自己感兴趣，但平时又没空看的书，给自己充充电。

斯温：您刚才提到，最高法院与政府其他分支有些传统很相似，比如都会在夏天休息一阵子。不过，最高法院还有许多自己特有的传统。我刚才随手记下了几个我能想到的，比如法庭本身、羽毛笔、法袍、首席政府律师的晨礼服，还有法庭内的各种规矩。这些传统有何重要意义，为什么在2009年的今天，仍然要维持这些传统呢？

斯卡利亚：某种意义上说，传统是一个机构的基石。一个有悠久传统的机构，才真正值得人们尊敬。最高法院已运转了220年，它的伟大传统会时刻提醒人们注意这一事实。如果我们不穿法袍，只穿一般正装甚至短袖背心办公，或者坐在类似公交站那样的房子里办公，其实也并无不可，只不过，这可能不符合人们心目中最高法院的形象。

斯温：说说法袍吧。这次采访前，我匆匆研究了一下法袍的历史，发现早期的大法官们好像并不穿法袍。

约翰·杰伊首席大法官

斯卡利亚：没穿法袍？

斯温：是啊。最高法院官方网站说，穿法袍的传统是从 1800 年左右才开始的。

斯卡利亚：约翰·杰伊，最高法院第一位首席大法官，就是你右上方那幅画像，他可是 1800 年之前上任的。画像中，约翰·杰伊穿的法袍是红黑相间的，不像现在的法袍，都是纯黑色的。你刚才的说法，我可是头一回听说。

斯温：好吧，既然有约翰·杰伊为证，就以您的说法为主。现在已经是2009年了，法袍又象征着什么？在现今社会里，法官们继续身披法袍又有何意义呢？

斯卡利亚：事实上，就算我们不穿法袍，一样可以照常工作。或者说，即使没有这座宏伟壮观的最高法院大楼，我们也可以照常工作。就像这座大楼一样，法袍传达给人们的讯息，就是最高法院的庄严性和重要性。就这么简单。政府办公楼通常不会设计成公车站的样子，也不该设计成公车站的样子。

斯温：在前些天的采访中，布雷耶大法官把这栋大楼称作"整个司法系统的象征"。您已在这里工作多年，平时会觉得自己在一座象征美国司法系统的大楼内工作么？

斯卡利亚：这座大楼的象征意义，不会每天盘桓在我脑海里。平时，我多数时间都在思考那一天要讨论的案件。我大概已经习惯了在这么一栋大楼里工作。时间会让我们把很多事情视为理所当然。不过，我始终认为，我们理应在这座宏伟壮观的大楼内工作，我们也理应身披法袍出庭。

斯温：当您有空闲时间，而且公务不是那么繁忙的时候，您会去大楼某个地方转转，缅怀本院历史或某位当年的大法官么？

斯卡利亚：那倒没有。我大部分时间都待在自己的办公室里。这栋大楼的核心部分，当然是法庭了，我们在那里听审。法庭庄重威严，天花板特意设计得非常高，以至于站在地面上，你都很难看到天顶全貌。这样的设计真是匠心独到，昭示着最高法院的灵魂。

斯温：下面说说言词辩论吧。您能谈谈您是如何看待言词辩论的么？

既然庭审前已经提交了那么多诉状和材料,为什么还需要进行言词辩论呢?

斯卡利亚:在很多人心目中,言词辩论不过是一场华而不实的盛大表演。这些人会想:"我已经读了申请复审人和被申请复审人提交的诉状各60页,以及40页的答辩状,还有首席政府律师提交的'法庭之友'意见书,有时还包括其他各方提交的这类意见书。我在重要段落上都已经做了记号,甚至在空白处做过批注,比如,'胡说八道'。那么,半个小时的庭审发言,能对我产生多大影响?"

答案是,我很少在庭审后转变立场,但确实也有一些言词辩论会让我改变主意。当然,大多数情况下,我在聆听言词辩论之前,并没有很明确的立场。这类案子里,双方的观点各有道理,旗鼓相当,的确很难作出决断。这时候,如果某一方律师很有说服力,有可能帮助我下决心。法庭上的发言可以表达诉状无法传递的重要信息,那就是,呈现你最重要的立场。

例如,你有五个论点,其中一个特别复杂,虽然它不是最重要的,却很有参考价值,所以你把它排在最前头。而且,由于这个观点很复杂,尽管它不是最具说服力的一点,你还是用了大量笔墨去阐述。如果我在庭审一周前刚读到你提交的诉状,很可能会误解你的立场,以为排在最前面的观点才是最重要的。那么,言词辩论就是你阐明立场、正本清源的绝佳时机。你有机会对我们说,"庭上,我方在诉状内陈述了五个观点,但这个案件的关键是……"嘭!就这样,你一语中的,直奔主题,很可能扭转我的决定。

如果我在阅读诉状时,已经写下"胡说八道"之类的批注,这个诉状的余下部分就已完全失去了说服力。但是,在庭审过程中,我可能会问:"律师,请你解释,为什么你这个说法不是无稽之谈?"有的律师可以给我清晰有力的解释。所以,我觉得言词辩论还是很有用的,而且非常重要。半小时时间虽短,但其实可以弄清很多问题,多到你难以想象。

斯温:这些出庭辩论的律师能力如何?

斯卡利亚：已故首席大法官伯格总抱怨律师水平不够。我的观点却恰恰与他相反。看到这么多脑子好使的年轻人集中在这个行当，我内心其实挺失望的。例如，某个小地方来的公设律师真是才华横溢，可他为什么不去发明汽车，或者为这个社会做一些更有益、更有贡献的事情，跑来当律师干什么呢？

法律人毕竟不能为社会创造任何新东西。他们只能为别人提供帮助，让别人能在更自由的环境下，更加有效地创造新事物。这固然重要，但是，法律行业本身并不创造产值，只有辅助作用。我的担心是，太多聪明能干的年轻人投身法律业，导致其他行业人才流失。这些到最高法院出庭的律师们，多数人一生就来这么一回，他们当中除了极少数是庸才，大都非常杰出。我倒没什么可抱怨的，或许唯一想抱怨的，就是这个行业实在浪费了太多聪明才智。

或者我们换个说法。现在的律所都会投入巨资，网罗最优秀的年轻律师。法律的确是一门复杂的学问，需要脑子足够聪明的人去适用。但我们似乎不该花这么多钱进行智力投资，虽然这样做的结果是，我们的律师业精英云集，整体素质很高。

斯温：您能谈谈庭审后的内部会议么，会议的具体流程是什么样的？

斯卡利亚：关于这一点，我不能谈太多。不过，可以告诉你的是，我们开会时，会议室内除大法官外，没有任何其他人在场。我之所以不愿谈得太具体，是因为已故首席大法官伦奎斯特写过一本书。在这本书中，他认为"会议"这个词其实有点儿误导，因为我们并不打算在这个"会议"上说服对方。[1]

我们在会议上，一般不会改变自己的立场。每个大法官都会陈述自己的观点，并就如何判决表态。会议中，大家依序发言。如果某位大法官

---

[1] 这本书即 William Hubbs Rehnquist, *The Supreme Court*, Vintage; Rev Upd edition (February 5, 2002)。

正在发言,你是不能打断他插话的。假设斯蒂文斯大法官正在发言,我打断他说:"约翰,等一下,你为什么要这么说?"这时首席大法官就会说:"尼诺,待会儿才轮到你。现在是约翰在发言,请先让他说完。"[1]每个人都发言完毕后,你只能在第二轮发言过程中,评价或质疑别人刚才说的话。

但是,**会议的目的不是为了说服对方,而是让每个人都有机会陈述自己的观点**,其他人会做记录。这才是这个会议的功能。你得认真做笔记,这样的话,如果轮到你主笔判决意见,你就知道该如何下笔,才能争取到至少四位大法官支持你。

斯温:关于判决意见撰写任务的分配,首席大法官在之前的访谈中提到,他会努力做到合理分工,让每个人的工作量都大致相当。您刚才也提到,您一般会让自己的助理挑选他们感兴趣的案子,这样他们也会表现得更好。那么,您会因为对某个案子特别感兴趣,而去争取主笔此案判决的机会么?

斯卡利亚:我很少这么做。当然,如果我想的话,我可以去争取。只有在极少极少的情况下,我才会说:"我想要那个案子。"可以确定,进入最高法院这么多年,这样的话我最多说过三次。大多数情况下,我都会听从分配。我所经历的两任首席大法官在分配判决意见撰写任务方面都很合理公平,不管是好案子,还是那些"万人嫌"的案子。

当然,有时候,一个案子好不好,是见仁见智的事,别人眼中的绝好机会,在你看来却未必如此。比如,伦奎斯特首席大法官就特别喜欢涉及宪法第四修正案"搜查与扣押条款"的案子,但我却很反感这类案件。在我看来,搜查与扣押是否合理,应该交给陪审团判断。如果把这类案子判决意见的撰写任务分配给我,我会服从安排,但肯定不会喜出望外。但伦奎斯特可

---

[1] 尼诺(Nino)是斯卡利亚的昵称。

> 我可以向你保证,无论什么时候重读一遍,我总能找到需要修改的地方,到最后,他们只能从我手里把稿子抢走。

能会觉得分给了你一个好案子,平衡起见,他下次可能就会分你一个"万人嫌"的案子。我可不喜欢这样。

斯温:您还是位多产的作者。目前已经出版了三本书,对吗?

斯卡利亚:两本而已。如果文笔不好,最好别在上诉法院当法官。[1]

斯温:您喜欢撰写判决的过程吗,思考如何精准地遣词造句,是否会让您觉得乐在其中?

斯卡利亚:没觉得有多快乐,我常对人说,我其实并不喜欢写作。我只喜欢大功告成的感觉。写作对我来说,是个异常艰难的过程。我会一遍又一遍地修订,身心焦虑,疲惫不堪。在将意见定稿提交给所有人传阅之前,助理会问我,"下午我们就把定稿发出去。您还想最后看一遍么?"我每次都会说,"好的,再让我读最后一遍。"

我可以向你保证,无论什么时候重读一遍,我总能找到需要修改的地方,改上一两笔。到最后,他们只能从我手里把稿子抢走,才能送印。我不是一个敷衍了事的写作者。写作这件事,值得你殚精竭虑,全心投入。

斯温:您进入最高法院后,科技的进步有没有让您在写作方面更轻松呢?

---

[1] 2012年6月,斯卡利亚大法官与布莱恩·加纳推出了新书 Reading Law: The Interpretation of Legal Texts,这是他的第三本著作。

罗纲德·里根总统（左）与安东宁·斯卡利亚大法官（右）

斯卡利亚：我刚上任时，这里就已经有文字处理软件了。所以，如果从我进入最高法院时算起，技术进步并没有让我的写作变得更轻松。我在法学院教书时，就已经习惯在文字处理软件里编辑文本了。有了这样的软件，写作当然会轻松很多，尤其是当你需要修改别人撰写的初稿时，软件的用处可就大了。你无需在初稿上圈圈画画，只用选中需要删除的部分，轻轻一点，啪！那段话就没了！删除后，你可以随意插入新的内容。啪！新内容就粘贴进去了。这样当然轻松啦。

斯温：如果您强烈反对某位同事的意见，如何不让自己起草的判决意见或异议意见伤及个人感情？

斯卡利亚：你可以批判别人的观点，但不能针对个人，仅此而已。如果你的批评完全从个人喜好出发，就是针对个人，而非观点本身。当我攻击某种观点的时候，我丝毫不会手软。但我的目标很明确，是观点，而不是提出这个观点的人。

斯温：您喜欢撰写多数意见，还是异议意见？

斯卡利亚：这还用说吗，我从来都只想写多数意见。为什么会想写异议意见呢？

斯温：异议意见是一种智识上的挑战？

斯卡利亚：嗯，你要这么说的话，异议意见确实更好玩一些。因为，异议意见完全是你的个人立场，你想说什么，就说什么，可以不受任何约束。如果没人愿意加入你的异议意见，那又怎么样，谁在乎啊？你可以说："如果您不想加入我的异议意见，没问题，这本来就是我个人的异议意见。反正这是我的真实想法。"但是，如果你主笔的是多数意见，就没那么有乐趣了。你在下笔时，要想着如何写才会争取到至少四位大法官的支持。事实上，你的判决得投众人所好，愿意加入的人越多越好。这也就意味着，你必须接受形形色色的修改意见，包括行文风格和遣词造句，即使你觉得某些建议不太靠谱，但是，为了争取更多人支持，你必须硬着头皮接受。

斯温：就在我们聊天的时候，一位大法官即将离任，最高法院很快会迎来一名新成员。在这个过程里，最高法院会有怎样的变化？

斯卡利亚：最高法院这个机构本身不会有任何变化。但是，人与人之间的关系会有变化。一位老朋友就要离开，大家又会迎来一位新朋友。我会很想念戴维·苏特，会非常想念他。他在任期间，无论开会还是开庭，一直坐在我邻座，是一位时常伴我左右的老友。庭审时，我俩会私下聊几句，或者给对方传纸条。我会想他的。他是个聪明、有趣的大好人。我想念很多以前的老同事，从拜伦·怀特到威廉·布伦南，但我必须接受这个过程。生老病死，辞旧迎新。

斯温：您上任以来，先后迎接过七位新任大法官，其中包括一位首席大法官。他们从上诉法院岗位上到最高法院后，一开始都会需要一段时间去逐渐熟悉环境吗？

斯卡利亚：那倒不会，工作方式上其实没有很大变化。最高法院和上诉法院都只进行法律审，所做的工作大致相同。你得阅读诉状，聆听当庭辩论，还要写判决意见。在最高法院，我们还有一个额外的工作：决定受理哪些案件。上诉法院法官没这个负担，当然，也可以说没这个"福利"。在上诉法院，来什么样的案子，你就得审什么案子，你别无选择。

但是，除了这项额外工作，最高法院和上诉法院的工作没什么太大差别，当然，可能有一个例外。在下级法院，如果你不认同最高法院的判决，你可能会说："这个判决太蠢了，但这毕竟是最高法院判的。"无论如何，你都得遵循这个判决。你不用担心这个判决是否会被推翻。但是，在最高法院就不同了，如果以前的案子说不通，你就必须作出决断，到底是按过去的原则办？还是拒绝沿用以前的思路，适当变通处理？或者彻底推翻过去的做法？换句话说，到底要不要遵循先例？在上诉法院，你不用操心这些事情，但在最高法院，这些问题会时时困扰着你。

斯温：对一些人来说，最高法院只不过是报纸里偶尔出现的一个术语，您能多介绍一些这里的情况么？例如，最高法院的运转方式，以及人们应当加强对最高法院哪些方面的了解？

斯卡利亚：最高法院并没有什么与众不同的地方。我希望人们都能明白一个道理，这个道理既适用于最高法院，也适用于任何其他下级法院：如果你不真正了解某个案子，甚至没有接触过相关材料，最好不要对法官指手画脚，随意评判。你不能仅仅因为你喜欢某个案子的判决结果，就说："嗯，判得不错，所以这届最高法院表现很好。"似乎是你觉得谁应该赢，谁就非赢不可。

法官不是立法者，也不能随意判定谁输谁赢。我们只能根据现行法律，决定谁该胜出。而且，在很多情况下，如果你是一位好法官，你可能并不会喜欢自己的判决。你宁愿败诉一方能打赢官司，因为相关法律根本就说不通。但是，这就是你的工作，你必须依法判案，哪怕这部法律有问题。就算某部法律愚蠢至极，你也应该受自己出任法官时的誓词约束，因为你的工作不是判断某部法律蠢或不蠢，这是对街国会大厦里的人应该做的事。

除非你的确花工夫阅读了判决书，研读了相关法律条款，深入了解了法官想要解决的问题，并且认真思考过法官是否真的解决了那些问题，是否公正地解读了法律，否则的话，你就没有资格评判法官的工作。所以，我的建议是，除非你的确了解法官们已经审理的案件，要不然，不要随意评判他们的工作。

斯温：安东宁·斯卡利亚大法官，谢谢您花时间接受 C-SPAN 的采访。

斯卡利亚：这是我的荣幸，也谢谢你。

安东尼·肯尼迪

说服自己，才能说服他人

安东尼·肯尼迪大法官

　　1936年出生于加州首府萨克拉门托,毕业于斯坦福大学和哈佛法学院。1961年至1975年,他先后在旧金山和萨克拉门托担任律师,其间在太平洋大学麦克乔治法学院兼职教授宪法学。1975年,他被杰拉尔德·福特总统任命为联邦第九巡回上诉法院法官,成为全美最年轻的联邦法官。1987年11月,里根总统任命他出任联邦最高法院大法官。

　　肯尼迪的司法立场飘忽不定,判决辞藻华丽,习惯成为众人关注的焦点。九位大法官中,肯尼迪最注重国际交流,时常赴各国讲学,在许多重要案件的判决中,他都援引过国际公约、国外法律和判例,遭到极端保守派人士的批判。

　　奥康纳大法官退休后,最高法院自由派和保守派大法官的力量对比一直是四票对四票,许多重大案件都由肯尼迪一票定乾坤。有人甚至开玩笑说,最高法院应该叫"肯尼迪法院",而不是"罗伯茨法院"。

2009年6月25日,苏珊·斯温在最高法院西厢会议厅采访了肯尼迪大法官。

斯温:安东尼·肯尼迪大法官,您好。您在最高法院已有21年,这里的工作与过去在联邦上诉法院有何不同?

肯尼迪:有的,我用了几年时间,才体会到其中差异。有时你会认为自己是在一个更高的平台工作,但你实际关注的却只是具体细节,而不是更宏大的图景。

我在联邦第九巡回上诉法院当过法官,它位于旧金山,是座不错的上诉法院。我以前觉得自己还算是一个不错的上诉法院法官,调到最高法院工作后,只是挪个地方继续审理上诉案件。但是我错了。最高法院是一个完全不同的机构,有着完全不同的职能,你必须改变自己的行事方式。

在上诉法院,你可以只就当前正在审理的某个案子发表意见,如果改变主意,也可以在下一个案件中,调整自己之前的意见,或者加上限定条件,争取与处理类似问题的同事们步调一致。但在最高法院,你的主要工作,是指导各州最高法院或联邦法院办案。你可能在未来几年里,都不会再遇到这类案件,所以不能对手头的案子发表华而不实、模棱两可的意见。

另一个不同点在于,最高法院处理的都是些疑难案件。估计我的同事之前已和你说过,我们受理这些案件的唯一原因,是下级法院经常对相关法律问题有不同认识。这就意味着其他法官和法律人会就同一问题,得出迥然不同的结论。我们受理的都是这类案件。

斯温:您提到自己用了一段时间,才认识到其中差异,能谈谈这个过程么?从您初次察觉到自己对最高法院的了解,可能与过去有些不一样,到最后恍然大悟,说说"这下我明白了"的过程。

肯尼迪:其实,我不太敢轻易说出"这下我明白了"这样的话。人生的本质在于,你回首过往,若有所悟,可生活的车轮却一直在滚滚向前。所以,如果你说"哈,我现在已经完完全全了解这个工作了",会显得夸大其辞、自以为是。当然,如果你做不到虚怀若谷,甚至不愿去了解这个机构和自己的工作,那还是换一份工作算了。

我第一次意识到自己并不是真的了解最高法院,是第一次接受判决意见撰写任务时。新任大法官被分到的第一个任务,通常都是些简单的小案子。当然,这里的"简单",是相对于我们受理的案件的总体难度而言的,但是,首席大法官分给我的第一个案子,却非常非常棘手。我接过了这个任务,然后感慨"好吧,可能每次的规矩不一样"。这时我才意识到,"这是一个与过去完全不同的工作",我也逐步加深了对这份工作的了解。

从事法律工作的人,都高度关注最高法院大法官们的言论,某种程度上说,媒体和公众对这些也很关注。你可以用不同的比喻、修辞或类比来描述司法系统,用不同的方式来界定最高法院的地位。我个人喜欢把我们想象成学校里的教师,若想教人,必先教己,而我们传授的内容,就是法律的确切含义。

几年前,我的小儿子还在读大学,我去学校看他,当时他好像在外面忙什么事,我就坐在宿舍等他。我随手翻开枕边一本书,是《亚里士多德的美学》,里面收录了亚里士多德给剧作家们的一些建议,其中一句话是:"你们可以告诉人们,某些事物曾经是什么,现在是什么,或者应该是什么。"这句话让我联想到司法的职能。我们平常所写的,不就是在描述事情本来如何,如何发生,真相又是什么吗?比如,某个案子到底是一起偶发事件、一桩刑事犯罪,还是只是政府官员和私营业主之间的纠纷?发生了什么事?为什么会这样?

接下来,我们会告诉大家现行法律如何规定。不过,我们必须经常要写的是"应该如何",通过这种方式来进行法制教育,而且,如果最高法院充分有效运行,它可以很好地实现教育功能。

斯温: 这个职业最吸引您的是哪个方面?

> 只有当你意识到法律、自由对你个人、对全体美国人、对我们的传统意味着什么，它们才能永久延续下去。

肯尼迪：这份工作最好的地方，是让我能够有机会，尝试以自己的方式去教导他人，尤其是年轻人；但我也希望能够藉此教育所有的法官、律师和普通公民，当然也包括教育我自己。只有当你意识到法律、自由对你个人、对全体美国人、对我们的传统意味着什么，它们才能永久延续下去。

当年我们奋起抗英时，全世界为之震惊。那时的美国人说："我们想争取自由。"英国人就很纳闷："你们说什么，自由？你们这些美国佬，已经是史上最自由的一群人了。你们想纳税就纳税，不想交就不交。你们想有多大土地，就有多大土地，看上去过得也很安逸。你们居然还想要自由，什么自由？"

所以我们需要给英国人一个答案，对吗？那时我们没有传真机或电邮，但我们得给他们一个答复。告诉他们，我们想要的到底是什么？我们给出的第一个答案是《独立宣言》。杰弗逊以优美的笔触，在开场白中写道，我们对人类公意有着真诚地尊重，我们有责任给出一个解释，一个回答。

1776年，我们在《独立宣言》中给出了答案。1787年，我们制定了美国宪法，这是我们的第二个回答。借助这些历史宣言和法律文献，美国人民有了自己的形象、自己的身份，对何谓美国人民有了真正的理解。

放眼世界，像我们这样的国家为数不多。所有人来自不同背景，信仰不同宗教，归属不同种族，但我们却共同拥有一篇《独立宣言》和一部《宪法》。它们界定了我们的身份。而作为最高法院大法官，这份工作最大的好处，是让你有机会提醒自己，提醒司法界，提醒公众，这是我们的传统，我们的自由。自由只有在被人们理解和传播时，才能够不断延续。你不会用做DNA鉴定的方式，来确认自己是否流淌着自由的血液。自由是通过教育、学习的方式，不断传播、延续下去的。每一代人都需要完整地学习宪法的含义。

一个伟大的案子，往往具有伟大的教育意义，正是这些案件，才让制宪

先贤们1787年起草、1789年获得批准的宪法被真正赋予了现实意义。 比如,我们十年前审过的"焚烧国旗案"。这个案子提出的问题是:你有权焚烧国旗么?焚烧国旗会激起众怒,因为大家对国旗都有很深的感情。但最高法院却判定:"你们有权烧它。"我们之所以这么判,是基于宪法第一修正案。通过这个案子,宪法条文与我们的生活和当下这个时代建立了关联,也让我们感受到了它的重要性。它没有过时,也不是什么老掉牙的古董,而是真正属于我们大家的宪法。

斯温:您任职最高法院的21年间,有没有经历过"黑暗的日子"?

肯尼迪:我觉得,只要你不属于多数意见方,那天就是黑暗的日子。这里的法官大多有律师经历……律师通常都认为自己站在正确一方,不这么想的律师,我还真没见过。如果你没法说服同事,或许会认为那天是个黑暗的日子。

不过,这个职业就是这样:即使你在这个案子中位于少数方,工作还得继续,在下一个案子里,你还是要尊重你的同事。**法官经历教给我一件事,你不是法庭里唯一一个客观、公正、中立、博学、没有偏见的人。** 你的其他同事也具备这样的品质,你必须认识到这一点。

斯温:当我们向罗伯茨首席大法官问起他在最高法院的作用时,他的答案非常谦逊。与您共事过的首席大法官不止一位,您能否谈谈,首席大法官在最高法院的地位和重要性?

肯尼迪:这个问题,可以从两个不同的方面来谈。我很幸运,能认识这么多首席大法官。我和厄尔·沃伦在加州萨克拉门托市时就很熟,我的父辈与他是世交。我还是孩子时,他已步入中年,经常来我家玩,所以我很了解他。

厄尔·沃伦首席大法官

当然,我也认识近些年的三任首席大法官,伯格、伦奎斯特和现任首席罗伯茨。一方面,首席大法官没有太大权力,另外八位大法官也都是终身任职,大家共同履行守护宪法的责任。首席大法官无权解雇他们,无论关系如何,大家都得一起共事。这里的传统,比任何一位首席大法官的任期要长。首席大法官履任时,面对的是一个稳定、永久、牢固的法院,我们有自己的悠久传统,有自己的入院誓言。另一方面,首席大法官要负责主持内部会议和庭审,设定工作日程,抓好日常管理,通过他的魅力、活力和决断力,以及对法律、最高法院和其他同事的认识,引导最高法院不断前行。

斯温：这次采访期间，我们参观了最高法院一些办公场所，希望您能介绍一下这些场所内的情形。几位大法官介绍过内部会议的流程，假设在会议过程中，里面架设了一台摄像机——当然我们永远也不可能这样做——我们会拍到什么呢？

肯尼迪：我的同事布雷耶大法官说过一句很有意思的话。一次，我俩一起参加一个活动，有人问我："你们走向法官席时，会不会感到紧张？"布雷耶回答："不，一点儿也不紧张。我内心充满期待。"有时，你会听到某个大学教授，或者高中老师说："其实，出考卷和答考题一样难。"别信这种鬼话。当然，律师紧张是正常的。我当律师时，每次出庭都会很紧张。

不久前，我去加州萨克拉门托市拜访一位法官，踏上法院台阶时，突然想起自己当律师时的那些日子，这时会感觉到心脏怦怦直跳。法官开庭时可不会有这种感觉。法官在庭上很放松。我们对案件会认真细致，对律师会客客气气，会以开诚布公的态度处理手头的工作。这也算是对你刚才那个问题的开场白吧。布雷耶的评价固然准确，但是，他走进会议室前，却会紧张，我也是。

斯温：为什么会这样？

肯尼迪：这种感觉，就好像你又做回律师。因为在会议室内，你必须就相关案件发表意见，甚至据理力争。其他八位同事也研究过案情，进行过深入思考，有人已形成比较稳定的立场，有人或许正在犹豫，我需要阐明观点，尽可能说服他们。说实话，这时候你会有一种强烈的期待感，你可以说这是肾上腺素的冲动，或者其他什么原因，但对我们来说，这是一个非常非常重要的时刻。有时，我们要在一次会议上讨论四到六个案子，我们必须就每个案子发表专业、准确和公正的意见，其他同事也是一样。所以，会议室经常弥漫着紧张、兴奋的气氛。不过，我们都很热爱这种气氛。我们都是法律人。这是我们的神圣职责。如果你不善言辞，就根本胜任不了这份工作。

斯温：您刚才提到最高法院的传统。会议室似乎就是承载传统的地方之一。您能进一步谈谈这些传统么？

肯尼迪：有些传统已是众所周知……正式开庭前，我们有个不成文的规矩：彼此不就案情进行交流。有时，如果案子里正好有个技术性问题，我可能会找到斯卡利亚大法官，说："嘿，尼诺，这里可能有个技术性问题。"但是，如果我们进一步研讨案情，就得给所有人发一个备忘录，告诉大家我们讨论的内容，这样做是因为我们不希望在庭审前有任何拉帮结派、勾兑游说的现象出现。我们不会这么做。一般来说，关于同事们对某个案子的确切想法，我们都是通过他庭审时的提问才首次知晓。你在庭审时提问的目的之一，就是让其他同事知道你在想些什么，关心什么具体问题。一个优秀的出庭律师，能意识到自己正参与到大法官之间的交流当中。所以，这是我们第一次大略知道同事的想法。48到72个小时之后，大家会坐在一起开会，首次就如何裁判表态。

其实，早在庭审期间，我们就已经开始梳理思路，考虑该怎么判。坐到会议室后，通过与其他人的观点互动，我们会初步形成自己的立场。坐在桌旁，你会看到一个案子是如何被抽丝剥茧、逐步展开，这是个非常有意思的过程。重点不在于谁输谁赢，发回重审还是维持原判，而是大家如何论证说理。关键看你到底用了什么原理或方法来阐述自己的意见。

如果某个案子的投票结果非常相近，比如是五票对四票，就算你处于获胜的多数方，也不会与其他人击掌相庆或拍背道贺。相反，会议室这时会出现片刻安静，藉此表达对这一程序的敬意，甚至是敬畏。我们认识到，我们当中的一位将要撰写判决意见，这个意见会阐明我们的判决理由，并要求人们服从裁判。我们既无军权，也无财权，更不会通过记者招待会或演讲来鼓吹自己的异议意见有多精彩，或者别人撰写的多数意见有多糟糕。我们不会这么做。

人们会通过我们撰写的判决意见，对我们的工作进行评判。我们需要在判决中体现出：我们严格依法判案，而且态度开放、真诚，判决理由也来自我们的内心确信。

斯温：您在会议中会记笔记么？

肯尼迪：是的，会记。我从不根据笔记发言，但我会记下别人的话。

斯温：您会根据这些记录组织自己的观点，争取其他大法官的支持？

肯尼迪：记笔记是因为你可能被指派撰写意见。会议结束之前，没人知道意见由谁主笔。如果你在多数方或异议方中是最资深的成员，就由你负责指派。所以，你必须做好记录，记清其他同事说了什么。有时你会发现很有意思。比如，某个案子的投票结果明明是九票对零票，可大家却观点各异，对如何推论持不同看法，这种现象很常见，也很正常。

斯温：会议室是不是经过精心设计？

肯尼迪：会议室环境挺好，但也没那么夸张。屋中央只放了一张长方形的桌子，就这么简单。当然，或许还可以摆一张圆桌，据说，朝鲜停战谈判时，各方用了一年来讨论桌子的大小和形状。反正，我们的会议室内恰好是张长方桌，大家用得也挺好……

我走入这座大楼时，有时会思考，我们凭什么拥有一座如此优雅、完美、壮丽、令人难忘的建筑？我们需要用它来证明自己的重要性吗？当然不是。这座大楼提醒我们，我们正肩负重任，公众也会藉此认识到法律的重要地位。

我与高中生交流时，常会让学生们用一个词来形容最高法院大楼。冷冰冰？火辣辣？华丽丽？不可一世？激动人心？振奋人心？垂范久远？坚如磐石？随便您怎么形容。这座大楼如此宏伟，当你走到它面前，可以想到许多这类的形容词。

斯温：您会用什么词形容它？

最高法院大楼远景，可以瞰到主楼梯形结构的窗户。

肯尼迪：我会用"永恒无尽"吧。这座大楼有许多古希腊时期的建筑特点。比如窗户的形状。你觉得它是长方形的？其实不然，它的顶部比底部要窄一些。这些窗户看上去似乎是长方形的，后来，我们打算订购一批新的窗玻璃，工人量了原来窗户的高度和底部的长度，但忘了量顶部。结果，我们发现定做的玻璃尺寸全错了，因为窗户的顶部比底部要小一点。它不是长方形的，而是梯形结构。这样的设计，使它从远处看起来显得十分恒久、优雅、壮丽、稳定而匀称，而这正是法律应有的形象。

斯温：我们开始录影前，您提到法院的台阶和入口对您有着特殊意义？

肯尼迪：是的，它是一个象征。我刚到最高法院时，曾接待过一位外国首相，他过去也当过律师。那天天气不错，我俩一起在最高法院外面散步。走到门口时，我看到正门上方刻着的那句"法律之下人人平等"，突然意识到，

安东尼·肯尼迪

最高法院大楼上的"法律之下人人平等"

天呐,他没准儿会问我这句话的出处,可我完全不知道,该怎么办?我的脑子开始飞转。这句话显然不是出自《独立宣言》或者《宪法》正文,也不可能是我们的判词。但它至少是在 1935 年之前,即最高法院大楼落成之前就有的。

于是,我把话题引开,这样他就不会问我那个我不知道答案的问题。事后,我查阅了资料,发现"法律之下人人平等"这句话的作者,居然是这座大楼的设计师。如今,"法律之下人人平等"已广为人知。其实,法律的作用有限,但如果我们能从设计师的这段话中得到一些鼓励,当然会更好。五年前,华盛顿举行了第二次世界大战纪念碑的落成典礼。在政府安排下,全国的"二战"老兵都乘飞机来到首都。那两三天,街上到处都能看到这些老兵。许多人已经七八十岁了。有一天,我正好在最高法院门前的广场散步。两位来自中西部地区的老兵迎面走来。我停下来,对他们打招呼:"上午好,

最高法院大楼的设计师：
卡斯·吉尔伯特

二位是来参加纪念碑落成典礼的吧。"他们说："对啊，政府这次做得不错。"我回答："那是因为你们为国家作出了贡献。"一位老兵介绍说："哦，这是我的朋友查理，我们当年都是海军陆战队员，在太平洋战场服役，现在我们的住处相隔百里，但会经常通电话。"然后他说："来吧，查理，这可是最高法院。我们一起爬上这些台阶吧。"

对每位大法官、每个律师，甚至广大公众来说，确保人民愿意登上这些台阶非常重要，因为这意味着我们的工作得到了认可。而我们必须时刻警醒自己："我们有没有正确地履行自己的职责？"我们写判决意见时，必须找出足够的理由。当我坐下来撰写判决时，要做的第一件事，就是说服自己，并为此不断修改初稿。在说服自己之后，你才能去说服他人。总之，最高法

> 宪法和法律并不专属于最高法院。宪法是属于你们的,是属于广大人民的,需要大家去谈论、去解释、去表达,去捍卫。

院时刻提醒着你,一定要恪尽职守。

斯温:您如何看待最高法院门前的那些示威游行?

肯尼迪:这些示威和抗议都是很重要的表达。你知道,宪法和法律并不专属于最高法院。宪法是属于你们的,是属于广大人民的,需要大家去谈论、去解释、去表达,去捍卫。这也是为什么普通公众,尤其是年轻人,特别需要认识和了解宪法的原因。

总统就职时,宣誓自己将恪守、维护和捍卫宪法。但是,你没法恪守你不敬畏的事物,不会维护你不了解的东西,更不会去捍卫你不知道的事情。像我之前说的,你必须理解自由的传统,明白自由的意义,知晓自由的目的,这样才能把它们一代一代传承下去。民主制度并非永远高枕无忧,它需要每一代人的用心呵护。

斯温:您在办公室工作时,如果门外正好有大规模的抗议活动,您会去听人们在抗议什么吗?

肯尼迪:我有时会看到示威者,不过多是在最高法院门前。我大致知道他们关心的是什么议题,但不知道这些人具体支持哪一方。

斯温:您的判决意见会受到示威者们的影响吗?

肯尼迪:不会,这些声音只会提醒我,应该把判决理由写得更清晰、更真诚,说服人们相信我们是对的。

斯温:我们谈谈法庭吧。您怎么看待法庭上那些华美的红色天鹅绒帷幕？触摸它们像是能触碰到上世纪传承下来的厚重传统。

肯尼迪:法庭内各种装饰的主要目的,就是提醒法官和律师们,你们要追随职业的使命,听从法律的指令,这是你们最基本的责任。

冷战结束后,我接触过许多俄罗斯法官,他们很难相信白宫不会给我们打个电话,告诉我们某个案子该怎么判。当我们告诉他们:"不是,我们这儿不允许这么做。在这里,司法权是独立于行政权的。"他们会说:"好吧,可能表面上是这样,但没准儿他们会用别的方式,暗示你们怎么判。"总之,向外国来访者解释我们的司法独立,不是件容易的事。我带他们参观法庭时,通常会介绍两个规则。首先,政府如果是一方当事人,也得坐在台下,像任何人一样参与辩论。其次,这里有一个规矩,就是除非在所有人都能听到谈话内容的公共场合,我们不能与任何当事人或律师私下说话。我想,这些规则至少可以帮助他们了解两点:第一,政府和任何普通当事人都是一样的;第二,再强大的政府,遇到官司,也必须在法官面前为自己的政策辩护。

斯温:作为行外人,我过去都没注意到这些。您肯定见过不少律师在这里出庭辩论。在您看来,这些律师水平如何？

肯尼迪:他们表现得不错。如果我们总对言词辩论说三道四,其实是对律师劳动的不尊重。我过去当律师时,也常在法官面前发言。所以,我对律师总是很和气,因为我理解他们承受的压力。就像前面提到的,我是完全放松的,但他们不是。有时我们向律师发问,也是为了帮他理清思路。

斯温:本开庭期即将结束,又有许多新判决即将发布。之前在媒体室,我们看到不少记者。很多人在这里度过了他们职业生涯中的大部分时间,如尼娜·特腾伯格、莱尔·丹尼斯顿，等等。作为大法官，您与这些长期从事最高法院报道的记者们关系如何？

肯尼迪：无论在法庭内外，我常会看到他们。偶尔我们还会在某个人的退休派对上碰面。我们各自的职业伦理，都要求大家必须保持一定距离，保持一定的独立性。我们从不埋怨他们写的东西如何如何，虽然他们有时也会犯事实错误。

斯温：但您显然会读他们的文章。

肯尼迪：是的。我不会急着读。有时我会挺不高兴，尤其是看到某些社论，写社论的人显然没读过我们的判决，也不理解我们的判决理由。我前面已经说过，这些判决理由是用来解释我们为什么要这么判的。如果根本没读过我们的东西，就想当然地写出一篇社论，真是太荒谬了。不过，总体而言，从事最高法院报道的大部分记者大都非常热爱自己的工作。他们了解我们的传统，熟悉这里的工作流程，能写出很好的报道。受新闻周期、公众兴趣、注意力持续时间的影响，他们通常得在 24 或 48 小时之内进行报道。我们写作的时限要求和他们完全不同。我们并非只重结果，还要把裁判理由说清楚。媒体很好地报道了我们所做的事情。但是，把我们的理由阐释清楚，难度的确比较大。我理解他们，他们有自己的时限要求，也很不容易。

当然，我们还要阅读各种法学期刊和法律评论。美国每个主要的法学院都办有法律评论。而这些法律评论刊登的大量文章，就是解释、评论、分析法院判决，尤其是最高法院的判决。

所以不要以为只有大众媒体在做这些事。在许多法学院，学生们会用几个月时间，和教授一起分析我们的案子，这些观点会发表在法律评论上。我们会认真阅读这些文章。

斯温：如果您的儿孙某天告诉您，"我以后想做律师"，您会鼓励他走这

> 世界上还有一半的人没享受到自由。要么是不能,要么是不想。

条路吗?

肯尼迪:肯定会。我很怀念做律师的日子。当了这么多年法官,如果以后还能让我做回律师,我会很高兴。我热爱这个职业。

斯温:您爱的是什么?

肯尼迪:因为你曾经宣誓,你有义务捍卫美国理想和自由的基石。

斯温:您刚从法学院毕业时,就这么想的吗?

肯尼迪:是的。不管你参与一个轻罪案件还是重罪案件的辩护,你都算参与了捍卫自由基石的工作。你必须捍卫一个理念,那就是,政府不得无故逮捕你的客户,更不能在没有排除合理怀疑的情况下,将你的客户定罪。世界上还有一半的人没享受到自由。要么是不能,要么是不想。

斯温:您的意思是?

肯尼迪:世界上有 60 亿人口。超过一半的人们在法治领域之外生活。他们所在的地方,将法律视为障碍,而不是进步的工具,把法律看成威胁,而不是希望。在他们眼里,法律是一种需要绕行的东西,而不是需要接受的东西。他们不理解法律。

不久前,我在一次演讲中提到过索尔仁尼琴,他是一位伟大的苏联作家。1978 年,他在哈佛大学做过一次演讲,批评美国和西方社会过分重视法律。这样一个被我认为是理解了自由真谛,不畏极权势力的人,居然会批评法律,这着实让我很震惊。

在索尔仁尼琴看来,法律是一个冷酷的东西,是一种威胁,但我们不这么认为。我们认为法律意味着解放。这是一个非常大的区别。我们需要让人们理解这一点。在这方面,我们做得还不够。

斯温:大法官们都是终身任职,媒体对最高法院的报道也没有民选的政府分支那么多,你们可以自主决定要不要成为一个公众人物,比如是否发表演说、在毕业典礼上讲话、外出授课、接受采访。某种程度上说,您并不排斥做这些事情,为什么?

肯尼迪:我认为大法官应当尽最大努力,确保人民能够了解最高法院,认识到它的重要性。美国人大都很忙。他们要看棒球赛,还得工作和养家。他们可不会劳心费神,整天思考法律问题。这些年我到过许多地方,发现许多人对法院系统很了解,也很尊重法官的工作,这些都给我留下了深刻印象。

斯温:这个夏天,参议院将对新任大法官召开听证会。过去21年来,您见证了最高法院内的许多人事变迁。新法官履任后,最高法院会发生多大的变化?法院文化是否会受影响?新上任的大法官是否也得花上一段时间,来适应这里的环境?

肯尼迪:新成员的到来,会导致一个新的最高法院的产生。一个陪审团里有十二位陪审员,如果一位陪审员因为生病或其他原因需要被替换,整个陪审团的互动就不一样了,它会是一个完全不同的陪审团。更换大法官也是一样道理,换一个人,就是一个全新的法院。

我们有时会想:"换一个人后,这里还会和以前一样么?"但是,我非常信任现在的选拔机制。严格的提名、听证和确认程序,能为我们带来一位非常优秀的大法官。

大法官的替换,也给了我们一个自我审视的机会,确保我们正以正确的方式履行职责。这样的话,我们起码可以给新任大法官一些示范作用。例如,新任大法官可能会问:"你们为什么要这么做?"这时候我们或许会想一想,我们是否有必要继续这样做。

斯温:肯尼迪大法官,非常感谢您和我们分享了您在最高法院的体会。

肯尼迪:谢谢,你们辛苦了。

克拉伦斯·托马斯

我更喜欢聆听和安静地思考

克拉伦斯·托马斯大法官

最高法院第二位非洲裔大法官。1948年出生于佐治亚州乡下,由外祖父抚养长大。他在密苏里州上过一段时间神学院,又先后就读于圣十字学院和耶鲁法学院。

法学院毕业后,托马斯返回密苏里州,协助州司法总长约翰·丹佛斯工作,并于1974年至1977年出任州助理司法总长。1977年,丹佛斯当选为联邦参议员,赴华盛顿履任。托马斯留在密苏里州,在一家制药公司做了两年法律顾问。1979年,约翰·丹佛斯邀请他担任自己在参议院的助理,托马斯从此进入华盛顿政治圈。

1981年,托马斯出任教育部负责民权事务的助理部长,后又被任命为平等就业机会委员会(EEOC)主任。1990年,老布什总统任命他为哥伦比亚特区巡回上诉法官,一年后,又提名他出任最高法院大法官。提名期间,由于被前助理安妮塔·希尔指控性骚扰,整个确认听证会演化成一场闹剧。参议院最终以52票赞成、48票反对,通过了对托马斯的任命。但是,如此接近的票数,在大法官任命过程中罕见。

托马斯的司法观念属于保守派。他认为美国宪法是一部"色盲的宪法",应禁止给予任何种族特别优惠,因为这类措施违反了宪法的平等保护条款。他赞同斯卡利亚的"宪法原旨主义"观点,认为凡是与立宪原意不符的国会立法,都应当被推翻。值得一提的是,托马斯开庭时极少向律师发问,是审判席上最沉默少言的大法官。

主要著作:*My Grandfather's Son: A Memoir*(2007年)。

2009年7月29日,托马斯大法官在最高法院东厢会议厅接受了苏珊·斯温的采访。

斯温:托马斯大法官,我们是在最高法院的会议厅进行这次访谈。您还记得第一次走进最高法院的场景么?

托马斯:记得。当时我应该还在参议院工作,那是1980年代早期。我第一次去最高法院可能是1979年。我热爱华盛顿,常步行去国会图书馆,走进当时还焕然一新的麦迪逊大楼。去最高法院那天,我只是探头进去看了一眼,就在震撼中匆匆离去,当时我只走到大厅。

斯温:为什么呢?

托马斯:你知道,最高法院是个很特别的地方。从我小时候起,那里就是一个特别的地方,这种特别在于最高法院的所作所为,以及它的象征意义,而且与国会图书馆不同的是——当然,我爱图书馆,它很有趣——最高法院太壮观了,以至于我觉得自己不该轻易到那儿去。当然,那时我还比较年轻。不过,那是我第一次走进最高法院,在那之后很多年,我再没有进去过。后来,就在我被任命为大法官之前,为了参加几个活动,我又去过最高法院,我之前的一个助理带着我在那里短暂转了一圈。当上大法官之前,我大概就去过这么几次最高法院。

斯温:在这几次参观过程中,您有没有在其中某次立下志向,决心将来要在最高法院工作?

托马斯:天呐,绝没有!我从没想过这个。我从没想过要当法官。可讽刺的是,我30岁出头的时候,曾获邀出任密苏里州最高法院法官。但我觉得自己当时太年轻了,而且也没想好到底要不要当一名法官。我不觉得自己有做法官的理想。

斯温：您在决定是否担任法官时，年龄为什么会成为考虑因素呢？

托马斯：也许我们每个人的成长快慢不同。但是我想，我们在四五十岁时作出的一些判决，若是在二三十岁时作出，想法可能会有很大差别。人的某些判断，来源于特定体验和经历，而这些都是年轻时没有的。

斯温：如果您带别人在最高法院大楼内参观，会带他们去哪些地方呢？

托马斯：我不会带别人参观这里。不过这幢大楼对我来说非常特别。在地下室工作的人们很特别，每个房间都很特别，各种花园也很特别。如果让我想象联邦最高法院应该是什么样子，我想就是现在这个样子，没有任何差别。我刚来那几年，还没有现在的网络系统，否则可以在家里办公，那时经常得在这儿加班到很晚，整个人疲惫不堪，我会想："我为什么要做这一行？"这时我会离开大楼，走到它的正前方，面向这幢大楼。这时你很难不起鸡皮疙瘩，会意识到自己在最高法院面前，实在非常渺小。

我记得自己刚来最高法院时，与前辈相比还算年轻。一次，鲍威尔大法官和我一起吃午饭，应该是在莫纳克餐厅，当时鲍威尔大法官已从最高法院退休，身体状况不太好，体质虚弱。大法官当中，我们俩都是南方人，所以经常一起吃午饭聊天。饭后回院的路上，鲍威尔大法官看着最高法院大楼，对我说："一旦你觉得你属于这里，就到了离开它的时候了。"他的意思是说，与最高法院的象征意义和我们所做的工作相比，大法官个人实在要渺小很多。我想这座建筑也反映了这一点，它告诉我们每个人，它比我们要宏大得多。

斯温：您认为最高法院是一座完美的建筑。这么多年以来，您一定走访过其他国家的最高法院和州最高法院。您觉得联邦最高法院的设计师抓住了哪些特质，并通过这座建筑表现最高法院的工作呢？

> 我们是政府三大分支之一的司法分支的最高层级。不过,除了裁决当今社会的重要问题,我们并不高人一等。

托马斯:我不是建筑师,也不是艺术家。

斯温:理解,不过既然您觉得这幢建筑有吸引力,它一定有什么地方吸引着您。那是什么呢?

托马斯:它给你一种感觉,就是有某种超越世俗工作的东西存在。除了日复一日、循环往复地撰写判决、起草异议、阅读诉状,还存在某种理想主义的成分。伦奎斯特首席大法官主持我的宣誓就职仪式时,参议员约翰·丹佛斯正好来拜访最高法院,他看着一摞摞诉状和文件,对我说:"克拉伦斯,这看上去相当无聊啊。"或许这份工作的世俗层面的确如此,但我们的工作是为了实现一个好的目标。这座建筑,它的风格,它的每个房间,这里的气氛,这里的肃穆与庄严,都显示出这里的工作非常重要。如果你走进一幢这样的建筑,但满脑子想的都是自己,或者始终觉得自己很重要,那就比较危险了。这类想法对大法官的工作没有好处。我想这也是鲍威尔大法官要表达的意思。谈到最高法院的建筑风格和特点,因为我不太懂建筑学,所以不太可能从这个角度分析,但这座大楼的确会让你对这个机构和它的工作产生敬畏感。

斯温:谈谈最高法院的工作吧。您怎么看最高法院在当今社会的角色?

托马斯:我们的任务就是判案。我们是根据宪法第三条任命的法官。我们面临很多问题,有时承担的职能,比制宪先贤预想的还要大。我们是政府三大分支之一的司法分支的最高层级。不过,除了裁决当今社会的重要问题,我们并不高人一等。

斯温：您能描述一下您的工作么？

托马斯：审案子，下判决。这就是我的工作。

斯温：但是审一个案子要涉及很多程序。

托马斯：是的。这是我们工作中世俗的那部分。几年前，有好几部关于最高法院的电视节目，还有人打算拍成系列情景剧。当时我就想，什么人会看这种节目呢？因为我们大部分的工作都是久坐不动的：上班，坐下，审案。就是这样。我刚进最高法院时，怀特大法官告诉我，你必须找到一套属于自己的工作节奏，然后将这套节奏适用于每起案件。在最高法院，没人告诉你什么时候开始工作，没人发给你具体工作计划，也没有时间表。你得知道何时开庭，知道要审理什么案件，知道何时召开大法官会议。在这个过程中，你得先把自己的工作做完：审阅完调卷申请，写完指派给你的判决意见。我一般把我们的工作分为三类：决定受理什么案件；审理已受理的案件；撰写案件的判决意见、协同意见或异议意见。这就是我们的工作。日复一日，我们要审阅大量调卷申请，大多数人认为他们的案子应当被最高法院受理。但事实并非如此。你可以去州上诉法院，也就是必须受理这些案子的法院，或者依法提供最终救济的法院。但在最高法院，我们对大部分案子有自主选案权，换句话说，是我们决定是否受理你的案件。

我们每年收到大概 9 000 个调卷复审申请，过去几年间，我们每年受理其中的 80 个案件。现在，我们有了一个分拣案件的程序。我们会为每项申请写一份简短的备忘录，事实上也不是很短，我们称为集体审议备忘录（pool memoranda）。目前，有两位大法官没有参与这个"集体审议小组"，换句话说，我们不与他们分享集体审议备忘录。不过我喜欢审阅所有的调卷申请书，我会审阅全部 9 000 个申请。这是一个日常程序，几乎每天都会做。我们通常在周五开会，我一般会在之前那个周末读完调卷申请。这已经成了每天工作的一部分，你一般也不会多想，就像刷牙一样，每天例行公事。

案件通常会有审理方式：书面审或开庭审，后者即言词辩论。

在我看来，一个案子当中，大部分重要工作在提交书面诉状时就完成了。每方提交的诉状大概都有50页，涵盖了很多我们审理过的领域。无论是宪法第四修正案、第五修正案，还是第一修正案，都是重复出现的老问题。可能这次换了一个视角，探讨的是问题的另一个方面，但并非全新的问题。我们的工作不像律政剧《佩里·梅森》（*Perry Mason*）那样，没什么神秘色彩。我们了解法律在日常生活中是如何运作的，如何处理则是另一层面的问题。读完诉状，我会和四位法律助理开会，只有我和助理参加，我们就一个案子反复讨论。在此之后，我们会准备一个"案件进程备忘录"，里面包含我对案件的具体看法，有点儿类似案件流程的"决策树形图"。这是我们在言词辩论之前的准备工作。

接下来就是言词辩论程序了，我不觉得现在的言词辩论对案件审理很有帮助，因为大家的问题太多了。每个人了解案件的方式不同。有些大法官喜欢一问一答的互动，这会帮助他们了解和消化自己正在思考的内容。我更喜欢聆听和安静地思考。言词辩论之后，我会回到办公室，重新与助理开会研究。"庭审中有什么新东西是可以参考的？"通常来说，会有一些新的内容，但不会彻底改变我们根据诉状形成的立场。之后，我们会进一步完善"案件进程备忘录"。接下来，就是参加大法官会议。周一聆讯的案件，我们会在周三下午表决。周三和周四聆讯的案件，会安排在周五上午表决。

我会带着准备好的"案件进程备忘录"参加大法官会议，我一般根据备忘录决定如何投票。多数方中最资深的大法官——通常是首席大法官——会指定由谁撰写判决意见。我们在八年级时应该学过，如果写一篇文章，你需要拟一个大纲。如果指派我写判决意见，至少我手头已有了一个大纲，还有大法官会议上的记录。大致的审理程序就是这样，在写完判决意见初稿后，我会将初稿提交全体大法官传阅，并根据大家的意见形成定稿。

斯温：您介意我将这个程序稍微分拆一下，更深入地了解每个具体步骤么？

托马斯：没问题。

斯温：那我们就从调卷复审令申请开始吧。就像它的名字一样，调卷复审令——会被您们作为复审依据。每年有大量的案件申请复审，但只有很少的一部分被受理。申请复审的案件数量一直在增长，但每年受理的案件量却持续减少。这是为什么？最高法院在一个开庭期内到底适合审理多少起案件？

托马斯：我们受理那些值得复审的案子，至少得由四位大法官投赞成票，才能调卷复审。我刚到最高法院时，我们一年受理大概120起，也可能是110起。我喜欢那时的案件量，那个数字比较合适。

斯温：为什么您喜欢那时的受案数？和现在比有什么不同么？

托马斯：那样你会一直很忙。每天要开庭审理四个案子，而不是两个案子。案子多了，整个开庭期就比较紧凑。问题是：我们只受理我们认为"值得复审"的案子。这些案子必须涉及重要的联邦法问题，一般是下级法院、联邦上诉法院、州终审法院对法条的理解不尽一致。事实上，每个开庭期，我都会对一两个案子的受理有不同意见，但都不是什么重大分歧。受理案件数量的减少，也许是因为上诉法院对法律的理解更加统一，也可能是因为没有颁布什么关联甚广的重要法律。我刚上任时，破产法、退休收入保障法曾引起过很大争议，不过自那之后，这类大刀阔斧进行改革的法律也少了。就像我刚才说的，最高法院需要行使强制管辖权的案件几乎没有了，至少被降低到最低程度，我们不再需要受理那么多案子。我没法解释为什么会这样，也不觉得谁能解释清楚这个。就我个人而言，我并没有刻意压缩受理案件的数量，我觉得其他大法官也没有这种想法。

斯温：我们采访过的一些大法官，他们会对某些领域的案子更感兴趣，

> 我对待案子的方式，不是为了从中获取快乐，而是为了忠于宪法，忠于我的誓词。

觉得更有挑战性，更有吸引力。您是这样么？宪法中有没有什么条款是您的兴趣点，而且希望有机会审理相关案件？

托马斯：意图做出影响他人生活的重要决定，有违我的本性。当法官是我的工作，我只希望做好自己的本职工作。我不会很期待参与这些"激动人心"的领域。我更愿意欣赏内布拉斯加剥玉米壳人队的比赛，但是……我们的工作关乎我们的国家和宪法。我需要打起精神，做好分内之事。最让我兴奋的案子，是那些对人们的生活影响最小的案子。这会减轻我的一些负担。不过，我对待案子的方式，不是为了从中获取快乐，而是为了忠于宪法，忠于我的誓词。而我得到的快乐，就是在每个开庭期末尾，能够告诉别人，自己已竭尽全力。

斯温：您认为您的工作会如何影响人们的生活？您刚才提到，您倾向于审理那些不会对人们的生活产生直接影响的案子。为什么？

托马斯：如果你认真观察这个国家，会发现最高法院的某些判决的确能产生很大影响，尤其是那些释宪判决，当然，在此过程中，有人胜诉，也有人败诉。某种程度上讲，我们在改变宪法。我们有涉及拘留的案件，有涉及死刑的案件，有涉及量刑机制、刑事司法、宪法第一修正案或"扣押条款"的案件。审理这些案件，并不能让我获得快乐。**让我满足的是，我遵守了正确行事的誓词。我知道我代表广大同胞，我忠于他们的宪法，忠于我们共同的宪法。这是我快乐的来源，遵守誓词，履行宪法第三条赋予法官的职责。**

斯温：我们再来谈谈言词辩论。您前面提到您会倾听律师的发言。法庭观察者也注意到了这一点。我们也听到某些大法官的说法,他们认为言词辩论的作用,有时是让大法官之间相互沟通,通过提问的方式,告诉其他大法官自己的观点和关注的问题。您也注意到这一点了么?

托马斯:没有。

斯温:从其他大法官的提问当中,您能分析出他们对案件的看法么?

托马斯:不一定。我对言词辩论的看法有点儿不同。我觉得这是一个律师对自己的意见进行补充的机会,指出在诉状中没有点到的问题、强调关键论点,或者回答法官关心的问题。换句话说,言词辩论是为了让案情更加清晰,让案件本质更突出。九位大法官都在一栋楼里办公,如果我们想和对方交流,随时都可以。我不会占用属于律师的那30分钟与同事交流。不过,就像我之前说的,每个人了解案件的方式都不一样。我太太读书时,会用问答方式加深理解,她的互动性更强一些,我自己从来不是这种类型的人。

我刚担任大法官时,最高法院的庭审比现在要安静得多。可能也有点儿太安静了。我更喜欢那种方式,那种方式留有很大的空间,双方可以进行真正地交流。如果根本没人认真倾听,如果你根本没法把话说完或者答完问题,双方是很难交流的。也许这是我们南方人的习惯。不过我认为大法官应该允许律师说完他们的答案和想法,然后继续沟通。我觉得从一次交流中获取具有连续性的完整回答,比连珠炮式的提问有用得多。如果一个小时问了50个问题,我觉得不会从中有太多收益。

斯温:再来谈谈大法官内部会议吧,它至今还是很神秘。

托马斯:本该如此。

斯温：只有你们九个人闭门开会，没有任何其他人参加过你们的会议。您能讲讲里面发生的事情么？

托马斯：大法官会议确实应该保持神秘。我还记得我第一次走进那间会议室，所有的门都关上时的情景。我的第一反应是：天哪！头几次开会时，我内心直打鼓。这间会议室，就是大法官们开展工作和作出裁决的地方。会议室里只有九位大法官，没有别的员工，也没有录音设备。我们按照资历深浅依次投票……每个人都参与这个过程，讨论案件，说出自己的真实想法，并陈述理由。你得记下大法官们的投票结果。讨论中会有一些反复。伦奎斯特担任首席大法官时，会主导讨论快速进行。现在的大法官会议会有更多讨论，更多反复。会议中途一般会休息一次，休息之后继续讨论。

看着同事们尽最大努力来裁决这些棘手的问题，并陈述各自的观点，是件很吸引人的事情。最棒的一点是，在我经历的这18个开庭期里，从没听到过哪个大法官在讨论时恶语相向。想想我们裁决的那些案子——生命与死亡，堕胎与死刑，战争与和平，破产，政府与公民的关系……随便说出一个领域，我们都审理过。而我至今也没在会议室里见到有谁失去理性。如果要我想象我国政府高层的决策过程，我想应该就是大法官会议这样。

斯温：什么使得大法官彼此之间以礼相待呢？

托马斯：我想是大法官自身的修养。另外，大法官们也了解，案件讨论并非针对个人。讨论的重点是我们的宪法，我们的国家，以及这个国家的公民。大法官并不把自己看得像自己正从事的工作同样重要。

斯温：我们知道最高法院有许多世代相传的传统。大法官会议也有一系列惯例，比如会议前要彼此握手。对于最高法院的工作来说，象征和传统有多重要呢？

托马斯：无论是在体育运动、宗教仪式或是其他活动中，握手都有着某种意义。如果对方握手时不是发自真心，你是能感觉出来的。但大法官之间的握手确实是真心的，温暖而真诚。开庭之前，我们会彼此握手。一天当中第一次碰面时，无论是在公开场合还是私下碰面，我们也会握手。

在工作日，无论是开庭还是召开会议，我们都会共进午餐。早些年，我刚来最高法院时，我们是在一个小房间里吃午饭，不像现在是在大餐厅。奥康纳大法官坚持主张，全体大法官应当在工作日每天共进午餐，她一直劝我："克拉伦斯，你应该来和大家一起吃午饭。"她很温和，但也非常坚持。后来我参加了午餐，而这成了我做过的最正确的事情之一。你很难一边撕着面包，一边生气地盯着别人。午餐非常愉快，我们很少在午饭时谈工作的事情。那里只是我们九个人，或是八个人——偶尔有人缺席——愉快进餐的地方。传统确实很重要。就像我们的社会和文化中的传统一样，这些传统之所以长存，都有某种原因。

斯温：在大法官的首轮投票之后，首席大法官会指定由谁撰写判决意见。罗伯茨大法官告诉我们，在这个问题上，他会力求公允。您有过希望自己被选中的想法么？或者告诉首席大法官您很想写某个判决，劝说他指派您主笔？您会怎么做？

托马斯：没有。一次，伦奎斯特首席大法官来找我，说这么多年来，我从没求他办过什么事，问我有什么要求。我说："我喜欢密苏里州销售税那个案子，那个州是我最初执业的地方。"[1] 我相信首席大法官在分配判决撰写任务时是非常公正的。如果我和首席大法官在同一边，他让我撰写判决，我会尽量忠实于会议讨论的内容，但我不会为了起草某个案子的判决意见而去游说首席大法官。

我会要求起草某个判决的唯一可能，就是我手头的工作与别人相比，有

---

[1] 托马斯从耶鲁毕业后，于1974年出任密苏里州助理司法总长，后在该州做过一段时间律师。

点儿忙闲不均。除此之外,我不会去游说,不会对首席说我是写某个判决的最佳人选,把案子交给我吧。有时法院内部分歧较大,如果我觉得自己有办法让大家意见一致,可能会主动请缨,申请撰写判决。但这种情况下,也不是为了给自己争取一个写判决的机会,而是想尽可能促成大家的意见一致。即使做不到,至少我也尽过全力了。

斯温: 与撰写异议意见相比,您在起草多数意见时会有什么不同么?

托马斯: 当然有。起草多数意见时,你是多数方的代表。拿数字来打个比方的话,就一个问题,如果表达我自己的想法需要走 80 码,在同一个方向上,也许多数意见只希望走 60 码,60 码就足够裁决这个案子了。在这种情况下,我写判决时,就会只走 60 码,不去走余下的 20 码。但如果我写的是本人的协同意见或异议意见,我就会走 80 码,表达自己的全部想法。写多数意见时,我自己的观点与多数派大法官在大方向上是一致的,我没法写一个与自己的想法截然相反的判决。但是在写作过程中,我会做出调整,反映多数派的观点。如果你做不到这点,就没资格写判决。

斯温: 您会去读那些长期跟踪报道最高法院的知名记者的报道么?

托马斯: 我很少读关于最高法院的时事报道。

斯温: 您觉得这些报道的水平如何?

托马斯: 我不读这些报道是有原因的。那些记者非常专业,他们做的报道也很棒,比如简·格林伯格。不过我一般不看时事报道。我可能会在开庭期末尾时看一些报道,或者读读那些可能引起我注意的报道。不过我不想被这些报道分神。就像很多优秀运动员不读体坛八卦一样。我也不会去读这些。记者可以按他们的想法报道,这是他们的事情,而我的工作是审案。

> 我一直记得自己刚上任时,怀特大法官对我说的话,他说如何上任并不重要,重要的是履任之后都做了些什么。

斯温:除了时事报道外,您上任后,如果有新任大法官候选人等待参议院确认,您会关注这类程序么?

托马斯:除非我躲不开。我自己的任命过程并不愉快,我不希望那些场景发生在任何人身上。[1] 另外,我一直记得自己刚上任时,怀特大法官对我说的话,他说如何上任并不重要,重要的是履任之后都做了些什么。

由不同总统任命的各个大法官,一旦走进这座大楼,就成了一起共事的九人之一。因此,最重要的在于每位大法官都认真负责,尽心尽力,坚持原则,我对此非常尊重,也相信大法官们都会这样做。是否意见一致并不重要,不然为什么还要选出不同政见的总统?没必要让每位大法官都与我意见相同,我也不会刻意去迎合他们。

斯温:最高法院马上就要迎来一位新任大法官。您刚刚提到第一次走进会议室的体验。根据您的观察,一位新上任的大法官需要多长时间熟悉这里?

托马斯:我不知道。每个人的适应节奏不同。不过我刚上任时,也问过相同的问题,对我来说,知道自己多久才能熟悉情况是很重要的事。一般来说需要5年。

---

[1] 1991年6月,托马斯被老布什提名为最高法院大法官候选人。这年10月,在参议院举行的确认听证会上,托马斯当年的手下安妮塔·希尔突然出现,指控托马斯曾对她性骚扰。听证会旷日持久,并被各大电视台直播,给托马斯内心带来极大的刺激。10月15日,参议院最终投票通过了对托马斯的任命。关于此事详情,参见〔美〕杰弗里·图宾:《九人:美国最高法院风云》,何帆译,上海三联书店2010年版,第27—36页。

1991年10月,克拉伦斯·托马斯作为大法官候选人,在参议院司法委员会的确认听证会上。

斯温:5年?

托马斯:怀特大法官常说,大法官大概需要5年时间,才能对最高法院受理的各类案件有所了解。事实也大致如此。这并不是说你在这段时间内没法工作,但起码在前5年里,所有事务对你来说还比较新鲜。你可能之前没有处理过涉及水权或边界问题的初审案件,可能没有处理过这么多海事案件,在这里都会接触到。我到最高法院的第一年曾抱怨:"老天,我究竟在这儿干吗呢?"之后我开始观察像伦奎斯特等在这里工作了30个年头的大法官们。比如怀特大法官,他那时已经是传奇人物,又或奥康纳大法官。怀特大法官对我说:"克拉伦斯,刚来的前5年,你一般会想自己是怎么来这儿的。在此之后,你会琢磨你的同事们是怎么来的。"我不知道大家会不会真这么想,不过这的确是一种说法,说明前5年的确被普遍认为是磨合期。

斯温：最高法院的人员构成、新法官的加入，或者首席大法官的人选——哪个对最高法院的发展趋势影响最大？

托马斯：我不知道。你提到的这几方面各有不同。首席就是首席。伦奎斯特的风格，与罗伯茨的风格就很不一样。罗伯茨的风格更现代一些，而伦奎斯特的年龄都可以当我的父亲了。很多事情都是有区别的。伦奎斯特会喊"加快进度，运转起来"，罗伯茨的节奏就没这么快。

就最高法院的组成而言，每新增一位"家庭成员"，就会影响到整个家庭。现在和我刚来时就很不一样。我得承认，你会喜欢上那个你待了很久的最高法院。我曾经和伦奎斯特首席、奥康纳大法官共事很久，逐渐习惯这种组合的时候，组合又变了。现在又要发生改变。在这里，九位大法官各不相同，你对每个人的反应也各不相同，人与人的互动也不相同。你需要从头了解每个人。

斯温：您提到一起共事过的大法官们。在整个最高法院的历史中，有没有哪段历史曾给予您智识上的指引，以至于您会常常提起？或者您觉得哪位大法官对最高法院有过特别的贡献？

托马斯：排在最前面的当然是哈伦大法官。在"普莱西诉弗格森案"的异议意见中，他承认自己存在个人偏见，但他也指出，宪法并没有划分种族等级〔1〕他写道："我的立场可能与众不同；我也可能抱有偏见——但这部宪法没有。"**对我来说，这就是法官的裁决：一方面承认自己可能有弱点或问题，但在另一方面，不会带着自己的偏见来理解宪法。**

---

〔1〕 "普莱西诉弗格森案"（*Plessy v. Ferguson*）：1896 年，最高法院在这起案件中，宣布路易斯安那州采取的种族隔离措施，并未侵犯宪法第十四修正案规定的"受法律平等保护的权利"。原告霍默·普莱西是位拥有八分之一黑人血统的美国公民，他因在路易斯安那州踏入白人专用火车车厢而被捕。他上诉辩称，相关法律违反了宪法平等保护条款，但最高法院却判定州法合宪。亨利·布朗大法官代表多数方撰写了判决意见，指责普莱西的诉求是无稽之谈，认为他这么做，是把"种族隔离措施看作为有色人种贴上了劣等阶层的标签"。哈伦大法官是唯一的异议者。

约翰·马歇尔·哈伦大法官

和我一起共事过的大法官们都非常好,我从他们身上学到很多东西。我从奥康纳大法官身上就学到很多,她是一位很好的朋友。在最高法院,没有比大法官的离去更让人伤心的了。当苏特大法官宣布他要退休时,我和他共事已有18年,他也成为我的朋友。我不一定认同他的司法理念,但他是我的朋友。如果听说哪个大法官病了,那就相当于你的某位家人病了。无论对彼此的观点同意与否,我们都会有这种感触。你能想到哪个人,你会无条件赞成他说的每句话么?或多或少,总会有些不同意见吧。但这些大法官,对你来说是很亲切的人,是一起共事的人,是一起经历过那些艰难决策过程的人。你感受到了这种亲密关系,也以一种尊重大法官、尊重最高法院以及尊重每位同胞的方式进行回报。

斯温:在华盛顿一家民意调查机构的帮助下,我们最近刚做了一个关于最高法院的调查,上千名美国人参与了调查。我们只问了几个问题,有意思的是,当我们让被调查者说出在任大法官的名字时,大部分被调查者一个名字也说不上来。您对这件事怎么看?

托马斯:我想这可能反映了我们的公民教育方式。我不觉得每个人都有必要知道我们是谁,但我觉得人们应该知道那些作出影响国家和他们日常生活的重大判决的大法官制度。在我小时候,我们的公民课会要求学习这些基本知识。当然,你提到的不是个好消息。我希望人们能更了解最高法院。

斯温:相对于司法知识的教育普及,这件事是否说明最高法院的曝光程度不够高?

托马斯:嗯,我不知道这些被调查者中有多少能说出国会议员的名字。

斯温:我们没问这个问题,所以我没法告诉您。

托马斯:我不觉得最高法院要渗透到人们日常生活的方方面面……大家没必要知道自己所在辖区所有联邦法官的名字。或许除了我们的身份之外,我们的其他信息不该为公众所知。我们不是政客。我不认为我们需要那么大名气。我们做好本职工作,做好最高法院的一员,让大家知道最高法院就够了。我是第 106 位大法官。有时我觉得,关于现任大法官都是谁这个话题我们说得太多了,如果你回溯历史,很难想起之前的大法官都有谁。如果让别人说出 20 个过世大法官的名字,即使是对那些长期关注最高法院的人来说,要说全也太难了。

斯温:刚才提到的那个调查中,少数能叫出大法官名字的被调查者一共提到了三位大法官,您是其中之一。当您不在最高法院的时候,有没有经常被认出来?

> 我喜欢走出最高法院,去接触真实世界,接触这个国家的公民,接触那些维持社会运转、解决社会问题的人们,那些建设我们的家园、为我们浴血奋战的人们。

托马斯:哦,是啊。我已经没法隐姓埋名了。这可能是最难接受的事情之一,你没法再低调地在购物中心或者"家得宝"逛街了。

斯温:是因为参议院确认听证会上发生的那些事么?

托马斯:不是,那都是18年前的事儿了。

斯温:是啊,我刚才也是这么想的。

托马斯:不过,我是本届最高法院唯一一位黑人大法官,所以更容易辨认,就像奥康纳当年是唯一的女性一样,认出与众不同的那个人,总是比较容易。也许这是原因之一。我也经受了因此带来的正面褒扬和负面评价。

斯温:当普通民众来拜访您时,你们之间交流得如何?

托马斯:一直很愉快。他们都是非常好的人。这些人来自全国各地。九位大法官中,有八个来自"常青藤盟校"。最高法院并不代表全美所有地区。现在有这么一个趋势,就是大法官、法官助理和其他职员,只喜欢缩在最高法院这个小圈子里。我喜欢走出最高法院,去接触真实世界,接触这个国家的公民,接触那些维持社会运转、解决社会问题的人们,那些建设我们的家园、为我们浴血奋战的人们。我喜欢和他们在一起。我也希望他们的孩子可以到最高法院当法官助理,希望他们也可以成为最高法院的一员。

的确,我已经失去了隐姓埋名的机会,即使我希望能有这个机会,也已经不可能了。不过这样也有好处,就是常有普通公民来最高法院找我聊天。我和他们有过非常好的交流。每年,我都会带我的助理去葛底斯堡。一次,我们在葛底斯堡时,有位绅士气喘吁吁地找到我,他手上拿着一个与海事委员会有关的案件的判决,不停地摇晃着。他把我的判决意见打印在羊皮纸上,问我:"您能在这上面签个名吗?"我问他为什么会读这份判决,他回答:"因为判决本身。"我问:"因为这个海事委员会的案子吗?"他说:"谢谢您以一种我能读懂的方式写判决意见。"你要注意,他并没有说同意我的意见,但是他可以理解。换句话说,**通过我主笔的判决意见,他可以重新理解宪法,理解有关宪法的法律**。这就是我们要做的,就是确保来找我们的那些民众,对这个机构有所理解,并切身感受到最高法院的工作。所以,最高法院不完全是神秘的,并非都像你谈到的内部会议室那样。

斯温:所以,在夏季和假期里,您会开着您那辆房车,周游美国,您是有意这样做的?

托马斯:是的。一开始,这只是我想旅游的原因之一。我其实没去过家乡佐治亚州的什么地方,我很想在那里转一圈。有人说,这个国家最友善的人都在房车营地。在我近十年的游历经验中,我找不出什么理由来反驳这句话。营地的人都很和蔼,乐于助人,就像邻居一样。在华盛顿,在这个国家,人与人之间似乎总在争吵,但还是有这样一群人能坐在一起,喝杯咖啡,聊聊比赛或者天气,聊聊这个国家的优点和问题,以更文明的方式相处。

斯温:您觉得在这些出行之后,您在审判时会有所不同么?

托马斯:当我审理案件时,我的重心会更多地放在普通公民身上,而不是那些评论我们的人。我关注的重点不是那些写法律论文或者教宪法的人,而是在葛底斯堡来找我的那个人、在"家得宝"碰到的人、那些刚从前线回来的人以及孩子们的老师。这是驾驶房车四处游历的体会,或者是在房车营地、停车场、休息停车点的经历对我的影响。你问起让我感到振奋的判决都有什么，其实让我感到振奋的，是见到这些人们，让他们知道这位大法官也喜欢他们喜欢的东西。这个大法官愿意和他们在一起，在房车营地，享受简单的生活，愿意聆听他们的话，我们讨论的话题和案件无关，而是谈论我们的国家，谈论我们都感兴趣的东西。

斯温：克拉伦斯·托马斯大法官，感谢您接受我们的采访。

托马斯：谢谢你。

露丝·巴德·金斯伯格

全力以赴,办好下一个案子

露丝·巴德·金斯伯格大法官

1933年出生于纽约市布鲁克林区,先后毕业于康奈尔大学和哥伦比亚大学,曾在鲁格斯大学法学院任教。1972年,她成为哥伦比亚大学法学院聘请的第一位女性教员。1973年至1980年间,金斯伯格还担任过美国公民自由联盟的首席法律顾问,多次在最高法院出庭,并获得胜诉,这些案件大都与男女平权事务相关。1980年,她被吉米·卡特总统任命为哥伦比亚特区巡回上诉法院法官。

1993年8月,经比尔·克林顿总统提名,金斯伯格成为美国第107位大法官,也是第二位女性大法官。金斯伯格在男女平权、堕胎、持枪、刑事被告人权益等事务上,都持自由派观点。斯蒂文斯大法官退休后,她已是最资深的自由派大法官。

2009 年 7 月 1 日，C-SPAN 主持人布莱恩·拉姆在金斯伯格大法官的临时办公室采访了她。

拉姆：我们这会儿在露丝·巴德·金斯伯格大法官的临时办公室里。让我们先看看这里的陈设。金斯伯格大法官，我最先注意到您书架侧面那张照片，上面是前任首席大法官伦奎斯特。它是什么时候拍的呢？

金斯伯格：1993 年 10 月拍的。按照传统，最高法院新任大法官入院时，首席大法官会亲自在门前台阶下迎接。我们一起走进院门。是他把我迎进最高法院的。

拉姆：您的办公室是什么风格？这里好像有许多美术作品。

金斯伯格：是的，先说说这些画吧。有两幅来自国家艺术馆，是马克·罗斯科早期的作品。还有五幅来自美国艺术博物馆的"福斯特收藏"系列，这个系列收录了 20 世纪 20 年代到 30 年代期间一些美国画家的作品。

拉姆：这些画都是您亲自挑选的吗？

金斯伯格：是的。

拉姆：您最喜欢哪一幅？

金斯伯格：其实我最喜欢的是外面房间那幅，名为《无限》，看起来很像阿拉伯数字"8"。

拉姆：您桌后那幅是什么？

金斯伯格大法官办公室里挂的马克·罗斯科的作品《凶兆》

金斯伯格：那两幅都来自国家艺术馆，是马克·罗斯科早期的作品。

拉姆：说说您旁边这几张照片吧。您想到什么就说什么。

金斯伯格：这张照片是肯尼迪大法官、布雷耶大法官和我在华盛顿国家歌剧院观看歌剧《蝙蝠》时拍的。我们属于临时客串的演员。这是《蝙蝠》剧中舞会的场景。王子正欢迎四方宾客。客人中有俄罗斯大使、匈牙利大使和我们三个最高法院成员。我们走上舞台，在专用座位上看完了整场演出。

拉姆：那些法槌有何来历？

金斯伯格：法槌是由不同的人送给我的。上面都有题字，但没有什么特

金斯伯格大法官办公室里挂的马克·罗斯科的作品《无题》

别纪念意义。那边有张照片拍摄于1978年。照片上,瑟古德·马歇尔大法官正与我一起主持加州大学伯克利法学院的模拟法庭庭审。那是我最美好的记忆之一。那时,他的身体还不错。

拉姆: 在这样一个办公室里工作,您需要什么样的工作氛围?写作、思考和阅读的环境对您来说重要吗?

金斯伯格: 我喜欢安静的环境,法官助理最好离我近一点儿。以前,我的助理都和我在一个办公室内。现在,有两个人在旁边的房间,另两位在走廊另一端的办公室里。让我高兴的是,我的窗户正对着中庭的花园,而不是在大楼正面,这样我就不会被楼下的示威者吵到。

拉姆：这几副面具是什么？

金斯伯格：这些是京剧脸谱，是 1978 年我第一次到中国访问时对方赠送的。当时，中国政府首次邀请美国律师协会代表团访华，我随团前往。我是最幸运的，因为我是团里唯一的女性。那时候，中国的对外接待机制还不完善，所以只有我全程住单间，律协的大人物们只能两人挤一间。

拉姆：紧挨着它的这张照片上面似乎是芭芭拉·米库尔斯基参议员。这是什么时候拍的呢？

金斯伯格：也是 1993 年我刚当上大法官时拍的。我常用这张照片来证明万事皆是相对的。比如，如果你问我个头是不是不高？我会说，如果跟伦奎斯特首席大法官比，我确实不高；但是站在米库尔斯基参议员身边，我就是个巨人。

拉姆：这张办公桌是您自己挑选的吗？在哪儿定做的？

金斯伯格：这张办公桌是最高法院统一定制的。所有大法官办公室里的桌子都差不多。这张桌子我是拿来当工作台用的，所以在上面加了一层花岗岩桌面。

拉姆：您旁边的书架上都放些什么书呢？

金斯伯格：都是些我经常需要参考的书。我把它们放在这两个地方，书架上和这个手推车上。

拉姆：您最常用到的参考书是哪本？

金斯伯格：应该是这两本吧。哈特和韦克斯勒的《论联邦法院与联邦制》(*The Federal Courts and the Federal System*)，现在已经出到第七版了。这本《宪法》判例书现在由凯瑟琳·沙利文独著，但在多年之前，是由杰拉德·冈瑟一个人完成的，直到第二版之后，沙利文才成为第二作者，冈瑟教授去世后，这项工作转由沙利文独立完成。[1]

拉姆：所有法官和大法官都会拿这些书参考吗？

金斯伯格：他们都有自己的宪法参考书，我不知道他们会不会选择这几本。冈瑟这本书是各大法学院使用的最好的判例书之一，他本人也是我在哥伦比亚大学读书时的老师，后来我们一直都是很好的朋友。[2]

拉姆：他哪些方面给您留下的印象最为深刻？

金斯伯格：才华横溢，又充满人情味。

拉姆：桌子这边的照片可都是与历任总统的合影啊。您认识几位总统呢？

金斯伯格：先说说吉米·卡特吧，我在首都的第一份好工作就是他给的。吉米·卡特当选时，全国的联邦巡回上诉法院里，只有一位女法官。吉米·卡特决心改变司法系统这种局面。看这张照片，1980年10月，卡特总统可能已预感到他会输掉大选，他为自己任命的女法官们举办了欢迎会。

---

[1] 这本书即 Kathleen M. Sullivan and Gerald Gunther, *Constitutional Law*, Foundation Press; 17 edition (June 8, 2010)。目前已经出到第17版，是美国法学院较常用的法学教材。

[2] 冈瑟教授曾经是勒德·汉德法官的助理，后来为汉德撰写了一部传记，被誉为美国最好的司法人物传记之一。2010年，这本书推出了第二版，金斯伯格大法官应冈瑟家人邀请，亲自撰写了该书序言。这本书即 Gerald Gunther, *Learned Hand: The Man and the Judge*, Oxford University Press, USA; 2 edition (November 10, 2010)。这本传记正由本书译者翻译，中文版预计于2014年由北京大学出版社出版。

他说,希望大家能够因为他增加了女法官和少数族裔法官的数量,改变了联邦法院性别、种族比例失衡的现状而记住他。

他任命的,大都是些水平很高,却得不到施展机会的人。自从卡特建立了这一模式,继任的总统们也一直坚持这样做。后来,里根总统决定任命第一位女性出任最高法院大法官,而且说到做到。桑德拉·戴·奥康纳大法官当然是最佳人选。不过,真正决定联邦司法系统应吸纳各方面优秀人才的是吉米·卡特。

拉姆:卡特任总统时,您担任什么工作?

金斯伯格:我在哥伦比亚特区巡回上诉法院工作,离这里就几个街区的距离。

拉姆:在此之前,您有过公职经历吗?

金斯伯格:我之前在法学院教过 17 年书,做过美国公民自由联盟的首席律师。

拉姆:您好像经常谈起自己代表美国公民自由联盟在最高法院出庭的一个案子。

金斯伯格:是的,当时我代表美国公民自由联盟支持的一个当事人出庭。

拉姆:站在律师席上和坐在法官席上有何区别?

金斯伯格:区别就在于坐在对面的发问,站在律师席上的回答。

金斯伯格大法官与她的丈夫马丁·戴维·金斯伯格教授

拉姆：您会不会因为之前有过出庭律师的经历，对律师的态度会有所不同呢？

金斯伯格：我想我非常理解回答问题者的感受。不过我也知道，律师其实是欢迎法官发问的。的确，法官的提问打断了律师预先准备好的流畅陈述，但他们同样希望了解法官的想法，所以宁愿法官多发问。毕竟，有些问题是法官比较关心，但律师预先的陈述中没有涉及的，只能通过律师的回应才能解决。

拉姆：后面这张照片是？

金斯伯格：那是我 50 岁的丈夫马丁·戴维·金斯伯格，他是乔治敦大学法律中心的教授。这是他的经典姿势——捧着一本好书,在我们家后院里坐着。

拉姆: 您经常在演讲中提到他的厨艺。

金斯伯格: 是的,他是我们家的主厨。30年前,我就被"美食家"孩子们赶出了厨房。

拉姆: 他是否在最高法院下过厨?

金斯伯格: 是的。最高法院每季度都会为大法官的配偶们举行一次午餐会,马丁的厨艺非常受欢迎。虽然我的评价不太公正,但我认为截至目前,他是法官配偶中厨艺最好的。

拉姆: 每季度的午餐会是什么来历?仅为大法官举办吗?

金斯伯格: 仅为大法官的配偶们举办。大家的夫人或丈夫都会参加,虽然目前只有一位丈夫。他们一般也会邀请已故大法官的配偶参加,所以凯茜·道格拉斯·斯通、安妮·斯图尔特和锡西·马歇尔也常来参加午餐会。

拉姆: 前面两位应该分别是威廉·道格拉斯和波特·斯图尔特的夫人。这张桌上还有不少人的照片,比如比尔·克林顿、布什父子。这里面有没有什么特别值得一提的回忆?

金斯伯格: 有不少呢。这张是康多莉扎·赖斯宣誓就任国务卿时拍的。我们夫妇正好和赖斯住在一栋大楼里。她非常有音乐素养,还邀请我们参加过一次她的个人音乐演奏晚会。那天,她特地给我打电话,问我是否愿意主持她的宣誓就职仪式。我认为这是件大好事,体现了一种两党合作的精神。虽然我在上诉法院和最高法院的职位，碰巧都是由民主党总统吉米·卡特和比尔·克林顿任命的，但这不会影响我主持她的就职仪式。我认为这是她释放出的善意、友好的姿态。

拉姆：您还想聊聊哪张照片上的人？

金斯伯格：嗯，这个。她是卡拉，我三个孙女中的一个。这张照片是1992年秋天克林顿总统竞选期间拍摄的。他的夫人希拉里·克林顿那天正好去参观卡拉所在的托儿所。她们一起唱《牙刷歌》。这张照片后来登在《纽约邮报》上。我看见照片后，买了一份报纸寄给卡拉。她那时3岁，现在已经18岁了。我在照片下面写了一句："愿你始终知道自己的位置。"

拉姆：这位女士是谁？

金斯伯格：是我母亲。她也许是我认识的最聪明的人，很可惜，她在我17岁那年就过世了。

拉姆：她是在您高中毕业前一天过世的，那段日子对您有什么影响吗？

金斯伯格：那是我生命中最难熬的时期之一，不过我知道她希望我努力学习，争取好成绩，最终获得成功。我也是这样做的。

拉姆：后面还有几张照片。我想请您谈谈这边这张照片，因为它好像从没公开过。

金斯伯格：是的。这张是我和斯卡利亚大法官的合影。我们正骑着大象在罗姆巴特宫观光。这里曾经是拉贾斯坦邦王公的宫殿。如你所见，大象走路姿势很优雅，但一路把我俩颠坏了。

> 他有时会说些非常好笑的话,以至于我不得不掐自己,避免在法庭上笑出声来。

拉姆: 据说您和斯卡利亚大法官是好朋友。

金斯伯格: 嗯,是这样的。

拉姆: 人们不理解两个立场差异这么大的人怎么还是朋友。您能告诉我们这是怎么回事吗?

金斯伯格: 斯卡利亚大法官还在法学院教书时我就认识他了,我非常佩服他的聪明才智和幽默感。当时,我听过他一次讲座。虽然他讲的内容我绝大部分都不赞同,但我很喜欢他讲话的方式。斯卡利亚大法官文笔很好,也很在意别人的表达。他是一个非常有趣的同事。在特区巡回法院时,他常坐在我旁边,奥康纳大法官还在最高法院时,我正好也在他邻桌。他有时会说些非常好笑的话,以至于我不得不掐自己,避免在法庭上笑出声来。

拉姆: 他的确非常幽默。

金斯伯格: 是的,我们都很顾家,也关心彼此的家人。

拉姆: 这里是您放法袍的地方。庭审当天一般是什么流程?

金斯伯格: 开庭当天,法袍一般都放在法袍室内。我们在那里都有自己的衣橱。大家走进法袍室,工作人员帮我们穿上法袍。这个衣橱里,挂着我开庭时常穿的法袍。这件法袍是英国货,领结则产自南非好望角。传统的法袍式样都是针对男性设计的,所以会留下露出衬衫衣领和领带的位置。

金斯伯格大法官与斯卡利亚大法官的合影

桑德拉·戴·奥康纳和我都认为,应该在自己的法袍上加入一些女性因素,比如领结或项圈。因此,我有很多很多领结。这是我最喜爱的一个,我很喜欢这个款式。

拉姆:法袍对法官的重要性何在?

金斯伯格:它是公正审判的象征。在美国,现在的法袍式样是伟大的首席大法官约翰·马歇尔设计的。他认为,美国法官不应该像英国法官那样,穿王室的礼袍。大家不能穿那种红色或栗色的长袍,而应该穿纯黑色的袍子。不过,如果在法学院主持模拟法庭,我偶尔会穿这件红黑相间的法袍。它是我 2005 年访问中国时,最高人民法院送我的礼物。当时,我作为最高法院的客人,访问了几个主要城市的法院。在北京观摩庭审时,我表示很喜欢他们的法官穿的法袍。动身去上海前,他们专程送了一件法袍给我,作为一份特别的礼物。这就是我的中国法袍。

拉姆：当您因为某些判决或某些人说的话生气时，您如何开解自己，尽量不把这种情绪带到聚会或其他事务中去？如何不让立场之争变成个人矛盾？

金斯伯格：你首先要想，还有其他案子要处理呢……爱德华·塔姆法官是我在特区上诉法院时的同事。我刚进入上诉法院时，他就告诉我，**在上诉法院做法官，你永远不能一个人独自做决定，必须学会与同事们协作，才可能办好每个案子。一个案子审结了，一切就结束了，不用回头看，全力以赴办好下一个案子就行了**。这是一个极好的建议。不要为已发生的事而烦恼，全力以赴，办好下一个案子。

拉姆：您今年年初在波士顿演说时，曾谈到最高法院工作中轻松的一面，包括音乐会，能谈谈这个吗？

金斯伯格：哈里·布莱克门大法官过去每年都在阿斯彭过暑假。他很喜欢那里的音乐节，所以建议我们每年也应该办一场音乐会。每年五六月份，我们都忙着写判决意见，不需要再开庭，这时候大家可以抽出些时间办个音乐会，让所有人放松一下。1988年，在布莱克门的倡议下，我们举行了首次音乐会。最初是两年一次，之后是一年一次，如今已是一年两次。布莱克门大法官退休后，他把这件事的组织工作交给了奥康纳大法官。过去7年里，我一直都参加音乐会。

拉姆：在法院什么地方举办呢？有多少人参加？

金斯伯格：音乐会在我们漂亮的会议厅举办，那里放了一架漂亮的施坦威三角钢琴，大约能容纳两百人，每位大法官最多能邀请六个人，许多人来自最高法院历史协会，还有不少是最高法院的行政主管，比如协助你们采访的首席新闻官凯西·阿尔伯格。

拉姆：新任大法官来到最高法院工作时，如果跑来向您请教经验。您会给些什么建议？

金斯伯格：我会说，你会对这里在工作上的高度合作性感到惊讶。在这一开庭期，我们有近三分之一的案件是以五票对四票决定的。这么多的意见不统一可能会给大家带来错觉，以为我们不团结。斯卡利亚大法官说过，他刚到最高法院工作时，和布伦南大法官意见分歧最大，但他却把布伦南视为他在最高法院最好的朋友，而且布伦南也这么认为。公众如果只是阅读布伦南主笔的多数意见，或者斯卡利亚撰写的异议意见，很难发现这两个人其实是彼此欣赏，关系不错的。

拉姆：我想再问您几个关于内部会议的问题。会议情形一般是什么样的？

金斯伯格：会议室里有一张桌子，每个人都有固定的座位，首席大法官坐在一端，资历仅次于他的大法官坐在另一端，目前是约翰·保罗·斯蒂文斯大法官。我们讨论案件时，以资历为序发言，由首席大法官率先简述案情，提出看法，之后其他的人依序发表看法，提出自己的立场和理由。

拉姆：随后会有争论吗？

金斯伯格：通常都会有争论。先是每位大法官发言，随后会有一些提问或质疑，但这类情形不多，紧接着会有一位大法官说，已经讨论了几分钟了，"现在暂告一段落，稍后大家交换书面意见"。最高法院最终发布的判决意见，多是以整个法院的名义发布的，即使不是，至少也代表着大多数成员的意见。所以，你在写判决意见时，不能自说自话，而是要考虑他们的看法。

讨论案件时没有外人参加。大法官之外任何人都不能进入会议室，秘书不行，助理不行，连通信员都不行。说起来或许很老套。在那间屋子里，

> **法官必须遵从,而且与立法者相区别的一项行为准则:我们不能简单地说某个当事人应该获胜,我们所作的每一个判决,都要有充分的依据。**

你看不到笔记本电脑。如果有任何记录,也是由每位大法官分别手写记录。会议是不录音的。这只是大法官之间关于案子的内部讨论。

公众最终看到的,是列明裁判理由的判决意见。法官必须遵从,而且与立法者相区别的一项行为准则是:我们不能简单地说某个当事人应该获胜,我们所作的每一个判决,都要有充分的依据。在陈述裁判理由的过程中,你有时会扪心自问:"这样判对吗,我有没有忽略这个或者那个问题?"虽然不常见,但有时候,某位大法官会说:"我不想写这个案子的判决意见了,我在会上的表态是错的,现在我支持另一方的观点了。"这时候,他会通知其他大法官,看其他人的表态情况。如果我们支持他,他就负责撰写多数意见;如果我们不同意,他就撰写异议意见。

这种会议与你在美国大多数上诉法院里看到的是一样的,只是上诉法院的合议庭通常由三位法官组成,而且三个人比九个人更方便沟通。你应该理解的是,你的同事并不希望听你的长篇大论。刚才说过,我们按资历顺序发言,所以在这一开庭期,我排在第七位,下一开庭期,我将排在第六位。第一个发言很好,因为你可以用极具说服力的语气告诉其他人你对案件的看法,不过在后面发言也有一定的优势,因为你知道别人是怎么想的,你可以在自己关于案件该如何判决的发言中,融入他们的观点。

拉姆:谢谢您,金斯伯格大法官。

斯蒂芬·布雷耶

这里没有党派纷争与拉帮结派

斯蒂芬·布雷耶大法官

被称为当代美国最高法院最有智慧的大法官。他1938年出生于加州旧金山市,先后毕业于斯坦福大学、牛津大学和哈佛大学法学院,做过《哈佛法学评论》编辑,给最高法院大法官阿瑟·戈德伯格做过法官助理。1967年,在司法部反托拉斯局做了两年特别助理后,他返回母校哈佛法学院任教。1970年,因为在反托拉斯法、行政法、经济规制研究方面的精深造诣,布雷耶被哈佛聘为全职教授。1973年,他担任过"水门事件"的助理特别检察官,受阿奇博尔德·考克斯领导。

1974年,布雷耶担任参议院司法委员会特别法律顾问,5年后升任首席法律顾问。1980年,吉米·卡特总统任命布雷耶出任联邦第一巡回上诉法院法官。1985年至1989年,他以法官身份加入联邦量刑委员会,参与了美国量刑程序的改革工作,是《联邦量刑指南》的主要执笔人之一。由于管理能力出色,擅于沟通协调,布雷耶在1990年被提升为联邦第一巡回上诉法院首席法官。1994年4月,比尔·克林顿总统任命他为最高法院大法官。

布雷耶的思想灵活、开放、务实,不大受传统教条和陈旧观念束缚,更注重解决现实问题,是一名典型的专家治国论者。在处理具体案件时,他并不纯粹以意识形态划线,格外注重案件事实之间的差异,总能结合个案情形,寻找最佳处理方案。

主要著作:*Regulation and Its Reform*(1984年);*Breaking the Vicious Circle:Toward Effective Risk Regulation*(1993年);*Active Liberty:Interpreting Our Democratic Constitution*(2005年);*Making Our Democracy Work:A Judge's View*(2010年)。

2009 年 6 月 7 日,斯蒂芬·布雷耶大法官邀请 C-SPAN 主持人布莱恩·拉姆参观了自己的办公室,并在那里接受了采访。

拉姆: 布雷耶大法官,在您办公室内,这个房间是什么用途?

布雷耶: 法官助理和通信员在这儿办公,许多工作在这儿进行。他们是布里安娜、艾琳和赛思,来这里都满一年了。我有四个助理。我们九个人每人都配备四名助理。他们承担了大量日常工作,作用很大,不可或缺。

拉姆: 这座大楼对您有什么象征意义么?我们知道,您可是一位建筑艺术爱好者。

布雷耶: 它应该是美国最后一座新古典主义建筑了。这座大楼是卡斯·吉尔伯特在 20 世纪二三十年代设计的。时任首席大法官塔夫脱负责筹措资金,他做过美国总统,通过国会里的老朋友弄到了拨款。这座大楼非常漂亮,既是最高法院的象征,也代表着美国司法。

说两则有趣的事。大楼建成后,时任大法官威利斯·范德文特舍不得搬离之前位于国会大厦地下室的办公室。他说,如果不在参议院办公,就没人知道我们了。事实证明,他错了。布兰代斯大法官也不愿到新大楼办公。理由是,新大楼过于华丽,让人无心工作。或许他是对的。多年之后,这座大楼已经成为政府第三分支的象征,也是整个司法系统的象征。**为维护国家稳定,法治是我们的立国之本。**

拉姆: 如您所知,我国民众其实不太了解最高法院的工作情况。您能向大家介绍一下吗?比如,最高法院的日常工作是什么样的?案子又是怎么到这里来的?

布雷耶: 好的,我可以向大家解释我们每天都在做什么。首先,我们平

威廉·霍华德·塔夫脱
首席大法官

时所说的法律,90%,哦,不对,95%都是各州制定的。每个州都有自己的立法机关,换句话说,都有议会、州长和法院。我与中学生交流时,常问他们:"知道影响你们日常生活的立法,主要来自哪里么?"如果你位于加州,那么,这类立法并非来自首都华盛顿特区,而是州府萨克拉门托。瞧那边,离我办公室不到一个街区的地方,就是国会了,他们也制定了大量法律。但那些都是联邦法律。在整个法律体系里,联邦法所占比例极低。右边书架上,就是联邦法律汇编,它们都是由国会制定的。

拉姆:书架上这些法律汇编通过什么渠道获得?

布雷耶:我们每人都有一套。在美国,任何人都可以弄到一套。你可以向联邦政府去信索取。韦氏出版公司负责印制发行。这本是《美国法典》,那边是一些成文法汇编。你也可以在图书馆查阅到它们。

塔夫脱时代的九位大法官合影，前排左三为塔夫脱，左四为霍姆斯大法官，后排左一为布兰代斯大法官。

400年前，法国哲学家孟德斯鸠说过，成文法里的每个词汇，都可能成为律师们的争议焦点。他们会争论，这个词究竟是这个含义，还是另外一个意思？你看，这里有这么多法律汇编，里面包含了数以亿计的词汇，每个词都可能引发一起法律争议。

拉姆：一个案子要经过哪些流程，才能到您们这里？

布雷耶：在美国，95%的案子会放在州法院审理，实际数量可能更多。大约3%到4%的案件，会由联邦法院审理，这些案子都会涉及联邦法律的问题。比如,某段条文该如何理解？宪法条款的确切含义？这些都属于我们裁判的范围。我们只解决人们因联邦问题产生的分歧。

美国每年有10万起案件涉及联邦法问题,经过初审、上诉审后,约有8000个案子的当事人会请求最高法院复审。相关问题包括：宪法中某个词汇是什么含义？是这个意思还是那个意思？第十四修正案中的"自由"又指什么？能否适用于协助他人自杀的情形？这是我们审过的一个案子。有的案子非常重要,涉及我们是否拥有某项宪法权利,有的案子则未必,可能只关系到某个专利法术语的含义。

也就是说,每年会有8000个案子申请我们审理。每周150起。瞧,这里是这个星期提交过来的申请……所以,我们的一项重要工作,就是阅读这些申请,而且都得阅读。读完之后,再决定如何投票。投票在会议室进行。九个人当中,只要有四个人同意审理,我们就受理这个案子。这里有一份申请书,当事人负担不了印制费用,所以走的是"赤贫复审申请"程序。[1] 如果他是刑事被告,政府会代他支付这些费用。

拉姆：对这类申请有没有篇幅要求？

布雷耶：有的。一般要求在15到20页内。

拉姆：这些申请得在一周内读完？

布雷耶：我其实很想说："对啊,因为我们聪明能干。"但事实并非如此。让一个人在一周内读完这么多申请,简直是不可能的。所以我们得靠法官助理完成这项工作。我们会派自己的助理参加"集体审议小组",这个小组由30个助理组成,他们自行分派任务,每人审查五六份申请,而且读得非常

---

[1] 赤贫复审申请(in forma pauperis),也被译为贫民诉讼、免费诉讼,这类诉讼免除贫困者交纳诉讼开支或费用的负担,也豁免其以提交所有案卷材料复印件的方式陈述案情的义务。相关申请大多由刑事被告提出,但只有1%～2%的几率被最高法院受理。

仔细。如果我们自己来看这150份申请，可能因字迹潦草或其他原因，漏掉一部分重要内容。而他们每个人只用看五六份申请，很容易判断出哪些争议值得我们审理。随后，我会收到一套备忘录。我通过阅读备忘录，判断是否受理这些案件。

看看这些备忘录。现在，我用几个小时就能读完一堆。那么，我是怎么做到的？毕竟得看完这么多。其实，这些备忘录每份只有10页，长的偶尔有20页。我说的"看完一堆"，指的是这种篇幅的，一般只有10页或更少。这些都是我认为我们可能听审的案子。那么，我如何从一大堆备忘录中，挑出可能听审的案子呢？等我告诉你我适用的标准后，你可能就明白了。

其实，塔夫脱首席大法官已经解释过这个问题。他说，我们的任务不是纠正下级法院的错误。毕竟，每位当事人在申请复审前，都至少经历过一次初审、一到两次上诉审，有时甚至是三次上诉审。我们没必要逐一复查这些判决，判定它们是对是错。这些案子同样是好法官判的。也许他们判对了，当然也可能判错了，谁知道呢？但是，正如塔夫脱所言，我们的主要工作，是在全国范围内保持法律适用的统一。如果所有的下级法院依据同样的宪法或法律条文，能够得出类似的结论，说明法律适用已经统一。我们就没必要审理这类案件。所以，基本的受理标准就是，如果法律适用不统一，我们就得受理，虽然也并非绝对如此，但这是基本思路。

拉姆：这里的工作气氛与您在国会工作时有很大不同吧？

布雷耶：是的。这里不像国会那么吵，这儿非常安静。

拉姆：平时也这么安静吗？只有两个助理在这儿？

布雷耶：不止两个，还有两个在楼上，他们今年年中刚换了办公室。

拉姆：有没有比现在热闹的时候？

布雷耶：当然有。我有时也会情绪激动，吵吵嚷嚷的。但会努力让自己平静下来。

拉姆：但是，这里和您在司法委员会时的工作氛围有很大差别吧？

布雷耶：是的。在司法委员会，时时刻刻都有事发生。但在这里，一切都按部就班，有条不紊，我们的工作，就是审查调卷令申请，然后审理案件……我们每年会受理 80 个案子。从 8 000 个申请中选取 80 件。而全国每年大概有 800 万起案件。我们选来审理的案子，都是不同地区法官之间存在分歧的案件。

拉姆：您怎么看这 8 000 个申请中选出来的 80 起案件？

布雷耶：我们会寻找大家存在分歧的法律议题。当然，也包括其他类型的案件。比如，我们不会因为某个法院判定国会某部法律违宪，就复审这起案件。哪怕这个案子涉及天大的事，也得至少由四位大法官同意受理，我们才可以审它。

拉姆：这个格子里是什么文件？

布雷耶：是答辩状。

拉姆：这是做什么用的呢？

布雷耶：申请复审方提交蓝色封皮的诉状后，另一方会提交答辩状。

拉姆：这些颜色都是按照事先规定好的格式设定的么？

布雷耶：是的，这样有助于我们识别诉状的种类。比如，政府提交的诉状，通常是灰色封皮。

拉姆：这个有什么特别的讲究么？

布雷耶：我不太清楚，你可以问问其他人。这些是"法庭之友"意见书，任何人都可以提交。

拉姆：它们的封皮通常是绿色的？

布雷耶：亮绿色是支持申请复审人一方的。暗绿色是支持被复审人一方的。我会通读这些"法庭之友"意见书。但是，如果过于啰嗦繁琐，我不会读得太仔细。但我保证会看它们，一个不漏。

拉姆：您有没有觉得阅读量太大了？

布雷耶：是啊，我们始终处于阅读状态。如果我现在乘机外出，会在包里装些诉状。无论在飞机上，还是回到家里，我都得读它们。总之，一年到头，我们都诉状不离身。

拉姆：这里的安保情况如何，你会担心自己的电脑被黑客侵入么？

布雷耶：这里非常安全，我们拥有完善的电脑防护系统，黑客"黑"不进来。

拉姆：您也可以与位于不同办公室的其他大法官联络？

布雷耶：当然没问题。不过，我们一般习惯书面联络。例如，我想与你讨论这个案子，但你可能以为我说的是另一个案子。最好的办法就是把自己的想法写下来,这样就很清楚了。你会清楚我在想什么。所以,书面沟通是一种很好的联络方式,虽然不是唯一的。我们有时也会聊天交流。

拉姆:您读完所有诉状后,会与助理讨论案情……那么,您会经常在庭审后改变立场么?

布雷耶:如果你说的是,我在听审之后,会不会经常对一个案子有不同的想法。我的答案是,经常如此。大概有40%的案子会这样,甚至可能更多一些。如果你说的是完全改变立场,那数量会略少一些,大概有5%~10%左右。

拉姆:所以,言词辩论还是很重要的?

布雷耶:当然重要。不过,法官助理可能觉得不重要,你可以问他们。我认为,言词辩论之所以重要,在于它可以帮助我理清这个案子的思路。而且,我也可以借此弄清其他同事的想法,并倾听他们的提问。庭审结束当周,我们会在会议室研讨案情,不会有任何外人在场。然后我们会进行预投票。当然,这个投票还只是暂时性的,结果也并不稳定。根据投票情况,大致可以判定判决结果。约有40%的案子会是一致意见,五票对四票的情况约占25%,有时是20%,但是,同样是五票对四票,每次的组合也可能不太一样。人们通常并不了解这些。你看这个案子,它涉及船舶吨税的问题,但可能连报纸都上不了,不过,对当事人来说,它却非常重要,还有那些利益相关人,如船东或者对船运征税者。这里许多案子都很有意义,但媒体不会报道,人们也不会知道它们。大家只会关心那些导致五票对四票的议题。我想,人们对最高法院内部分歧的关注,超过了这些分歧的实际意义。

拉姆:隔壁那个房间是什么用途?

布雷耶:那是我个人办公的地方。我有两个助手,他们都很忙。艾米的

> 司法系统有一项基本规则,就是禁止与法官单方联络。如果这个案子有两方当事人,而且都有代理律师,那么,法官不能在另一方律师不在场的情况下,单独会见一方律师。

主要工作是将所有文件归档。托尼负责我的日常日程安排,处理家人、朋友或其他法官的电话,以及一些人的约访,对外联络工作都归她管。

拉姆:我注意到,我们在这儿可以听到外面的喧闹声,我并不是说这就是噪音,但这应该是来最高法院参观的人穿过大堂时发出的声音。

布雷耶:是可以听到这些声音。

拉姆:但是,人们应该到不了我们目前所处的区域。

布雷耶:是的,因为这里属于安保区域。不过,不幸的是,现在来这座大楼的人没有以前多了。我刚被任命时,每年约有上百万人来这儿参观,这个数字很让人赞叹,可惜现在有所下降。当然,访客进不了这些办公室,因为这里是内部办公区,属于安保区域。

拉姆:我想问您一个问题。如果我是一名律师,我代理的案件正由最高法院审理,我可以联系您,并到这个办公室见您么?

布雷耶:当然不行。

拉姆:为什么呢?

布雷耶:司法系统有一项基本规则,就是禁止与法官单方联络。如果这个案子有两方当事人,而且都有代理律师,那么,法官不能在另一方律师不在场的情况下,单独会见一方律师。这方面我们已经有一系列规定。

拉姆:您有没有对某个朋友或熟人说过,"对不起,你问我这些问题已经越界了"?

布雷耶:这种情况很少发生……因为我不太可能与某个案子的代理律师谈这些。如果我们正好在某次宴会上邂逅,而你向我问起案子上的事,我会说,你可以问你想问的,但我的回答是严格受限的。一般情况下,接下来的谈话就不会涉及这方面的内容。

拉姆:这间办公室的书柜上放着许多照片。

布雷耶:这些都是我的法官助理们。我们有一个新老助理联谊会。我在波士顿的上诉法院做了13年法官,在这儿做了15年。我有过111个助理,联谊会组织大家定期聚会。几周前,大家才刚刚重聚了一次,有87名前助理参加。这个聚会太棒了,就像一个枝繁叶茂的大家族在聚会。他们当中,有人已经结婚,有人已为人父母,还把孩子带来了,我感觉像一千多个孩子的爷爷,这种感觉太美妙了。

拉姆:法官助理们日常都做些什么工作?

布雷耶:首先,他们会审查所有调卷令申请。我们受理案件后,他们也会读这些诉状。我们一起研讨案情,我会让他们做些研究工作,并撰写备忘录。我们决定如何裁判后,会撰写判决意见,并在法官之间传阅。在特定案件中,如果我被指派为判决意见主笔人,我会让助理先做一个40页篇幅的长备忘录。我会读这份备忘录,以及相关诉状。然后开始撰写初稿……这里有两台电脑,一台接通互联网,另一台基于安全需要,是与外界隔离的。

我通常坐在这儿撰写初稿。一年到头,我大部分时间都在写判决。初稿完成后,我会把它们退给助理。他们或许会觉得,这个只是"半成品"。接着,他们会在初稿基础上,再完成一稿,然后交我修改。如此反复多次。这也是我的个人习惯。通常要在原稿上改两到三次才觉得满意。之后就是编辑、校对工作,又会反复进行多次。最后,我会将定稿提交其他大法官传阅,希望至少能有四位大法官加入。如果四人表示加入,这份定稿就会成为最高法院的判决意见。如果九个人意见一致,当然更好。

拉姆:谁负责指派判决意见主笔人?

布雷耶:如果首席大法官位于多数方,就由他指定。不过,他也不是不受任何限制,因为按照规矩,他每年指派每个人撰写的判决意见数量应该相同。如果他不在多数方,就由多数方最资深的大法官——例如,约翰·保罗·斯蒂文斯——负责指定。

拉姆:再问您一个关于办公室的问题。这里好像有一些版本很老的书。

布雷耶:是的,那边那些书都是。它们是我叔叔的书。他喜欢藏书。我也不清楚这些书的价值,但里面的确有不少很不错的藏品。我的叔叔是位哲学家,花了很多时间搜集不同种类、版本的书籍。

拉姆:他当时在哪儿?

布雷耶:坎布里奇。他起初在约翰·霍普金斯大学,后来去了哈佛。他一生中的大部分时间,都在图书馆度过。他没有太多积蓄,但很爱这些藏书。我在这儿放了一些,还有一些放在坎布里奇。

拉姆:您也当过助理?

布雷耶：是的，当过。这位就是我当年的"老板"。

拉姆：来自纽约的阿瑟·戈德伯格大法官？

布雷耶：对，就是他。不过，他来自芝加哥。

拉姆：您给他做助理是在哪一年？

布雷耶：1964年到1965年。

拉姆：这段经历如何？

布雷耶：非常美好。我很热爱阿瑟·戈德伯格。助理们都很爱他。他对工作充满热忱。我从他那里学到许多关于最高法院和法律的知识。

拉姆：您是如何被选中的？

布雷耶：哈佛有位教授向他推荐了我，然后戈德伯格对我进行了面试。

拉姆：那么，您自己的一百多个助理，又是如何选出来的呢？

布雷耶：每年我都可以选四个助理。我自己有一个审查委员会，由我的前助理们组成。有时，一些上诉法院的法官也会给我打电话，说："我这儿有一个不错的助理，或许可以推荐给你。"我们会收到几百份申请。从通过审查委员会审查者和不同上诉法院法官推荐的人选中，我会选十个到十五个面试，然后从中选出四个。

拉姆：平时，我在法庭看到您时，您都穿着法袍。你日常工作中也这么穿？

布雷耶：是的。我一般都这么穿。

拉姆：您如何定位自己办公室的工作环境？

布雷耶：亲切、舒适。我喜欢美术作品，也喜欢书。朋友还会送我一些稀奇古怪的藏品。这是一根印第安部落的权杖。别人送我这个，纯粹是为了逗乐。你可以想象自己一杖在手，众人俯首。虽然它没这个功能，但我可以想象着自娱自乐。

拉姆：您身后有不少艺术品，它们是哪儿来的？

布雷耶：大法官享有一定特权，可以从博物馆借一些未展出的艺术藏品，放在自己办公室内。我会去美国艺术博物馆，从那里借一些没有展出的美术作品。后面这些就是。它们可以随时要回去。

拉姆：这间办公室内，有没有什么特别的东西，是您最喜欢的？

布雷耶：我最喜欢这个棒球。它的来历可不一般，我受波士顿红袜队邀请，为他们开球时，投的就是这个球。这可不是件容易的事。我不是世界上最伟大的投手。红袜队的球迷也没有那么宽宏大量，他们不会容忍一个糟糕的投手。所以我私下练习过很多次，你看这张照片：这是我4岁的孙女克拉拉，她把球丢给我。然后我再传给妻子琼娜，她可是一位出色的运动健将。琼娜在波士顿一座癌症康复医院工作。

拉姆：有什么关于最高法院的基本知识，是人们不了解，而您最希望他们知道的？我指的是非法律专业的普通民众，他们需要了解些什么呢？

布雷耶：我想，有两件事是需要他们了解的。首先，**最高法院并不像人**

们想象的那样,只是做简单的法律工作。人们往往以为,我们都是按自己的喜好作裁判。事实并非如此。我从来不按自己的偏好判案。我们处理的案件,经常涵盖各种疑难杂症,而相关法律的规定并不明确。

例如,宪法第四修正案规定,未经正当法律程序,不得剥夺任何人的生命、自由或财产。这是否意味着你不能被剥夺请求医生帮助自杀的权利?当然,前提是你濒临死亡或身患绝症。那么,你享有这个宪法权利吗?你把"自由"这个词反复念上50次,可能也找不到答案。所以,在这个问题上,我没什么倾向性观点,但人们之间却观点各异。这是个棘手的问题。但并不意味着法官会根据自己的偏好判案。这是第一个问题。

当然还有更重要的一点,我先找本宪法出来……你看,它的篇幅非常非常短,却已经适用了两百多年。对我来说,从我坐上审判席至今,目睹过不同种族、宗教、籍贯的人们,以及所有你能想象到的观点。**我们有三亿国民,就可能有九亿种观点,在许多问题上,人们都不可能达成一致意见。尽管大家有大量分歧,但他们都会在法律框架内解决纠纷。我们在电视上,常看到有些国家战乱不休,他们没有法治传统,只能靠枪炮解决问题。但我们不会这样。我们作出判决后,即使人民认为宪法被最高法院误读了,他们仍会服从最高法院的解释。**当然,历史也并非一直如此。想想看,我们甚至为此打了一场内战。种族隔离现象在我国存在了80年。此外还有许多许多糟糕的事情发生。随着时代发展,人们逐渐认识到,遵从法律,甚至服从那些你不认同的判决,总比靠街头暴力解决争议好。现在,这已经是美国的宝贵财富。人民遵从宪法,而我们受托解释它。[1]

拉姆:我想问一下与这座大楼有关的问题。您之前提到,最高法院曾经在国会大厦内办公。

布雷耶:是的。你看窗外,对面就是国会大厦。

---

〔1〕 布雷耶大法官的主要司法理念,可参见〔美〕斯蒂芬·布雷耶:《法官能为民主做什么》,何帆译,法律出版社2012年版。

宪法不会告诉你该如何生活，但阐述了芸芸众生应当遵守的基本准则。无论你生活在城市、郡县或乡村，都应该遵从这些规则。

拉姆：你们就在参议院旁边办公，从国会可以俯瞰最高法院。

布雷耶：我在国会工作的最大感受在于，那里是权力所在地。我们是一个民主国家，所有权力都来自人民。在那里，你必须时时刻刻提醒自己，你的工作要对人民负责。有件小事，可以说明这种心态。当时，我在国会有间小办公室。一天，我走进房间，发现有个女孩正在里面翻查我的法律书籍。我猜她是个学生，所以问她："不好意思，有什么事么？"她说："我正好碰到一个问题，想看看能不能在这些书里找到答案。"我暗想："我这会儿是不是该表现出一点点不耐烦呢？"当然不能。没准儿她也是位选民呢。你知道么？这才应当是那些被选出来的人们的想法。他们当然应该这么想，因为自己代表着人民。

但是，我们在最高法院的工作是处理各种宪法事务，而不是告诉人们该做什么，不该做什么。我们把宪法视为基础规则。它是民主程序的产物。宪法坚持平等保护原则，维护公民基本权利，坚持政府权力分立，如联邦政府和各州政府的权力分立，以及行政权、立法权和司法权的"三权分立"，还倡导法治原则。宪法不会告诉你该如何生活，但阐述了芸芸众生应当遵守的基本准则。无论你生活在城市、郡县或乡村，都应该遵从这些规则。

我们的工作较为不同。我们解释的是其他部门的工作成果，如国会起草的法律，需要仔细审查下级法院在法律适用方面的分歧，并花时间判定什么是符合宪法的准确含义，通常要用两到三个月时间，有时甚至是四个月时间，才能得出结论。

在这里，最重要的是我们的最终成果：工作完成后，大家会撰写异议意见、

布雷耶大法官在书架前介绍诉状如何分类

多数意见,或者加入别人起草的多数意见。这些意见发布后,都会汇编成册。可以说,每份意见都是一篇文章。我们随机看一个最高法院的判例,比如这个,好像叫"琼斯诉美国案"(Jones v. the United States)。我不太记得这个案子是关于什么的了,但布伦南大法官写了一份异议意见,所以,会有一些人位于多数方,一些人持异议意见。哦,你看,有三个人在异议方,六个人在多数方。这个判例大概有二三十页——哦,是 25 页。

在这些判例中,最关键的一点在于,法官除了作出裁判,还详细列明了判决理由,他们阐述了自己对立法意图的看法。这与国会又有很大不同,因为他们不会告诉你为什么要这样立法,只会在法律中列明该做什么。

拉姆:我们常看到协同意见和异议意见,这些对判决有什么影响吗?

布雷耶:是的。比如,我完成初稿后,你或许会提交一份异议意见。我看到这份异议意见后,会想:"天啊,他的想法不错。我最好还是重写一份。而且,我得比上一份写得好。"所以,你的异议意见至少能保证我写出一份更好的判决。

> 我们的工作就是作出裁判。大家不是来这里……坐而论道的,更不会让结果遥遥无期。

拉姆:所以,你在定稿之前,会看到异议意见?

布雷耶:肯定会。我会据此修改自己的判决。异议者拿到修改稿后,也会修改他的异议意见。在绝大多数情况下,我们会尽可能缩小分歧,而且这些分歧大多在合理范围之内。我们不能说谁对谁错,大家只是基于不同理由,得出不同的合理结论罢了,而且,出现观点分歧也是可以理解的。

拉姆:如果最高法院九位成员都已表达完意见,判决意见也形成定稿了,那么,由谁来决定宣判?

布雷耶:前面已提到,在内部会议上,只需四人同意,就可以受理某起案件,此外,大家还会就一些案件进行预投票。会议伊始,大家都会拿到一份表格,列出判决意见已经被大家传阅过的案件名称。这时,首席大法官会问:"大家都没问题了吗?"意思是:"大家都已经发表书面意见,或者加入其他人的意见了么?"如果大家都已表过态,说:"我没有更多要说的了。"那就可以宣判了。

拉姆:是否存在无法作出判决的情况?

布雷耶:不可能无法下判。我们的工作就是作出裁判。大家不是来这里……坐而论道的,更不会让结果遥遥无期。我们会尽职履职,及时下判。

拉姆:您在最高法院工作 15 年间,哪起案件从决定受理案件到最后宣判,所用的时间最长?

布雷耶:我也不太记得具体是哪个案子了。最长的纪录,应该是某年十月进行言词辩论,第二年六月底才宣判。最多也只能用这么长时间了。

拉姆:不能拖到第二年六月之后再宣判么?

布雷耶:不会。当然,我们有权等到下个开庭期再下判。但自从我到这里工作后,还没有发生过这样的事。如果你发现反例,可以告诉我。但我不记得发生过。这样的情况极为罕见。

拉姆:这座大楼内,您最喜欢什么地方?

布雷耶:说实话,我喜欢这间办公室。我是个"宅男"。前面已提到,我的工作就是读读写写。我常跟我儿子开玩笑说,如果你的功课做得好,余生可能都得做案头工作。我喜欢在这间办公室阅读、写作。这是个很舒适的房间。我很喜欢它。我偶尔会在法庭听取言词辩论,那也是非常激动人心的地方。我很难说自己更喜欢自己的办公室还是法庭,这个选择太困难了。

拉姆:常有人形容说,最高法院的工作机制,就是九个不同的法律事务所在运作。您怎么看这个说法?

布雷耶:某种程度上说,是这样的。但如果说我们之间从不交谈,也不关心其他人的想法,就有点儿夸张了。我们还是经常彼此交流的。

多数情况下,我们通过备忘录交换看法,偶尔也会直接沟通。但是,当我开始撰写判决意见时,我的办公室的确像一个独立的事务所。我会先拟出初稿。法官助理们也会进行必要的研究。如果我想了解什么资讯,他们会去检索。这里的图书馆非常棒,它与包括国会图书馆在内的所有图书馆都有合作关系。如果我想了解法国法律对某类商业措施的规制情况,只需提出申请,所有资料第二天就会放到我案头。实在是妙极了。

拉姆: 如果遇到非常棘手、无法解决的问题,您通常会移步到其他大法官的办公室,与他们商量么?

布雷耶: 偶尔会这样。

拉姆: 会反复多次沟通么?

布雷耶: 会的,有时会这样。我习惯先和助理们探究答案。我会说:"快,看看这段条文的含义是什么?具体到这个案子里呢?"除了问助理,我偶尔会去图书馆查资料。有时,做完这些事之后,我还得感慨:"天啊,我还是不知道该怎么解决这个问题。"这时我或许该去找其他大法官,说:"您是怎么想的?"当然,你不能总这么干,或者全指望别人。但是,如果说我们从不交流,那就夸大其词了,也不符合事实。

拉姆: 您在位于波士顿的巡回上诉法院工作期间,好像参与了法院大楼的设计工作?

布雷耶: 是的,当时,我们弄到资金,可以建一座新的法院大楼。我们也的确需要一座新大楼。道格拉斯·伍德洛克法官和我负责这项工作。我俩花了很多时间,希望建起一座能让大家满意的大楼。大楼由艾里斯沃尔斯·凯利负责设计,他绝对是大师级别的。为了确定如何粉刷和装修,我们一次又一次开会,反复讨论磋商。总之,盖一座政府用的大楼不是件容易的事。要知道,这座大楼是一栋公共建筑,法官工作也只是公共活动的一部分,大楼还可以有其他公共用途。我们希望更多人愿意到这里来。比如,高

上世纪30年代的最高法院大楼

中生可以来这里旁听庭审,了解法院工作。此外,大楼还可以用于各类社区活动。私人可以租用楼内场地。陪审团会议室也可以作为不同类型会议的场所。不一定都得和法律相关。

拉姆:对您来说,在最高法院大楼内工作,与在位于波士顿的法院大楼工作时的感受有何不同?

布雷耶:那座大楼内有地区法院,即初审法院,也有上诉法院。你到伦敦去,看看斯特兰德大街上的那些法院,就是我想要的样子。那里始终在开展审判业务。各项公共事务也有条不紊地进行着。而且,那里也没什么仪式感,法官并不是高高在上。那里的建筑风格,给人的感觉更像是一个市场,律师们来来往往,川流不息,为各自的客户服务。在那里,法官从某种意义上来说,更像是公共设施的一部分,不占主导作用。而最高法院就不一样了。这是座与众不同的法院。它更具仪式感,也被赋予许多象征意义,是一座非常重要的建筑。

拉姆:如果您参与最高法院大楼的设计,还会依循上次的思路么?

布雷耶：我或许会让它变得更开放一些。当然，这座大楼的设计者卡斯·吉尔伯特也是一位非常了不起的建筑师。与每年50万访客的数量相比，我当然更乐意看到每年有100万人来这里参观。

拉姆：为什么参观者的数量会减少呢？

布雷耶：我想，一方面是因为到华盛顿的人没以前那么多了，大楼自身的翻修改造也是原因之一。改造工程非常浩大，也非常缓慢，供热系统、空调系统、电力系统都需要翻新，我也不知道多少年才能完成。这座大楼建于20世纪30年代，所有设备都明显老化了。所以，大楼的外表不会有什么变化，但内部设备都得更新。

拉姆：据说因翻修需要，您得搬出这间办公室，而且大概得一年时间。之后您还会返回这个房间工作么？

布雷耶：我当然会回来，我喜欢这间办公室。

拉姆：楼内难道没有其他您比较喜欢的办公室了？

布雷耶：没有。我很幸运，能拥有这间办公室。它曾属于哈里·布莱克门大法官。布莱克门也是我的前任。露丝·金斯伯格大法官被任命前一年，所有大法官刚刚以年资为序，更换了办公室。而我被任命那年，尽管我是资历最浅的，但没人再愿换办公室。我不得不说："我运气还算不错。"

拉姆：这次访谈结束前，您能谈些最高法院的传统么？

布雷耶：在庭审周，言词辩论开始前——我们通常在上午十点到中午十二点开庭——大家会提前五到十分钟集合。集合地点一般选择在更衣室,我们的法袍都挂在那里。换好法袍后。大家会走进法庭背后的会议室,在那里互相握手致意。我们平时开会前,也会彼此握手。在最高法院,有11年时间,我都是资历最浅的成员。举行内部会议时,因为没有任何其他人在场,如果有人敲门的话,通常都由我负责开门……比如某人忘带某份文件了。一次,有人从门外给斯卡利亚大法官递咖啡,我说:"这份工作我已经干了10年,已经成熟练工了。"他说:"哈,那可不见得。"我们关系融洽。九个人关系都不错。

拉姆:大家每周都一起吃午饭么?

布雷耶:我们一起吃午饭,但人并非每次都是齐的。一般来说,如果当天有言词辩论或者内部会议,我们会一起在餐厅吃午饭。

拉姆:我想问您几个关于内部会议的问题。开会时,没有任何工作人员在场吗?

布雷耶:没有。

拉姆:也没有任何录音设备?

布雷耶:没有。

拉姆:大家会记笔记么?

布雷耶:会的。所有人都会记笔记,记录其他人的观点。这很有必要。我接下来还会提到另外两项非常好的惯例或规则。首先,大家都记笔记的原因在于,如果正好轮到自己写判决意见,之前最好弄清楚每个人的观点。如果我连你的想法都不知道,怎么能指望你赞同我的意见。所以,这么做有

> 虽然你在上一起案子中是我的盟友，但并不代表我们在下一个案子中会继续合作。

助于我们达成共识。

还有一项很棒的规则——在我看来，它几乎适用于任何组织的会议——这项会议规则就是，在所有人首次发言完毕前，任何人不得第二次发言。当然，作为资历最浅者，这个规则对我很有利。这样一来，每个人都觉得自己的声音会被倾听，由此也营造出良好的讨论氛围。

另外一项非常好的规则，被我称为"明天是新的一天"规则。比如，在这起案子中，你和我是坚定的盟友，甚至认为："我们百分之百正确，那些不赞成我们的人大错特错。"我们必须精诚合作，努力说服他们。现在这个案子结束了。在下一个案子里，我们的立场完全对立。虽然你在上一起案子中是我的盟友，但并不代表我们在下一个案子中会继续合作。这里没有党派纷争与拉帮结派。这同样有利于形成良好的人际关系，因为哪怕你现在反对我，你也很清楚，没准儿到明天另外一个案子里你就会支持我了。

拉姆：非常感谢您。

塞缪尔·阿利托

我不喜欢模棱两可

塞缪尔·阿利托大法官

  1950年出生于新泽西州特伦顿市,先后毕业于普林斯顿大学和耶鲁大学法学院,担任过《耶鲁法学杂志》编辑。毕业后,他做过第三巡回上诉法院法官伦纳德·加思的助理。

  1977年至1980年,阿利托在新泽西州纽瓦克市担任联邦助理检察官。1981年,他被调至司法部,出任助理首席政府律师,多次代表联邦政府在最高法院出庭。由于立场保守,被称为"保守派中的保守派"。1985年,阿利托被任命为副助理司法部长,主管法律顾问办公室。

  1987年,罗纳德·里根总统任命阿利托出任新泽西州的联邦检察官。1990年,他又被老布什总统任命为第三巡回上诉法院法官。2005年夏天,奥康纳大法官辞职后,小布什总统提名阿利托作为她的继任者。阿利托上任后,与罗伯茨、斯卡利亚、托马斯形成了较稳固的保守派组合,也被称为当代最高法院最保守的大法官。

2009年9月2日，C-SPAN主持人布莱恩·拉姆在最高法院西厢会议厅采访了塞缪尔·阿利托大法官。

拉姆：塞缪尔·阿利托大法官，能向我们描述一下您第一天到最高法院工作的情形么？

阿利托：我永远不会忘记那一天。由于前任首席大法官伦奎斯特在秋天逝世，大法官席位出现空缺，所以我到最高法院时，已经是开庭期中段。那天是2006年1月31日。我在参议院观看了投票，然后迅速被领进最高法院，在首席大法官面前宣誓。接着就被带到自己的办公室。当天我就收到一起死刑案的暂停执行申请，而且非常棘手，我几乎是被直接扔进最高法院的核心事务中的。

拉姆：那您是怎么处理的呢？完全靠自己来应付那起案件？

阿利托：全靠自己应付。当时我手下一个人也没有。

拉姆：那您怎么处理那起案子？

阿利托：我已经当了15年上诉法官，过去怎么做，当时就怎么做。我研究了那起案件，思考在这种情形下，我们该怎么做，然后得出自己的结论。

拉姆：后面几天如何？

阿利托：这个就得看情况了，有的案子是中间过来的，就比如前面那起案子，有的则是本开庭期之初就已开始的，当时你的前任可能正计划退休的事。

我当时一头扎进工作里。我得迅速阅读诉状，为未来两周的庭审做准备,同时还得看其他案件的材料。我得到了奥康纳大法官留下的两名法官助理的帮助,他们很熟悉最高法院的内部运作程序。但这段经历,仍然称得上火的洗礼。

拉姆:没有人向您简要介绍这里的情况吗?比如有什么注意事项,什么该做,什么不该做,以及这里的传统和惯例。

阿利托:有人告诉我一些关于传统和惯例的注意事项,但我不记得受到过什么正式培训。当时正值开庭期中段,所有人都忙得热火朝天,顾不上教我。

拉姆:我们采访其他大法官时,常听说资历最浅的大法官在内部会议上有一些特权或职责,您可以解释这些工作么?

阿利托:资历最浅的大法官可没什么特权,但有两项基本职责。第一项,也是不太麻烦的一项,是负责在会议室开门。我们开会时没有任何工作人员在场。偶尔有人敲门时,得由资历最浅的大法官站起来开门,一般是替某人拿送进来的眼镜、备忘录或其他类似的东西。另一项职责,是负责会议的投票记录,如是否受理某起案件,以及某个案子的判决情况。开会时,我们手里会有一长串案件名录,由大家决定是批准受理还是驳回申请。既然没有任何工作人员在场,当然就由资历最浅的大法官承担起记录投票情况的任务了。

拉姆:谈谈大法官在会议室的发言方式吧。我记得好像是以资历为序,资历最浅的最后一个发言。这么做好还是不好?

阿利托:嗯,我觉得这样对资历最浅的大法官不太好,因为轮到他说的时候,所有人都已发言并表态。这时候,要么你的意见已无关紧要,要么得由你投出决定性的一票,这取决于当时的投票情况。

拉姆:您前面提到,您当时的法官助理,之前曾为其他大法官担任助理。我留意到您也有过在第三巡回上诉法院任助理的经历,后来又在那所法院当法官。可以谈谈体会么?

阿利托:在自己做过助理的法院任法官,当然是有优势的。你会比较了解内部流程和法院运作。任何法院都有自己的内部规矩——有的重要,有的不重要——但外来者,甚至经常在这里出庭的律师都未必熟悉。所以从某种意义上说,提前了解肯定是优势。

我在第三巡回上诉法院工作时,我任助理时的许多法官仍然在任。所以这是一个非常有趣的角色转换。过去我曾是某位法官的助理,如今我俩已是并肩审案的同僚,这种感觉格外不同。我想,没准儿他会希望我替他写法庭备忘录呢。

拉姆:我从网站上得知,您在最高法院已经有过二十位助理,每个开庭期有四个?

阿利托:对的,四个。

拉姆:我注意到,这二十个助理中,有九个是您在第三巡回上诉法院聘请过的助理。为什么会这么做呢?有什么好处?

阿利托:我非常了解他们的能力。我和自己的助理们关系都很好。大家常常一起工作。他们为我分担了许多工作,而我了解他们的水平,这是最大的好处。

拉姆:他们主要做什么工作,这些工作对大法官来说有多重要?

拜伦·怀特大法官

阿利托:他们非常重要。这些助理的主要职责是:协助我决定如何投票,帮助我起草判决意见。当然,他们不能代替我做决策,判决意见中最实质的内容也不由他们做主。但他们会帮我做许多研究工作,这一点特别重要。言词辩论或内部会议之前,他们会与我研讨案情,分析各种立场的利弊。

拉姆:听说您申请担任拜伦·怀特大法官的法官助理,并接受他的面试时,他大部分时间都在谈论橄榄球,这是真的还是杜撰的?[1]

阿利托:杜撰的。

拉姆:那您接受拜伦·怀特大法官面试的实际情形是怎样的?

---

〔1〕 拜伦·怀特大法官年轻时曾是全美著名的橄榄球运动员。

还没等我站起来，布雷耶大法官已经起身去开门了。首席大法官只好说:"斯蒂夫，坐下，现在不该你干这个了。"

阿利托：我不记得太多细节。但他肯定没提橄榄球的事。不过，他办公室里倒是放着一只橄榄球。他非常亲切、坦诚，只是问了下我的经历，都是些很正常的问题。

拉姆：您自己是如何挑选法官助理的？标准是什么？

阿利托：我找的人主要负责前面提到的两项工作：协助我研讨案情，尤其是疑难法律问题；协助我撰写判决意见。选出那些真正能帮助我进行上述工作的人，并不是一件容易的事。我们会收到大量的申请。遗憾的是，每年我都会拒绝许多人，虽然我相信他们会做得不错。

拉姆：现在，您很快就会有一位新同事，您将不再是资历最浅的成员。您与索托马约尔大法官交谈过么？是否会给这位新任大法官一些经验之谈？

阿利托：我与她简单聊过，有机会的话，我会在她履行最资浅大法官的职责前，向她介绍一些注意事项。布雷耶大法官担任资历最浅大法官的时间有11年，几乎创了这方面最长年限的纪录，他在我履任之初，给过我不少帮助和提示。当然，他也用了很长时间，才适应自己已不是资历最浅的大法官这一事实。我还清楚地记得，我第一次参加内部会议时，正好有人敲门，我提醒自己："有人敲门，起身开门是我的职责。"但是，还没等我站起来，布雷耶大法官已经起身去开门了。首席大法官只好说："斯蒂夫，坐下，现在不该你干这个了。"我做这个工作的时间不长，但如果长时间干下去，可能会和他一样形成条件反射。

拉姆：按照惯例，新任大法官撰写的第一份判决意见，是否是一份全院意见一致的意见？

阿利托：我想，这是最高法院力求实现的目标。至少他们对我是这么做的。我的第一份判决意见就是全院一致的意见。这是个不错的规矩。我还记得，当我的意见提交大家传阅后，陆续收到许多成员的反馈，当然还附有少许修改意见。有人写道："未来可就没这么轻松了。"事实也的确证明了这一点。

我当然知道如何写判决意见。来这儿之前，我已经当了15年上诉法官。我写过上百份判决书，而且都尽己所能，做到最好。但是，当我在这儿写完第一份判决意见，我意识到自己已经是在最高法院工作了，我检查了一遍又一遍，修改了一次又一次。过去还没有一份判决意见在正式提交前，会被我修改那么多次。

拉姆：您撰写的判决意见中，哪些是由您独立完成的，哪些是由助理草拟初稿的？

阿利托：他们通常会替我草拟一份初稿，但最终的定稿与他们最初提交给我的初稿肯定有很大不同。不过，这些初稿往往提供了一些很好的基础观点。我是一个非常挑剔的编辑和作者。所以我会以特定的方式表达观点。

拉姆：谁教您写作的？

阿利托：主要是我父亲。他当过英文老师。我还记得，那时每次写作业，父亲都会要求我反复检查，逐字逐句修改，并教我如何更好地叙事。我现在的写作能力,主要获益于这种严苛的训练。熟练掌握写作技能其实是非常困难的。需要强化训练和"一对一"的指导,是父亲给了我这样的机会。

拉姆:您有没有什么写作习惯?

阿利托:有的。首先是清晰的结构,这可能是最重要的一点。我喜欢所有东西都按部就班,各安其位。我的写作习惯比较老套,每段前面都会有一个主题句。我不会写任何废话,也不喜欢模棱两可的语气。

我父亲曾经说过:"如果你的说法有问题,可能是因为你的想法有问题。"如果思路清晰,行文自然明白通畅。我认为他说得很有道理。

拉姆:您刚才提到,您完成第一份判决意见后,后来就没那么顺利了。如果不是所有人都赞成您的意见,您会怎么办?

阿利托:如果无法达成一致意见,你就必须准备回应异议意见,这里的异议意见措辞可是非常严厉的。他们可不会跟你客套。所以,我必须进一步完善多数意见的观点,有时会被迫加入一些内容。有时候,大家对判决结果没有意见,但对判决理由存在分歧,如果轮到你撰写多数意见,而且想争取到五票、六票甚至七票的支持,有些话你就不能说,有些话你又必须得说。你不能随心所欲,因为你是代表多数方这个群体在写判决意见,不是只代表你自己。

拉姆:如果我没记错的话,您在为首席政府律师雷克斯·李工作期间,参加过12次言词辩论?

阿利托:是,对的。

拉姆:坐在最高法院审判席上的感觉,与站在台下为政府或其他当事人辩论的感觉有何不同？

阿利托：提问比回答可要容易多了。这是最大的区别。当你是法官或大法官时，你能预知自己会说什么，对什么问题感兴趣。但是，当你出庭辩论时，哪怕你想破脑袋，也很难预测到大法官或法官会对什么感兴趣。

拉姆：我阅读过您当年撰写全体一致判决意见那起案件的庭审记录，试图把握大法官们的发问规律。通常好像是新任大法官先发问，然后大家再提问。在您的同事中，有没有这么一个规矩，就是其他人发问前，每个人只有一次发问机会？

阿利托：不，没有这样的规矩。我知道，在九个人组成的审判席上，肯定没有三个人组成的审判席上那么好提问。在上诉法院，律师最后一句话说完之前，我不会用问题打断他的发言。这儿就不一样了，在重要的案件中，如果非得等他把话说完再发问，你根本就不会有提问机会。这个时候，你就得打断他，让他听你发问。

拉姆：如果一位律师请您就如何在庭审中发言提供建议，你会给他什么样的意见，或者说您对律师有什么样的期待？

阿利托：其实每个人都知道最重要的事情是什么，但总免不了在庭审中忘掉。最好的律师知道自己想实现什么样的目标，内心也想好了实现目标的备选路径。他们会根据法官的提问，判断路径 A 是否奏效，如果不行，就赶快换路径 B、路径 C 或者路径 D。他们一点儿也不呆板，非常清楚地知道自己想要什么。经验或技巧不足的律师就不会察言观色，从提问中获取信号，他们的方法过于单一、机械，总是错过各种说服法官的机会。

拉姆：根据您在巡回上诉法院 16 年的经验……

> 如果一个律师忽略法院的不同特点，无视法官们想听到的内容，就开始自说自话，显然是大错特错的。

阿利托：是 15 年。

拉姆：以及您在最高法院三年，三年半的经历……

阿利托：是的。

拉姆：您如何看待言词辩论的重要性？你会在言词辩论之后改主意吗？

阿利托：哦，当然会。但很少是颠覆性的改变，比如一开始打算维持原判，事后就决定推翻了，一般我会重新考虑这个案子该如何判，当然，有时立场还是会发生颠覆性转变的。

言词辩论前，我们会做大量的准备工作。庭审开始前，我会读上百页的诉状、判例和其他材料，对案情已经进行过认真、全面的思考。但我仍然认为言词辩论是有用的，哪怕九个人主意已定，但这毕竟是双方的一次观点交锋。如果有这样一场精彩的辩论，双方律师水平又很高，对于我们最后做决定还是很有参考价值的。起码可以让我的观点更加清晰。

拉姆：作为大法官，您对律师的庭审表现有没有什么好恶——比如他采取的诉讼策略，他发言的音量大小，以及其他细节？

阿利托：面对上诉法院法官发言和面对陪审团的发言其实存在很大区别。在最高法院，很少看到"面向陪审团发言型"的律师，但在上诉法院会有一些。每个法院都有自己的特点。如果一个律师忽略法院的不同特点，无视法官们想听到的内容，就开始自说自话，显然是大错特错的。

在普林斯顿上大学时的阿利托

拉姆：您进入最高法院之前，先后做过助理联邦检察官、首席政府律师助理、副助理司法部长、联邦检察官和上诉法院法官……您在耶鲁时还做过法律评论编辑？

阿利托：是的，我是编辑之一。

拉姆：这些经历当中，哪一项对您后来担任大法官最有助益？

阿利托：这些经历对我都有帮助。但在首席政府律师办公室的经历与现在的工作联系最为直接。对我来说，这是一段非常珍贵的经历，我学到了很多东西。

拉姆：可以解释一下么，首席政府律师都负责什么事务？

阿利托：首席政府律师处理联邦政府在最高法院的所有诉讼事务，同时也代表联邦下级法院提起上诉。在那里工作期间,我有机会熟悉这里的案子,而且参加过 12 次言词辩论,这些都能学到很多东西。

拉姆:您在普林斯顿毕业纪念册上写过一段话,可以谈谈么?您当时说,希望以后能"到最高法院审判席上坐坐"。

阿利托:我的确写过这段话。不过这只是一个玩笑罢了。这就好比说自己梦想成为"超级碗"赛场上的四分卫,或者棒球"世界杯"里的最佳投手。这只是一个梦想,但我没想到它有一天会变成现实。

拉姆:您什么时候意识到自己面临一个好机会,有可能进入最高法院?

阿利托:我意识到自己有可能进入最高法院——当时还不能说是一个好机会——是在 2001 年,当时我接到电话,说要到白宫接受一次面试。之后,我知道他们当时面试了很多人,但至少我在名单之内。

拉姆:从首次接受面试,到向公众公开对您的提名,中间经过多久?

阿利托:经过了很长时间,2001 年被面试后,他们也可能放弃我这个人选。直到 2005 年,我才接受第二次面试。

拉姆:这个过程很煎熬么?您知道他们对您很感兴趣么?

阿利托:知道。不过,我告诉自己,这事虽然有戏,但可能性不大,而且,我热爱自己在上诉法院的工作,就算最后没成,我也可以继续享受我所钟爱的职业。如果有什么进展,那当然最好了,但我不想让自己一直处于患得患失的状态。

拉姆：您是 2006 年 1 月进入最高法院的，如今，三年半已经过去。您用了多长时间习惯这里的工作？

阿利托：我很快就适应了。我花了一段时间学习最高法院的规则，我必须熟悉最高法院的内部规程，里面充斥着各种细节。我还得学会与八个人磨合，在上诉法院时期，你只用与三法官合议庭的另外两个人磨合就够了。另外，我还得适应最高法院受理案件的方式。在这里，最高法院在受理什么样的案件上，几乎有完全的自主权。我们可以选择自己想审的案子。只有极少数案件，法律规定必须由我们进行上诉审，但绝大多数案件都是我们自己挑选的。不过，在上诉法院，情况就完全相反了。几乎所有的案件，当事人都享有法定上诉权，法院的筛选余地非常小。所以我得花点儿时间习惯这些。

对我来说，每一年都能学到不少新东西。我已经做了 19 年法官，打算"活到老，学到老"。

拉姆：上诉法院法官与最高法院大法官主要有什么不同？

阿利托：最大的不同当然是受理的案件——案件的数量、类型，都有所不同。上诉法院的案件量很大，每位法官每年审理的案子接近 300 件。有的上诉法院每年要审理 500 起案件。在最高法院，我们每年审理 80 个案子。但是这些案子都非常棘手。上诉法院的案子种类各异，繁简不同。这里的案子则往往集中于一个疑难法律问题……当然，这也是我们受理的原因。

拉姆：现在，您已经在最高法院工作，那您与其他人的人际关系是否会有变化？在他们眼里，您在这里都做些什么呢？

阿利托：我没觉得人际关系有什么太大变化。当然，我现在不能像过去那样,经常与我在上诉法院的老同事们见面了,因为我的工作地点已经从新泽西转移到了华盛顿。但我并不认为自己与熟人的关系有什么变化。多数人对我们的工作内容都很了解,虽然有些人对某些方面并不满意。

拉姆:最高法院在美国社会主要起什么作用?

阿利托:我见到的最简单的答案——当然也是最准确的——应该在最高法院官方网站上,上面罗列了一些常见问题的答案。其中一个问题是:"最高法院的主要职能是什么?"如果我记得没错的话,答案非常精炼:解释与适用美国宪法和法律。美国人民相信我们能够公正、客观地解释与适用法律。这也是我们的神圣职责。

拉姆:谈谈这座大楼吧。它在您心目中是何地位?它能够代表美国最高法院的地位么?

阿利托:当然。这是一座伟大的建筑。我们都受惠于塔夫脱首席大法官,他的画像就挂在你身后。他当首席大法官前担任过总统,按照我的理解,他是政府为最高法院专门修建这座大楼的重要推动力量。对普通游客、出庭律师和旁听群众来说,这座大楼都能给人留下深刻印象,对我也是如此。

我有两种体验这座大楼的方式。多数情况下,它只是我工作的地方。我平时开车去上班,一般会直接把车开进地库,这时的体验和在别处没什么不同。但是,我经常晚上回家,这时楼内比较空旷,我会穿过大厅,走向电梯。这时,我会油然而生一种责任感,感受到我们所做的工作的重要性。几乎每次穿过大厅,都会有这样的感受。

拉姆:这份工作和您之前预想的有什么不同?

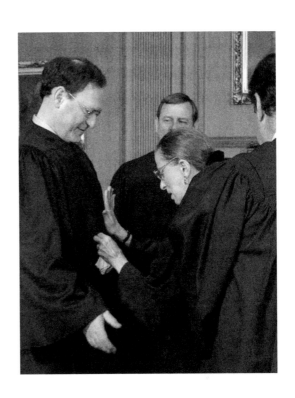

金斯伯格大法官为阿利托大法官整理法袍

阿利托：他比我在上诉法院时的工作受到更多关注。这是我当时没想到的。我们不像政客，虽然我们也会讨论、磋商，但整个过程不会暴露在公众面前，不过，我们的所作所为，还是比我之前的岗位受到更多关注。

拉姆：许多人提到最高法院，总会将内部争议描述为左右之争、保守派与自由派之争，或者共和党与民主党之争，事实是否如此呢？

阿利托：不存在什么共和党与民主党之争。许多案子也不包含所谓保守派与自由派的争议。我想，公众和媒体通常只关注那些存在重大争议的案件，但那只是我们审理的案件中的一部分。我们手里的大多数案件，都不涉及对宪法的解释，也与热点话题无关。许多情况下，即使最高法院存在分歧，多数方阵营与异议方阵营的组合也未必像大家想象的，完全以你前面提到的派别划界。

拉姆：关于外界对最高法院的描述，您有什么忌讳吗？

阿利托：刚才提到的那些党派之争就是。这虽然是可以理解的，但人们确实不够了解我们的工作。不幸的是，许多人以为我们才是制定规则的人。我和许多学生团体，包括大学生、高中生、小学生和初中生交流过。他们通常会问许多问题。高中生经常问我："这个事情您怎么看？"或"那个事情您怎么看？"他们会问到许多争议性话题，好像我们就是做这些工作的。我觉得，大家常常把我们的职能与民选出来的政府机构弄混了。

拉姆：阿利托大法官，谢谢您抽空接受我们的采访。

阿利托：谢谢。

索尼娅·索托马约尔

这里肯定没有公众想象的那么轻松

索尼娅·索托马约尔大法官

1954年出生于纽约市布朗克斯区,是美国第一位拉美裔大法官,第三位女性大法官。索托马约尔8岁患糖尿病,9岁丧父,家境贫寒,由母亲抚养长大,但她天性乐观,自强不息,先后毕业于普林斯顿大学和耶鲁大学法学院,曾担任《耶鲁法学杂志》编辑。

1979年至1984年,索托马约尔在纽约市曼哈顿地区检察署任助理检察官。1984年,她加入纽约一家以商事业务为主的律师事务所,主要负责诉讼与国际商事案件。1991年,老布什总统任命她出任纽约南区联邦法院法官。她因成功处理"棒球罢工案"而名声大振,被誉为"棒球赛的大救星"。1998年,她被比尔·克林顿总统任命为联邦第二巡回上诉法院法官。2009年,戴维·苏特大法官退休后,奥巴马总统提名索托马约尔出任最高法院大法官。她也是当今最高法院唯一一位同时有过律师、检察官、地区法院法官、上诉法院法官经历的人。

主要著作:*My Beloved World*(2013年)。

2009年9月16日,索托马约尔大法官在宣誓就职后,接受了C-SPAN主持人苏珊·斯温的采访。

斯温:奥康纳大法官入职二十多年后,仍对自己第一次出庭时的细节记忆犹新,给我们讲述了当天在法庭内发生的不少往事。您也刚刚坐上最高法院的审判席,是否留下了深刻印象?

索托马约尔:我缓缓坐下,环顾法庭内所有人的那一瞬间,的确会是日后记忆中最为深刻的片段。你看,我熟识的律师正坐在对面,为即将开始的辩论做准备。看着他们每个人脸上紧张的神情,我差点忘了人们有多么相信——相信和知道——最高法院的判决将对他们造成的影响。当你看到听众们期盼的眼神,大致能判断出他们在关心什么,甚至知道其中一些人的立场,因为一些当事人就坐在台下。我几乎忘了,此时此刻对人们有多重要,**因为当你坐在办公室阅读诉状时,虽然知道他们试图传达给你的想法,但当你真正与他们面对面时,才会更加意识到自己肩头责任的重大。**

另一种感受是什么呢?绝对是恐惧感。你不知道和八位同事坐在一起审案会是什么样子。在巡回法院时,我虽然参加过由全体法官出庭的"满席听审",但在最高法院审理案件,听着同事们纷纷向律师提问,还是会让你感觉自己有些卑微,完全不像原来想象的那么重要。

所以,是的,就像奥康纳大法官一样,我会永远记住那一天。

斯温:您当时应该意识到,法庭里的人都在期待您的第一次提问吧?

索托马约尔:是的。有意思的是,虽然我事先准备了几个问题,不过除了后来问的那两个外,别的之前都被其他大法官问过了。我后来意识到,之所以不清楚第一个问题该问什么,是因为我不了解我同事们的提问思路,以及他们可能预留给我发问的内容。所以,我最终提的问题,几乎都是中间的插话。

索托马约尔大法官宣誓就职当天,从左至右依次是:索托马约尔;新任大法官的兄弟、母亲;首席大法官约翰·罗伯茨。

斯温:那种感觉自然吗?您会不会暗地里对自己说,"好的,现在轮到我发问了"?

索托马约尔:了解我的人都知道,我对庭审的态度很认真,从不故弄玄虚。我的每个问题都有针对性,要么是为澄清疑问,要么是为理清思路。我从来不为提问而提问。

斯温:最近一周感觉如何?您出席了就职仪式,家人特地赶来参加,媒体也对您进行了铺天盖地的报道,这一切您都习惯吗?

索托马约尔:我的灵魂这会儿还没回到身体里,还在此地某个地方神游,俯视这一切说:"哇,这真的发生在我身上吗?"这就是我的感受。

> 就职典礼中最具象征意义的时刻是什么？我认为，是我坐上马歇尔大法官坐过的席位，将手放在哈伦大法官抚过的圣经上宣誓的那一刻。历史仿佛从我脑海里闪过。

有一个问题，你可能不会去问，那就是，就职典礼中最具象征意义的时刻是什么？我认为，是我坐上马歇尔大法官坐过的席位，将手放在哈伦大法官抚过的圣经上宣誓的那一刻。历史仿佛从我脑海里闪过。我想，此时此刻，没人敢保证自己一定能胜任这份工作，包括我本人。整个过程庄严肃穆，意味深长，又让人感觉如履薄冰，战战兢兢。总之，很难描述当时的情绪起伏。

斯温：请描述一下，在您心目中，最高法院在当今社会扮演什么角色？

索托马约尔：让我惊讶、赞叹，进而对我们国家有信心的是，原来广大人民是那么信任最高法院。尽管有些判决会受到置疑，但我始终认为，美国人民都相信九位大法官作出判决时，会依据法律，全力探求公正的答案——这里的公正，是指对法律进行公正的解释。对我来说，这就是我们作为政府三大分支之一，所扮演的最为重要的角色。公众对待最高法院的态度可能是："哦，他们的立场比较客观，因为这些法官不属于任何党派，也不归行政长官管辖，他们会秉持中立态度，客观地解决任何纷争。"我想，这也是制宪先贤们创设最高法院的目的所在。

斯温：同时，从职能上说，这里也是最终上诉法院。

索托马约尔：是的，非常正确。

斯温：这或许是对您的任命宣布以来，您首次接受电视采访。如果您不介意的话，可以谈谈自己接到总统电话的经过吗？

索托马约尔：之前那个周末，已经有人告诉我，总统会在周一某个时候作决定。所以，那天上午，我从早上八点开始，就坐在办公室等电话。但我接到的电话都是家人打来的，基本都是问我情况如何，几乎每小时问一次。我每次都回答："不知道。"到下午两点，有人通知我家人尽快出发去机场。他们越来越焦虑，不知道该不该去，而我的回答始终是："不知道。"

最后，下午五点左右，他们到机场了，仍然打电话问我是否该上飞机。我回答说："我还是不知道。如果他们没告诉你们不用去，你们就登机吧。"我兄弟在巴尔的摩给我打电话。他必须在那儿中转，然后乘大巴到华盛顿。他问："我还用去吗？"我说："如果没人拦你，就快点儿过来。"

快到晚上七点了，我只好给白宫打电话："你们让我全家都去华盛顿，那我是不是也得去呢？"他们想了想，然后说："哦，我想我们得解决这个问题，是吧？"真的，他们的确是这么回答的。随后，他们告诉我，总统因为有要事在身，只能在晚上八点左右给我打电话，希望我先回家收拾行李，准备去华盛顿。但是，他们希望我不要坐飞机。

于是我匆匆离开办公室，回到家，把行李箱往床上一扔。我的助手特丽莎随我到家，我俩一起收拾行李。我给一位朋友打了电话，请他开车送我去华盛顿。晚上八点十分，我的手机响了，白宫总机告诉我总统在线上。

斯温：那时您是不是已经在路上了？

索托马约尔：没有，我还在家收拾呢。我当时站在阳台门前，右手拿着手机，左手摁住胸口，尽量平复自己的激动心情，这可一点儿也不夸张。**总统在电话里对我说："法官，我会对外宣布，选择你为最高法院下一位联席大法官的人选。"我告诉他——其实是屏住呼吸，流着泪说："谢谢你，总统先生。"** 这就是当时的情形。

斯温：然后呢？

奥巴马总统与索托马约尔大法官

索托马约尔：他请我答应做到两件事：一是尽量低调，二是继续忠于我所属的社群。我对他说，两件事都不难做到，因为我从没打算改变这些。他随后说，明早见。然后我们第二天就见面了。

斯温：您确实是乘汽车去的吗？旅途感觉如何？

索托马约尔：是的，感觉很快就到了，多半是因为我一直在思考第二天说什么。他们让我预先准备个发言稿，我提前拟了一个初稿，一路在琢磨如何改稿子。

斯温：从纽约到华盛顿大概需要四个多小时。

索托马约尔：我们花的时间要更长一些,因为路上下起了瓢泼大雨,卫星导航仪无法使用,所以迷路了,稀里糊涂就开到了弗吉尼亚。我一路都在低头改讲稿,突然抬起头,发现走错了路,就对朋友说:"汤姆,这不是去华盛顿的路,你越开越远,最好赶快停车。"于是我们停在路边。我给另一位朋友打电话,请他上网查查,看我们怎么回到正确的路上。我的一位法官助理已经驾车到了华盛顿,他用电话指路,最终指引我们开到了酒店。

所以,这可真是非常忙碌的五个半小时,将近六个小时。又是下雨,又是迷路,真是不平凡的一天。

斯温：的确如此,而且您也没怎么睡觉吧?

索托马约尔：是的,我们凌晨两点半才到华盛顿。我花了一个小时预演,练习如何演讲。睡前我做的最后一件事,就是再读一遍,确保自己记得住。我睡了三个小时,起床后第一件事就是脱稿讲了一遍。当我发现问题不大时,感慨说:"搞定了。"然后就去洗澡、换衣服。

斯温：您刚才提到了法官助理,能谈谈您出任大法官后,一开始是如何挑选助理的吗?

索托马约尔：我在第二巡回上诉法院有位同事,与我情同手足,他负责帮我挑选。对我的提名宣布后,我收到许多应征助理的申请,但是,因为还在走程序,一切还未确定,这时候就开始选助理,恐怕会惹争议。所以,我委托那位同事帮我审查申请,选出他认为适合我的人。选择标准有二:够聪明,人善良。这个人必须机敏、善良、有同情心。

斯温：他怎么选的呢?

索托马约尔：他挑出了一百个人,其中有四个人是我非常喜欢的。确认听证会结束后，我马上面试了他们。之后，我几乎已决定录用他们。宣誓就职当天，我就给他们打了电话。其中两个从那个周一就开始工作了，另两位是之后过来的。

斯温： 据我了解，您是历史上为数不多的在联邦三级法院都工作过的大法官之一，这意味着您经历过三次提名和确认程序。从您的角度看，这样的听证，对当下社会有何意义呢？

索托马约尔： 有趣的是，在听证会之前几个月，我在耶鲁大学法学院"联邦党人协会"主持过一次研讨会，与会的除了几位教授，还有一些亲身参与过法官提名和确认程序的人。大家对听证会的作用看法不一，并提出了公允的批评。我对研讨会参与者们提的最后一个问题是："好吧，如果不按现行做法做，我们该怎么办呢？"现在回想起来，除了一个人提出了颠覆性意见，其他人只建议对程序加以改进。

一位研讨者指出，现在的**提名程序和确认听证会的目的，是为了让广大美国人民认识、了解一位可能成为大法官的人**。因为一旦人选确定，绝大多数美国人在这位大法官离任前，很可能再没有机会听他讲话，或者了解他的任何情况了，因此，这也是美国人民的一次机会。我认为他说的对。这或许是确认听证会最重要的目的。

当然，三天的质询，并不足以让大家了解一位未来的法官，人们必须认真审视他的工作情况，这样才能更清楚地说明他是什么样的人，是怎么想的，到底会怎么做。

尽管无法通过听证会全面了解一个人，但我认为这三天，你对他是个什么样的人，还是能有一定了解。所以听证会还是很有价值的。

斯温： 白宫发布的数据显示，您拜会了八十九位联邦参议员。

索托马约尔： 九十二位。因为我在听证会后，又拜会了三位参议员。听证会之前是八十九位。

斯温：当时的感觉如何？这么做的必要性何在？现在回想起来，投入这些时间值得吗？

索托马约尔：我想我是第一个和这么多参议员会面的大法官，也可能不是唯一的一个，但在最近上任的大法官当中，我肯定是第一个。至于是否确有必要，我觉得很难回答。但是，这么做的确是有用的。我与许多参议员都进行了很有意义的交谈，我认为这很重要，就像让美国人民了解潜在的候选人一样。借用某位参议员的说法，大家私下谈谈、随便聊聊，还是很有帮助的。

不过，说是"随便聊聊"，但有很多话题是他们很想聊，而我却不能回应的，具体原因我已在听证会上做了解释。轻易就时事发表个人看法，是非常不妥当的，也不是我的风格。我在听证会上说过，我的定案依据，通常是双方提交的论据、宪法或法律的规定，以及既往先例的立场。

不过，非正式的私人会面，为他们和我都提供了一个交流的机会。我认为，在人们做决定的过程中，交流还是很重要的。

斯温：您觉得这些会面改变了一些人的看法吗？

索托马约尔：是的。我很开心，有六张选票是意料之外的。

斯温：您刚才提到，确认环节是公众认识一位未来大法官的好机会，一旦他宣誓就任，大家就很难了解到他。您会继续坚持让公众了解您，并推动大家认识法院的功能吗，比如参加前面提到的那类研讨会？

索托马约尔：是的。总统向我提出的要求之一，就是继续忠于自己的社群。"社群"一词其实很难定义，它是指所有对法院系统感兴趣的人。我认为,大法官有必要帮助人们更好地理解我们的制度。如果不与民众交流,这一点很难实现。所以,我非常期待自己能像以前那样,继续参加各类活动,而且现在恐怕要参加的更多。我说"恐怕",是因为我最近收到的邀请函数量的确与日俱增,我现在拥有了更广泛的听众。

斯温:您打算定居华盛顿,还是继续住在纽约呢?

索托马约尔:考虑到现在市场这么低迷,卖掉我在纽约的房子是不明智的。所以,我会保留纽约的房子。我会像其他许多人一样,在纽约和华盛顿各安一个家。

斯温:通过确认听证会,美国人民确实对您的生平有了更多了解。目前是否有人邀请您写回忆录呢?关于您过去的生活经历?

索托马约尔:有很多人找过我。

斯温:您打算写吗?

索托马约尔:最终会写的。

斯温:在采访过程中,许多大法官告诉我们,自己要花上好几年时间,才能逐步适应最高法院的工作。鉴于您在联邦法院已经有过许多年的任职经历,您预计自己是否也会用上好几年才能适应这里的工作?

索托马约尔:是的。

斯温:为什么?

> **刚担任联邦地区法院法官时，我曾经认为，没有任何一个职业能像法官一样，从一开始就给人带来那么多焦虑。**

索托马约尔：刚担任联邦地区法院法官时，我曾经认为，没有任何一个职业能像法官一样，从一开始就给人带来那么多焦虑。有那么多新领域要接触，新知识要掌握，你必须竭尽所能，获取新知。履任第一年，我就在一次演讲中说："一年终了，我总算意识到为什么思考也是体力活了。"有时候，我一天的工作就是应付各种会议和庭审，处理25到30个不同诉讼领域的争议事项。是的，25到30个，有时甚至是60到100个不同的法律问题等待裁决。

在上述过程中，我不会头疼，但大脑会很难受。就好像大脑的肌肉被拉伸到了极限，每被迫吸收一项信息，它就跳着疼。我想我不会再有这样的经历了，每一种新类型的案件，都迫使你努力学习新知。就在上个月，当我审查复审令申请时，还发现有些案子发生在我完全不熟悉的法律领域。作为一名前巡回上诉法院法官，我还以为自己见识过所有领域内的争议了，但实际上却并非如此。在最高法院，我需要了解的法律新领域和诉讼新程序实在太多了。所以我认为，自己得用好几年时间，才能逐渐适应这里的工作。

斯温：在此过程中，有没有其他前辈向您提供帮助？

索托马约尔：所有的大法官。我所有的同事都十分热情、友善，每个人都给过我建议，都欢迎我有问题时给他们打电话。很难说谁的帮助更加特别。事实上，我总遇到各种各样的新问题，当我在大厅里遇见他们时，就会虚心求教。每个人都会慷慨相助，花上许多时间解答我的任何疑问。

斯温：您认为自己以后的工作量与在上诉法院时相比，会变大还是变小？

索托马约尔：我在上诉法院时，发现大多数地区法院法官对上诉法院法官的工作量一无所知。而最高法院外的多数人则对这里的工作负担知之甚少。光审查逐年递增的复审申请，就要花去大量时间。当然，到现在为止，我只处理过一起案件，即便如此，光阅读各方提交的诉状和"法庭之友"意见书也花去了我大量时间。我刚到最高法院，还没有足够的体验，比较工作量大小还为时尚早，但我认为，这里肯定没有公众想象的那么轻松。

斯温：在撰写判决意见过程中，您的同事对您有什么样的期盼呢？

索托马约尔：我撰写的每份判决意见初稿，都欢迎同事们提出他们的看法，当然，我也会与他们分享自己的观点，确保每份意见都能回应各方当事人的论点。所以，他们应该期待我能够与大家有效互动，既能虚心纳谏，把大家的观点融入书面意见，又可以开诚布公，与他们分享自己的看法。

斯温：您喜欢在办公室工作，还是觉得在自己家里工作更好呢？

索托马约尔：在办公室更好。我的初稿都是在电脑上写出来的，在办公室里，什么都近在咫尺。我喜欢与助理们交流想法，偶尔会跑到他们面前，问道："这个主意怎么样？"然后向他们解释我的想法。不过我确实喜欢在办公桌前工作。

斯温：您现在已经参加过一次内部会议，而且肯定是一次比较简短的会议。您有什么具体感受？

索托马约尔：最高法院要求每位大法官都依序发言的做法很棒。所有大法官在投票时，对相关案情和判决理由都已经过深思熟虑。

> 正是传统，在一个更宏大的时空里指引着我们，提醒我们所扮演的不只是个人角色，而是带有制度重要性的角色。

斯温：现在，作为资历最浅的大法官，在讨论案件时，您将是最后一个发言的人。您打算如何将这些转化成您的优势呢？

索托马约尔：我还没考虑好。我的感觉是，如果你事前计划得太周密，反而更容易出纰漏。我做律师时，别人总提醒我必须事先考虑好每一个步骤和细节，但是，最好的律师其实是那些能够随机应变，在正确时间做正确决策的人。我后来审理案件时，就坚持按这种方式处理各项任务。

斯温：人们很关注资历最浅的大法官的作用，比如您在法院坐在哪个位置，与之相关的传统又是什么？为什么传统对这样一个机构很重要？

索托马约尔：为什么传统对于家庭很重要呢？我经常思考这个问题，因为传统对我来说很重要，比如，我在节假日做些什么，和谁一起过，每个人都做什么。正是传统，在一个更宏大的时空里指引着我们，提醒我们所扮演的不只是个人角色，而是带有制度重要性的角色，而这一制度的重要性要大过我们自己。我想这就是传统的重要作用。所以，**你坐在哪里，按什么顺序坐，如何投票，所有这些传统，所有这些做法，都在提醒我们制度的重要性，而不是个人的重要性**。我热爱传统，因为它们界定着我们的历史，也让我们有历史留给后人。也是它让我们作为一个国家走过了两百多年。你知道任何形式的政府能像我们这样平稳地存续这么久，在人类历史上是罕见的。

斯温：根据您对最高法院历史的研究，您是否受到某位大法官的激励，并打算在工作中效仿这位大法官？

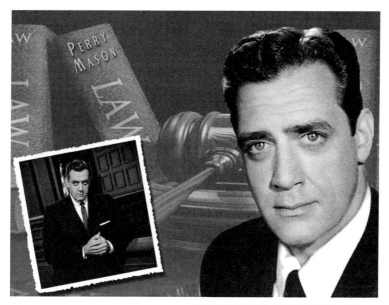

曾经风靡全美的法庭剧《佩里·梅森》

索托马约尔：有人认为，当你选择一位大法官时，你就选择了一种司法理念，一种裁判方法论。这样的说法比较危险，因为最高法院的历史，并不是某位大法官的历史。**最高法院的历史，是由每位大法官的思想理念、写作风格、思维方式、裁判方法汇聚而成的，每位大法官都做出过有价值的贡献，但没有一位大法官能够代表最高法院整体**。我想，这也是这个法院的魅力所在，由九位大法官，而不是三位法官作出判决的魅力所在。所以，我不会选出某位大法官，作为最高法院的历史的代表。我希望自己能够借鉴前人的整体工作，所有人在处理新案子时，都会借鉴前人的做法。

斯温：您曾经说过，在当代文化里，对年轻人来说，类似佩里·梅森这样

索尼娅·索托马约尔

少女时代的索托马约尔

的人物,在指引未来职业方向时很重要。[1] 您想对未来从事法律职业的美国年轻人说些什么呢?

索托马约尔:没想到你会问这个问题,不过我能对年轻人说的是,面临择业时,最好选择那些能让你乐在其中的职业。这听起来简单,其实非常非

---

〔1〕 佩里·梅森:索托马约尔少女时代就特别迷恋法庭剧,最喜欢以传奇律师佩里·梅森为主人公的电视剧《佩里·梅森》(*Perry Mason*)。该剧从 1957 年一直播到 1966 年,影响了好几代美国人,佩里·梅森也取代许多真实人物,成为美国人心目中的正义化身。2009 年 7 月进行的新任大法官候选人确认听证会上,共和党参议员对索托马约尔百般刁难,民主党参议员阿尔·弗兰肯为了缓和气氛,问了索托马约尔一个轻松搞怪的问题:"你知道佩里·梅森唯一输给伯格的案子是什么吗?"伯格是剧中一位地区检察官,也是佩里·梅森在法庭上的死对头。有趣的是,索托马约尔居然被这个问题问住了,只好岔开话题,说伯格也是自己当年的偶像,因为后者曾说过一句名言:"如果正义得以伸张,本人输亦无憾。"参议院这一幕,自然勾起公众的好奇心,一时间,各大网络论坛上都有人问:"到底佩里·梅森输掉了哪场官司?"最后,还是 TV. com 网站揭晓了谜底:在 1963 年播出的《致命裁决》(*The Deadly Verdict*)一集中,佩里·梅森的当事人因谋杀罪被判了死刑。

常困难。如果你喜欢手工劳动,那就去找一个能让你有发挥空间的职业,那会给你带来快乐。如果你喜欢解谜或推理,或许可以去从事计算机编程,因为它每天都能给你带来片刻快乐。

如果你喜欢解决问题,而且愿意通过阅读,找出解决问题的方法,那你可能愿意做一名律师。因为做律师的话,前面两个条件都能满足。你可以坐在一间屋子里,通过谈话帮助人们拟定计划,解决问题。你也可以成为一名像我这样的法官,阅读他们的疑问,倾听他们的问题,然后从书本中寻找答案。不过我给大多数年轻人的建议是,法律会让你介入每个人的生活,因为法律影响到我们社会的方方面面。作为一名律师或法官,你能够了解其他人在做什么,能帮助他们弄清楚如何做得更好,因为我们可以帮助他们解决问题。对我来说,这就是法律的魅力所在。我能够审理涉及社会方方面面问题的案件。作为一名法官,我没有解决那些问题的发言权,因为那是由法律决定的,不过我在确定他们争议的过程中能够起一定作用。所以我会告诉年轻人,如果你想要从事法律职业,就得想清楚干这一行能不能给你带来快乐。如果能,那就追寻你心中的梦想吧。

斯温:感谢您抽出时间接受我们的采访。

索托马约尔:谢谢。

艾琳娜·卡根

穿上法袍,你就不再是平时的你

艾琳娜·卡根大法官

美国第四位女性大法官，也是唯一一位没有下级法院法官经历的在任大法官。卡根 1960 年 4 月出生于纽约市，先后在普林斯顿大学、牛津大学和哈佛大学求学。1986 年自哈佛大学法学院毕业后，她担任过最高法院首位黑人大法官瑟古德·马歇尔的法官助理。

1989 年至 1991 年间，艾琳娜·卡根在华盛顿特区从事律师工作，之后转赴芝加哥大学任教。1995 年至 1999 年间，她先后担任过比尔·克林顿总统的法律顾问，总统国内政策副助理和国内政策委员会副主任。1999 年，她开始在哈佛大学法学院执教，并于 2003 年出任该院第 11 任院长。

2009 年 1 月，奥巴马总统提名卡根出任美国第 45 位首席政府律师。之后一年间，卡根多次代表联邦政府在最高法院出庭。2010 年，约翰·保罗·斯蒂文斯大法官退休后，奥巴马总统提名卡根出任最高法院大法官。

2010年11月22日,C-SPAN主持人苏珊·斯温在卡根大法官的办公室采访了她。

斯温: 卡根大法官,感谢您接受这次采访。今天的访谈,我想以这个话题开始。诺亚·费尔德曼最近在电子杂志"石板书"(*Slate*)上写了一篇文章。不知道为什么,其中有句话令我很有共鸣。他说:"被提名人一旦实现所有法律人孜孜以求的梦想,成功进入最高法院,下一个目标就是努力成为一位伟大的大法官。"我们的采访,也想就此话题展开。第一个问题与"所有法律人孜孜以求的梦想"有关。请谈谈您最初是如何打算成为一名法律人的?

卡根: 嗯,我想我是误打误撞进入法律圈的。我当法学院院长时,常对人说:"千万不要因为觉得无所事事,就跑到法学院学习。"其实,这恰恰是我上法学院的原因,因为我那时的确不知道自己以后到底想干什么。我当时相信,就算选择学习法律,以后也有更多选择机会,获得法律学位后,还可以选择从事任何工作。刚到法学院学习时,我根本不打算以后继续从事法律工作,但是我想,拿个法律学位又有什么不好,于是就考了法学院,然后就爱上了法律。这种热爱,在我过去的求学经历中从来不曾有过。

我向来是好学生,但从没有对一个学科有过这样的热情。我喜欢思考法律问题,觉得这些问题既是一种智力挑战,又能够影响现实生活。思考并解决这些问题,可以让世界变得更美好,让人们过得更幸福。

总之,我认为法律是一门充满无尽乐趣和挑战的事业。我虽然无意间学习了法律,但很庆幸自己的选择,并且乐在其中。

斯温: 现在谈谈"成为一位伟大的大法官"的话题,您的职业生涯始终与最高法院息息相关。您认为什么样的人才算一位伟大的最高法院大法官?

卡根：在我看来，伟大的人各有不同的表现方式。有些大法官因过人的智慧而伟大。他们懂得如何以符合法律规定和立法意图的方式，将法律灵活适用于他们所处的时代。还有一些大法官能够准确、务实地洞悉法律在当下社会中的脉动，清楚法律在现实中如何运作。我现在能想到的最符合这一标准的大法官是罗伯特·杰克逊。[1] 还有一些大法官因拥有如花妙笔而伟大，他们的判词富于雄辩、气势恢宏、令人信服。这也是人们觉得霍姆斯大法官伟大的关键原因。

所以，我认为，人们的衡量标准各有不同，伟大的大法官也各有其闪光点，我能否符合其中某些标准，只能留待时间检验，而且，一个大法官是否伟大，取决于旁观者们的评价。

斯温：您是唯一一位缺乏在下级法院任职经历的大法官。对您来说，这种经历的优势和劣势分别是什么呢？

卡根：嗯，我想这也应该由别人来评价。的确，就某些方面而言，我显得有点儿经验不足，但从另一些方面看，我也有一些其他同事欠缺的经验，我希望最高法院这个整体，至少因为我的加入而变得更加丰富、多元。毕竟，最高法院没必要要求九个成员都当过法官。最高法院应该由那些拥有不同经历和背景的人组成，他们会给工作带来一些不同视角。当然，对我来说，要学习的东西太多了。

这里有很多事情是我从未面对和尝试的。但是，也正因为如此，这份工作才更加有趣和刺激。我也希望能将自己过去的经历和潜能运用到全新的工作中。

斯温：您履任已有六周，能不能跟我们聊聊您对工作的适应情况，以及头两个月的感受？

---

[1] 罗伯特·杰克逊(1892—1954)，曾任联邦司法部长(1940—1941)，1941年至1954年任联邦最高法院大法官，其间曾在纽伦堡国际军事法庭任检察官。

卡根：感觉就像用消防水管吸水喝，总有新鲜和陌生的事物出现，要学的东西太多，内容跨度也很大，有时恨不得是一百八十度的大转弯。但是，大家也给予我很大帮助。所有的同事都很棒，待人热情、亲切。而且，我过去的工作经历也起到一定帮助作用。作为前首席政府律师，我可以从另一个角度——律师的角度，而不是法官的角度——来看待最高法院及其运转情况。我熟悉最高法院的规矩和程序，了解现在的同事们，清楚他们提问的风格和兴趣点。尽管时常手忙脚乱，但新鲜、刺激的事物却层出不穷。

斯温：有没有发现您现在比当首席政府律师时更受公众关注？

卡根：的确如此。我当首席政府律师时，就算走在大街上，也没人认识我。或许因为在大法官确认听证会期间，我的照片在媒体和电视上频繁曝光，所以走在街上常被人认出来，特别是在华盛顿特区，出了特区倒不一定。

不过，街上的人们对我特别友善、亲切，很多人会冲我大声说："祝贺你！"或者"姑娘，加油啊！"之类的话。这种关注是过去没有过的。

但我还是认为，随着时间一天天、一周周过去，我在报纸上出现的频率会越来越低，照片数量会越来越少，再过一阵子，我可能又得重回过去那种默默无名的状态，具体情况如何，得到时候再看。不过，人们的友好态度，的确令我难以置信。

斯温：让我们拭目以待吧。有趣的是，我在准备这次采访时，看到一个关于最高法院的博客上说，有人发现您某天晚上穿着牛仔裤订⋯⋯

卡根：订比萨。哇，我就是出去订个比萨，为什么还有人那么感兴趣呢？既然是去买比萨，穿牛仔裤和运动鞋也正常。

斯温：人们评价说，过去，大法官常常躲在最高法院大楼内深居简出，但是，现在到处都有摄像头，每个人都可能把自己的见闻写到博客上，所以很容易知道大法官们在干什么。

卡根：是的，的确很容易被人看到。其实，人们谈论最高法院是件好事，有利于大家认识到最高法院在当今社会中的重要作用。虽然有些事情会让人略感不适，但总体来说是好事，毕竟能让大家意识到这个机构的重要性。

斯温：既然聊到这里，我想问一个更宏大的问题：您怎么看法院在当下社会中的角色？

卡根：法律的守护者，当然也是宪法的守护者。最高法院处理的通常是宪法事务，偶尔也涉及国会其他立法。我们的工作就是解释法律，确保法律得到统一适用。这一点与政治机构的角色，如总统和国会的角色有根本的不同。在这个位置上，你不用竭力就广大美国人关注的议题或民意热点表态。

我们的工作就是研究法律，弄清法律含义，并把它们适用到现实当中。这不是个容易的差事，经常会遇到棘手难题。在此过程中，大法官之间也可能存在不同意见，甚至是强烈分歧。但大家的工作内容是一致的，那就是：研究宪法和法律，弄清具体含义，确保其有效实施。

斯温：关于庭审，每个人都很想知道您是在什么时候提的第一个问题？那个问题是什么？我们对您第一次参加言词辩论的感受也很感兴趣，您是事先预备好了问题，还是灵光一闪，临时加入讨论的？可以谈谈当时的情况吗？

卡根：这方面我其实没什么压力。我参审的第一个案子是一起破产案。事前我就知道不会有太多人关注，事实上也的确没有。那是一件比较复杂的破产案，我尽可能充分准备，理清思路。

庭前准备时，我就在思考哪些问题比较重要，哪些问题没弄明白，哪些又是我不了解的,但律师对这些问题的回答,可能会影响我对这起案件的看法。

准备庭审时,我会列一个问题清单,收录一些令我困惑或者我想知道答案的问题。每次出庭前,我都会梳理出一些这样的问题。其他同事经常在我前面问出那个问题。我当然不会重复他们的提问,但会透过他们的问题,判断他们具体在关注什么。尽管开庭时,我已拟好了一系列问题,但我仍会认真倾听,思考我该问什么问题,哪些问题比较重要,而且是有意义的问题。

斯温:您似乎打算做一位活跃的提问者。

卡根:嗯,我想现在大多数大法官都是活跃的提问者。这也是现在的最高法院了不起的地方之一。20世纪80年代中后期,我还在最高法院当助理,那时的大法官不太喜欢说话,所谓"活跃的审判席"其实一点儿也不活跃,许多大法官从不提问,即便发问,也频率很低,而且言简意赅。

那时,一名律师可以滔滔不绝地陈述观点,搁到现在几乎是不可能的。多数大法官不断抛出问题,这就意味着律师只能尽快接招,回答连珠炮式的提问,因为他们没剩多少时间。

这对最高法院来说,其实是一件好事,也许我们有时做得有点儿过分,因为你会觉得"哎呀,那个律师真可怜,根本没机会阐述自己对案子的基本观点"。但是,**你要知道,诉状就是律师的机会,因为我们会非常认真地阅读律师提交的诉状,他们可以在诉状里完整地阐述自己对案件的看法。**

对我们来说,言词辩论过程相当于在表达这么一种意见:"好吧,是的,我们已经读了你的诉状,知道了你对这个案子的立场,不过我们还有疑问,也有些不同的关注点,还有一些问题有待澄清。所以请回答我们的问题,回应我们的关注。"

斯温:所以说,尽管您已经很熟悉手头的案子,也知道关键的争议点在哪,但庭审还是很有价值的。

卡根：的确如此，有时作用比你想象的更大。有时你会感觉到，大法官们都读过诉状，处理过类似案件，基本上有自己的一套看法。有时你又会发现，大法官们的提问内容更加宽泛，涉及面更广，知道他们正纠结于一些新问题，又或对某个问题有了与之前不一样的看法。这时，庭审可以帮大法官们澄清疑问。在某些案件中，庭辩本身作用有限，但大法官们可以借提问与其他同事交流，而不是从律师处获取信息。

这也是言词辩论的价值之一，因为在庭审之前，我们不会交流对案子的看法，而言词辩论使我首次有机会了解同事对案件的立场、顾虑和关注点。而且，在这个场合，你也正好有机会把自己的想法传递给他们。某种程度上，大法官是通过律师进行彼此交流，而律师只是……

斯温：促进者。

卡根：是的，在此过程中，律师的确促进了大法官之间的交流。

斯温：在现在这个位置上，您又会怎么看待政府一方的律师？会不会因为有过亲身体验，而对他们的要求更加严格？

卡根：我希望我会一视同仁。对所有人都适用高标准来要求，他们都应该对案情胸有成竹，并准备好回答我们的问题。我肯定不会对任何人手下留情，但我也知道，他们都在很努力地工作，我不会因为这些人为政府工作，就对他们采取敌对态度。事实上，首席政府律师办公室的工作，对最高法院的运转也是非常重要的。

首席政府律师办公室经常介入这样一些案件：美国政府并非一方当事人，但案件涉及政府利益，政府需要提供一些专业意见，最高法院也会认真倾听政府一方的看法。尽管不会因为相关意见代表政府，就对之高看一眼，但这些意见对大法官来说，肯定是非常重要的。

斯温：我听过去年一些案子的庭审录音，感觉您在回答首席大法官罗伯茨的提问时，一问一答，火药味很浓，所以，我很好奇您如何看待您俩在庭审时的关系？

卡根：嗯，我非常尊重罗伯茨。他在当法官之前，就是他那个时代最棒的最高法院出庭律师。也正是因为这个原因，我总觉得他比我们所有人当律师时做得更好，尤其是在最高法院出庭辩论时。我不仅听过首席当年的庭审发言，还和许多听过他庭辩的人聊过，他确实非常非常棒。即使坐在审判席上，他也是一位非常非常优秀的发问者，会提出许多富有挑战性的问题，而且让你感觉到，这的确是他这个层次的人该问出来的问题。他可不会轻易放过你，如果你在庭辩时试图隐瞒什么，总会被他扒出来。所以我很享受在他面前庭辩的感觉，因为我必须做到最好，也只能做到最好。

斯温：能谈谈您接到总统决定提名您的电话时的情景吗？

卡根：好的，我是在提名人选正式宣布前夜接到电话的，而且，我想告诉你一个小秘密，其实我事先已猜到了结果，所以并不完全出乎意料。因为索托马约尔大法官被提名那次，我就已经进入最终名单，是预定人选之一，而且总统还与我面谈过，不过后来我接到的不是好消息，而是一个拒绝电话："很遗憾，不是你。"

之所以说第二次并不觉得意外，是因为我自己可以感觉到，这次临宣布之前，和上次略有不同。这次他们预先向我要了很多材料，让我准备一个发言，还开始操心我的着装之类的事情。所以我内心比较清楚，特别是与上一年相比，这次肯定更有戏。

斯温：总统的电话打来时，您在哪里？

卡根：我在家，待在家里。他们之前已通知我在家等消息，所以我就在家等着。总统打来电话，语气特别亲切。他的话很让我感动，我当时说话都带着点儿哭腔。他给了我一条建议，不过我没有采纳。

卡根在参议院司法委员会的确认听证会上

他告诉我,在提名和确认听证会期间,最好不要看报纸。我偶尔会照做,但多数情况下做不到。但他给我的建议的确不错。他的确很平易近人,我俩的第二次交谈也比第一次有趣多了。

斯温:看来诺亚·费尔德曼是对的,成为大法官的确是"所有法律人孜孜以求的梦想",您能描述一下当时的情绪吗?

卡根:激动,排山倒海般的激动,还有一种油然而生的责任感。能在最高法院工作是我的无上荣幸,也令我感到重任在肩。最高法院要决定很多重大问题,很多人的命运会被最高法院的判决改变。这就意味着你必须倾尽全力,妥善处理好手头的各种问题。

斯温:接下来聊聊确认听证会程序吧。您说总统建议您不要去看报纸,但这些年最高法院候选人的提名和确认程序政治色彩都很浓。既然这次结果与上次截然不同,您对这一程序的看法有什么改变吗?

卡根：既然已被提名并得到通过，我也不好说这个程序不好，对吧？总体来说，一趟程序走下来，我能感受到人们的友好和公正，即便是那些基于某种原因，投了我反对票的人，也很有礼貌地倾听了我两次发言，一次是在确认听证会上，一次是在我礼节性拜会所有参议员时，当时大概拜访了八十二位参议员。

整个礼节性拜会过程中，他们都非常彬彬有礼，在随后的确认听证会上，他们向我提出的也是一些很不错、很公平、也很重要的问题。从这方面讲，我对这个程序挺满意，虽然也不确定自己怀有什么期待，但那毕竟是一次机会，让我可以谈论我所热爱并思考很久的事情——法官的社会作用和最高法院的角色。在此过程中，我很喜欢，也很享受。

有时候，参议员们真正想知道的事情，我反而不能告诉他们。比如，他们很想知道你对过去二十年间的十个热点案件到底是什么态度，是赞成，还是不赞成，至少得给他们一个提示，让他们知道未来再发生类似案件时，你会秉承什么立场。其实，两党议员都会这样做……民主党如此，共和党也不例外，只是他们关注的案件类型不同，又或属于不同领域的问题，但范围却差不多。我不得不反复强调："您知道我不能谈论这个，我只能就一般事务发言。"有时我甚至会想："这帮人根本不在乎我对宪法解释的看法，只关心我怎么判那些案子。"我当然不会告诉他们我会怎么判。不过许多参议员非常有想法，也非常聪明，对法律领域也十分熟悉，我很享受和他们对话的过程，不管是那些直截了当提问的，还是拐弯抹角试探我立场的。

斯温：您怎么看待 37 张反对票？

卡根：说实话，这个一点儿也不重要，我的意思是，不管最后有 49 张反对票，还是 37 张反对票，或是一张反对票都没有，我都会成为大法官。坦白讲，这些只是程序的一部分罢了。过去，不管是共和党总统提名的大法官，还是民主党总统提名的大法官，都会有很多反对票，但现在反对票要少多了，因为正如你之前提到的，这一程序已部分政治化，既然如此，自然会有反对你的人。

> 穿上法袍,你就不再是平时的你。你将不带个人好恶地公正适用法律。这是一个意义重大的象征。

我宁愿认为这些和我本人没有太大关系,严格意义上说,反对票的数量和我以及我的同事们没有太大关系,而是和当时的政治形势、总统和国会的关系以及其他很多因素息息相关,票数不代表他们如何看待我。

斯温:众所周知,最高法院已首度拥有三位女性大法官,您认为未来会不会有一天,人们不再关注大法官的性别问题?

卡根:嗯,有这个可能,不过现在还没到那个程度,因为就像你说的,大家都知道如今有三个女性大法官,而且我相信这一点对很多人来说非常重要,也很有意义,理应如此。在我看来,让最高法院集中反映妇女在美国社会中的作用,是一件非常重要的事,值得关注和肯定。所以,当有人说:"哦,你知道吗,她之所以被选中,可能仅仅因为她的女性身份"时,我一点儿都不觉得有什么问题。真若如此,倒也不错。最高法院里有三位女性是一件很棒的事,人们谈论它也无可厚非。

斯温:既然说到女性大法官这个话题,奥康纳大法官和金斯伯格大法官在之前的采访中都提到,她们希望在法袍中体现出女性特色,但国内的确没有女性专用法袍。我发现您一直只穿黑色法袍,不戴其他配饰。您是刻意如此吗?如果是,为什么?

卡根:我觉得舒适自在是第一位的。在现实生活中,我不太穿镶褶边或花边的衣服,这么穿会让我觉得不大自在。不过我偶尔会系一条白围巾,衬在法袍里,拍法袍照和宣誓就职时我都是那么穿的。而且我常戴珍珠项链,偶尔会从法袍内露出一角。我认为,法袍具有象征意义。它象征着法律客

卡根面对罗伯茨首席大法官宣誓就职

观公正、不偏不倚。穿上法袍,你就不再是平时的你。你将不带个人好恶地公正适用法律。这是一个意义重大的象征。**纯黑色的法袍是在提醒我:你应当竭尽所能,不被个人主观臆断或偏好主导,依循你认为最公正的路径适用法律。**

斯温: 接下来又是一个"您感觉如何"的问题。您能不能讲讲自己第一次来到法袍室,由别人协助您穿上法袍的体验,以及作为最高法院成员第一次正式迈入法庭的感受呢?

卡根: 嗯,这中间倒是有个小插曲。正式公开就职前,我在最高法院内有一个简短的宣誓就职仪式,当时还是夏天,宣誓之后,我就可以从夏天起在最高法院工作了。首席大法官带我参观了大法官们的内部办公区:会议厅、法袍室及楼上的餐厅。在法袍室,我看到很多带锁的木质衣柜,上面镶

法袍室

有姓名牌：首席大法官的在最前面，其次是斯蒂文斯大法官，以年资为序，最后一个是索托马约尔大法官的衣柜。随后，我俩又在楼内转了转，他又带我参观了其他一些房间。过了大概15分钟，我们走回法袍室。然后我发现，在那15分钟内，斯蒂文斯大法官的姓名牌被摘去了，其他大法官的姓名牌都递进一格，排在最后的是新增的标有"卡根大法官"字样的姓名牌。这一幕给我留下深刻印象，仿佛在说："你现在已经属于这里，是这个集体、这个机构的一分子，肩负重任。"总之，我很受触动。

斯温：尽管你曾多次出庭，但第一次以在任大法官身份走上审判席时，有没有什么不同的感受？

卡根：坐在审判席上环顾法庭，确实会油然而生起一股敬畏之情。如你所言，我曾多次在最高法院出庭，在过去一年，或者说过去18个月里，我时常参加最高法院的庭审，有时坐在听众席前排，有时是在发言席上。然而，在审判席上看到律师和旁听者时，你会感到一种责任感和敬畏感。

斯温：您这些年应该去过许多法庭，对这个法庭有何印象？

卡根：非常华丽。我以首席政府律师身份，第一次在最高法院出庭时，最让我吃惊的是，发言席居然离审判席是那么近。大法官几乎就在出庭律师的上方。你站在那里，像是与大法官对话交流，而不是发表演说。在我看来，最高法院的这个特点的确有点儿不可思议——律师与大法官几乎面对面，距离非常近。这是在鼓励对话与交流——庭审就该是这个样子。

斯温：我们录制这个系列访谈时，最高法院的大铜门已因安全原因而关闭……您怎么看这件事？

卡根：嗯，这是去年发生的事，当时我还没到最高法院工作，也无权探知他们是怎么商量的，也实在不了解这么做的理由。而且，让我来判断这个门该不该关是不合适的，因为我的确不知道原因。

斯温：其实我不是想问关这个门是否合适，而是想知道这样会给人们什么样的感觉，会不会……

卡根：最高法院还是最高法院，情况没什么变化，它还是那么重要。来最高法院的人也没什么变化，来自社会各个阶层。许多人会来旁听庭审。有人会听完全场，有的人只听 5 到 10 分钟，对言词辩论有个感性认识就出去了。最高法院还是一如既往的华丽壮观和令人敬畏。

斯温：您提到了餐厅，我们听说大法官共进午餐的传统源自奥康纳大法官的建议，大法官自行决定是否参加，您打算参加吗？

卡根：我每次都会去。可能漏掉过一次，但一般都会去。我听说，奥康纳大法官当年是督促实施者，她会在楼道里对你说："你为什么不去吃午饭呢？应该去吃午饭呀。"这个提议非常好。我们是一个集体，大家需要了解彼此，尽力理解和关心他人。正是基于这样的考虑，她才把共进午餐视为促进交流的好机会。

斯温：提到大楼内部——我想到一个词："密室"，即会议室。因为您是资历最浅的大法官，在那里会承担一些特殊职责。当您作为最高法院成员，首次走进那扇门，进入一个除了在任大法官以外任何人都不得进入的地方时，会看到些什么呢？

卡根：像这栋楼内其他房间一样，这个房间非常漂亮、精致。我当过首席政府律师，也在这儿做过一年法官助理，但过去从未进入过那个房间。所以，能进去看看的确很令人激动。

斯温：除了房间本身，会议如何进行？

卡根：嗯，我们都按指定位置就座。首席坐在一端，资历最深的大法官坐在另一端——目前是斯卡利亚大法官，其他人也以资历为序入座。我的座位离门最近。这么安排是因为我肩负两项特殊职责，一个是有人敲门时负责应门。外面敲门可能是因为某位大法官把眼镜落在办公室了。有时候，敲门者可能只是为了给某位大法官传个口讯。而我的工作，就是起身走到门口，接过那些东西，因为外人不得入内，助理不能，秘书、助手或最高法院任何其他工作人员都不能。事实上，会议室有两道门，我得走过去先打开一扇，再打开另一扇，把东西取进来。这是我的一项工作，另一项则是做好记录。因为会议结束后，我要把大法官们作出的决议告诉书记官办公室。我们在一次会议上，大概会讨论好几个案子。

不过我们也讨论一些其他事务，如最高法院应受理哪些案件之类。我们要投票决定是否受理某个案子，或者是否驳回某项申请，我得把投票情况告诉书记官办公室，所以必须专心记录。当然，这两项职责有时也会发生冲突，比如既要起身应门，又要做好记录，时常让我不知所措。以上就是资历最浅的大法官承担的两项特殊职责。

斯温：下面是一个关于程序的问题，您做过首席政府律师，履任第一年会有案子需要回避。遇到需要回避的案件时，您如何处理？

卡根：但凡讨论到需要我回避的案件时，哪怕是一分钟，我都会起身走出去，他们只需告诉我什么时候回来就可以了。这也符合我们的惯例，如果某人应当从某个案件中回避，那么讨论那个案子期间，这个人就不得在场。

斯温：需要您回避的案件数量应该在逐步减少吧？

卡根：的确。情况最糟糕的是今年十月，到了年底，大多数需要我回避的案件就都过去了。极个别案件甚至会拖到明年春天，不过总量确实在减少。

斯温：我们采访了所有的大法官，关于内部会议中的讨论情形，大家的说法各有不同。有人说讨论很激烈——"我有机会像律师那样辩论"。有人觉得大家都很淡定，没什么好争论的。您的切身体验如何？

卡根：讨论的氛围很好，大家依次发言。因为我排第九位，所以我很喜欢其中一个规则，那就是：所有人都有机会发言之前，任何人不得做第二次发言。这就意味着，每个人一开始都有一次发言机会，而后才允许人们根据他的发言，展开观点交流。每个人都会发表对案件的看法，梳理案子中存在的主要问题以及解决途径。有时候所有人发完一轮言就结束了，因为结果已经很清楚，没什么好继续讨论的。不过经常也有例外，大家会来来回回讨论好几轮。

一些人会说："哦，听完其他大法官的发言，我决定改主意了。"我认为这样更好。有些人会说："好吧，目前似乎没有一个多数人同意的明确思路，等我们想出一个能让多数人达成共识的办法后再讨论吧。"有时候大家会有争论,但不会太激烈,没什么刺耳言论,更没有人发脾气。讨论的氛围很好。

斯温:最高法院之外的人,尤其是那些对特定议题特别敏感的人,很难理解的是:为什么有那么多五票对四票的判决,大家还能保持团结。你们是如何做到这一点的?

卡根:嗯,随着时间流逝,我相信自己会对这里有更多认识。不过,同权共治是很多法院的优良传统,不止是最高法院的特点。虽然大家偶有争执,但每个人都彼此尊重,也珍惜与其他大法官的情谊。所有人都明白,其他人即使有不同意见,也是基于好的出发点。大家都努力将工作做到最好,尽可能公正、明确、忠实地解读宪法和法律,并认同他人的尽职履责、深思熟虑和公平公正。而且人们都赞扬他人好的信仰、审慎及公平的思想。谁愿意在一个互相瞧不上,彼此相看两生厌的环境里工作呢?**最高法院最值得称道的地方是:即使人们不同意对方的观点,有时甚至强烈反对,并对一些重大、疑难议题坚持己见,但大家都明白,每个人只是要尽量做好自己的工作,都在很努力地工作,也都很热爱法律和这个国家。**所以,我认为现在的团结不是装出来的,大家彼此尊重,开诚布公。

斯温:截止到今天录节目时,您承担过撰写判决意见的任务吗?

卡根:承担过。我们已开过两轮庭,通常做法是,每个轮次下来,每位大法官至少要主笔一个判决意见,我当然也不例外。

斯温:这是一项新工作,我们听过许多关于如何通过撰写意见书来说服对方的艺术。您是怎么做的呢?

卡根:嗯,我希望自己的判决书表达尽可能清晰,方便人们理解;也希望判决面面俱到，能全面回应所有争议点，不试图掩饰争议或敷衍了事，而是公正、明确地对任何争议都给予回应。所以，我会努力撰写一份说理清晰、论证全面的判决意见。

斯温：时间快到了，我还有两个小问题。首先，许多大法官告诉我们，他们到哪儿都得带着诉状，日常工作就是无休止地阅读。斯卡利亚大法官上周说，他一般把诉状的电子版存到自己的 iPad 里，方便随身携带。您自己是如何存放诉状的呢？

卡根：嗯，我的诉状一般存在 Kindle 里。上次遇到斯卡利亚大法官，他说他的都存在 iPad 里。我当时想，哈，也许我也应该把它们存到 iPad 里。不过至少到现在，我的还存在 Kindle 里，有时我也会拎着一堆纸质版诉状走来走去。两种方式并用。不过，我们的工作的确是无止境地阅读啊。这些案件中，不仅当事人会提交诉状，相关社会团体、个人甚至政府都会提交"法庭之友"意见书。所以，一些案子甚至会包含 40 到 50 份诉讼材料，阅读量相当大。如果 Kindle 或 iPad 能让我们的工作更便捷，何乐而不为呢？

斯温：您现在还有私人时间吗？还是都花在读诉讼材料上了？

卡根：是的，我始终在努力工作，但也有时间做一些自己想做的事，希望以后仍能如此。

斯温：第二个问题也是关于您的——您之前说，会向公众宣传最高法院在现代社会中的作用。您打算成为一名更加"公共"的大法官吗？比如在研讨会上发表言论，或者著书立说？您会如何与公众互动交流？

卡根：这个还是顺其自然吧。至少在我履任第一年，我还不打算做一名"公共型"的大法官。在此期间，我打算尽可能多地了解最高法院及相关事务,全身心投入工作,不会分散精力外出演讲。

但是,随着时间推移,我会从事一些相关工作,因为帮助美国人民了解司法机构的职能和法律解释的程序,也是我的一项重要使命。我很乐于做这些事情,以后会做得更多,但首先还是应多听多了解,找出最重要的听众,以及最应当传达的最合适的信息。

斯温:最后一个问题有点儿宽泛。您在工作中遭遇的最大意外是什么?

卡根:最大的意外,哎呀,你知道我有点——我试着在想最大的意外是什么。

斯温:那我换个角度来问,一切都在您意料之中吗?

卡根:我不确定我那一系列预期能否回答你这个问题。因为如果存在一个巨大的意外,你事先必须有许多预期,而发生的意外正好与我的预期完全不一致。说实话,进入最高法院后,我还不太清楚自己会有什么样的遭遇,不太了解大法官们在会上如何交流,也不太明白内部流程如何运作。

站在美国公众的角度,这里有点儿像一个黑盒子,对吗?大家会来最高法院旁听,或者收听庭审录音,但还是会对其他一些程序不甚了解,比如最高法院的内部运转情况,经常到这里出庭的律师恐怕也是一样。我也不确定自己会看到什么,但是,我目前了解到的都是令人振奋的消息。我们拥有九位勤勉尽责的大法官,大家竭尽所能,处理着对这个国家十分重要的事务。这是一个运作良好的机构,值得美国人民引以为豪。

斯温:嗯,通过这次访谈,我们会更好地理解最高法院。谢谢您抽时间接受采访。

卡根:谢谢。

约翰·保罗·斯蒂文斯

我只是很喜欢这份工作

约翰·保罗·斯蒂文斯大法官(已退休)

　　1920年4月出生于芝加哥一个显赫家族。后因受"大萧条"影响,家道中落,斯蒂文斯的叔叔自杀,父亲蒙冤入狱。

　　1941年,斯蒂文斯从芝加哥大学毕业,在"珍珠港"事件爆发前一天加入美国海军。"二战"期间,他一直在海军从事密码破译工作,并因此获得铜星勋章。战后,斯蒂文斯进入西北大学法学院学习,期间曾任法律评论主编,并以该法学院史上最好成绩毕业。

　　法学院毕业后,斯蒂文斯成为最高法院大法官威利·拉特里奇的法官助理。之后回到家乡芝加哥,在一家顶级律师事务所从事反垄断法律业务。由于在反垄断法领域有突出造诣,他先后在众议院和司法部担任特别顾问。1970年,理查德·尼克松总统任命他出任为第七巡回上诉法院法官。1975年,威廉·道格拉斯大法官因病辞职,杰拉尔德·福特总统提名斯蒂文斯补缺。斯蒂文斯任职35年间,司法立场逐渐从中间派转化为自由派,到2010年6月退休时,已是最高法院自由派大法官的领军人物。

　　主要著作:*Five Chiefs*:*A Supreme Court Memoir*(2011年)。

2009年1月24日,斯蒂文斯大法官在办公室接受了C-SPAN主持人布莱恩·拉姆的采访。[1]

拉姆: 斯蒂文斯大法官,我们现在在您办公室的哪个区域?

斯蒂文斯: 这里是两个法官助理的房间:林赛·鲍威尔和戴米安·威廉姆斯在这儿办公,我偶尔会到这里,和他们交流法律问题。

拉姆: 您有几个法官助理?

斯蒂文斯: 四个。还有两个在楼上。

拉姆: 这个房间的墙上,挂着一些照片,其中一张尤为特别,您现在似乎是最高法院唯一一位与沃伦·伯格共事过的大法官了。

斯蒂文斯: 对。如果我没有记错的话,这张照片是奥康纳大法官宣誓就职那天在会议室拍摄的。

拉姆: 当年的最高法院与现在有何区别?

斯蒂文斯: 另外八位大法官已经换人了。这张照片上八个人的席位,已属于我现在的同事们。

拉姆: 如今的最高法院,在运转上与过去有什么不同吗,还是由首席大法官主导?

---

〔1〕 斯蒂文斯大法官的传记已有中译本,即〔美〕比尔·巴恩哈特、基恩·施力克曼:《最高法院的"独行侠":约翰·保罗·斯蒂文斯大法官传》,何京锴译,中国法制出版社2012年版。

斯蒂文斯：它多年前怎么运转，现在就怎么运转。我们的工作模式注重延续传统，并没有太大变化。如果说有变化的话，恐怕是首席大法官主持内部会议的方式。每位首席大法官都有自己的主持方式，现任首席做得很好，有些优点非常明显，不过，还是依循延续多年的传统比较好。[1]

拉姆：我们知道，你们现在每年要审理80起案件。那个时代的案子是不是更多一些？如果是，原因何在？在您看来，最高法院一年处理多少案子比较合适？

斯蒂文斯：我认为我们现在每年处理的案件数量还算适当，当然，最好增加到100起左右。我刚进入最高法院时，每年要审理150起案件，工作负担非常非常重。受案量减少的主要原因，发生在伯格担任首席大法官时期，在他的努力下，最高法院不再拥有强制管辖权，我们可以自己决定审理什么样的案件，有完全的选案自主权，这样当然更好。尽管我认为，我们还是应该比现在多审一点儿案子。

拉姆：您与这个房间内的人员有什么工作联系？您还记得这么多年以来拥有过多少法官助理么？

斯蒂文斯：有人统计过，但我忘了。我不记得准确数字，但他们的确在很多方面发挥了重要作用。首先，他们会审查所有提交到这里的调卷复审令申请，对那些我可能感兴趣的案子，他们会准备相关备忘录——这些案子的确有可能被受理。此外，他们还会协助我起草判决意见。通常情况下，我们的做法是，我先起草初稿，他们负责加工，将初稿逐步修订为正式稿。他们改完后，比我一开始写的要好多了。

---

〔1〕 2011年，斯蒂文斯大法官出版了自己退休后的第一本回忆性著作，即《五首席：最高法院杂忆》(*Five Chiefs: A Supreme Court Memoir*)，回忆了他与文森、沃伦、伯格、伦奎斯特、罗伯茨五位首席大法官认识、交往的过程，穿插了自己对最高法院工作的许多回忆。该书中文版也由本书译者翻译，拟于2013年由上海三联书店出版。

拉姆：现在，我们来到中间这个办公室。您能告诉我这间屋子平时是做什么用的么？

斯蒂文斯：我的秘书和助理在这里工作，有时，一些访客也会在这儿坐坐。

拉姆：通常您会接待什么样的访客，他们见您容易么？

斯蒂文斯：也许我不该这么说，但见我的确比较困难。我们平时都特别忙，日程表都排满了。这可是一份全职工作，你必须花费大量时间，准备庭审、阅读诉状、研讨案情。当然，最主要的工作，是撰写判决意见。

拉姆：您有没有统计过，一周大概有多少小时必须用于阅读诉状？

斯蒂文斯：我不清楚准确时间，但实话告诉你，肯定要多于40个小时。

拉姆：您一天的时间一般怎么安排？

斯蒂文斯：我习惯早起，所以大量工作会放在早上做。我的时间安排比较灵活，如果不用开庭，我偶尔会在家工作，在家一样可以用电脑撰写判决意见，或者阅读诉状。

拉姆：这间办公室位于最高法院什么位置？

斯蒂文斯：在这座大楼的西北角。

拉姆：您这些年一直在这儿办公？

威利·拉特里奇大法官

斯蒂文斯：当然不是，来这儿以后，我先后换过四个办公室。我最初是在一间留给退休首席大法官用的办公室办公。在那儿待了三四年，就搬到奥康纳大法官现在所在的办公室，刘易斯·鲍威尔大法官退休后，我搬进他的办公室。后来，我又搬到斯卡利亚大法官现在的办公室。现在这间办公室过去是斯图尔特大法官的，我是在他退休后搬过来的。

拉姆：您能告诉我们，墙上这幅画像是哪位绅士么？

斯蒂文斯：他是威利·拉特里奇，最高法院一位伟大的大法官，我在1947年开庭期给他当过助理，他是我心目中的英雄之一。

拉姆：他是一个什么样的人？

斯蒂文斯：他出任最高法院大法官前，曾是哥伦比亚特区巡回上诉法院法官。在此之前，他先后做过圣路易斯大学法学院院长、爱荷华大学法学院院长，还在其他法学院教过书。

拉姆：您是什么时候给他当助理的？

斯蒂文斯：1947 年到 1948 年。

拉姆：那段经历让您学到了什么？

斯蒂文斯：坦白说，我学到特别多东西。我学会自己花时间写判决意见初稿，因为只有这样，才能确保自己把案子交给别人负责之前，对案情已经有足够的了解。我还懂得了，每个案子都非常重要，不管它涉及多大标的，或牵扯到多重要的公共事务。对当事人来说，每个案子都很重要。

拉姆：回到您亲自撰写判决意见初稿的话题，只有您一个人这么做吗？

斯蒂文斯：不，我不清楚同事们的情况，不能妄下断言。我确定有些人会自己写初稿，但不保证每个人都会这么做。我之所以这么做，部分因为拉特里奇大法官当年就是在一本黄色信笺本上写下初稿的——现在我都是直接在电脑上输入——但他是先用手写，再交秘书打印。我们有时会提供一些脚注或建议，但所有工作，都是他一个人独立完成。

拉姆：您一般根据什么来决定自己撰写的判决意见的篇幅，包括异议意见或协同意见？

斯蒂文斯：篇幅大小，取决于案件内容。我会尽可能保持简练，但有时人们认为你就是该多写几页。**我习惯使用脚注，因为我觉得脚注不属于必须阅读的内容。有些内容写进意见里，或许能够帮助人们理解我们的意图，但如果要了解案情和主要争议，不一定非得读这些内容，这类内容就适合放到脚注里**。我是那种认为脚注非常有用的"老派人"，但有的同事认为判决书根本没必要用脚注，许多学者也这么想。

拉姆：他们认为该怎么办？

斯蒂文斯：他们认为，如果你觉得脚注内容足够重要，可以把它放到正文里，如果没必要放进去，为节约篇幅起见，还不如直接删掉。

拉姆：从您起草初稿到最终定稿，判决意见的篇幅变化大么？

斯蒂文斯：有时根本没变化。有时变短了，有时更长了。我认为，多数情况下会比初稿长一些，我始终认为意见应该能短则短，但你不能总这么做。

拉姆：这边墙上挂着一件22号棒球衫，是从哪儿来的？

斯蒂文斯：这是我的一个助理几年前送我的礼物。他们知道我是芝加哥小熊队的球迷，希望以此鼓励我继续支持小熊队。

拉姆：您是什么时候为棒球赛开球的？

斯蒂文斯：三四年前……我想想，大概是三年前吧。**那可是我人生中的一件大事**。我所有的孙子——不对，不是所有，是绝大部分孙子——都去了现场，可以说，那天我是他们心目中的英雄。这可比我现在的工作重要多了,呵呵。

拉姆:开球效果如何?

斯蒂文斯:哦,非常棒。我投得又高又远。实话告诉你,我可是练过的。

拉姆:我们接着聊第七巡回上诉法院的话题吧。它在什么位置?

斯蒂文斯:它的辖区包括威斯康星州、伊利诺伊州和印第安纳州,我们一般在芝加哥办公。

拉姆:您在第七巡回上诉法院期间,学到了不少东西吧?

斯蒂文斯:的确获益匪浅。我与许多杰出法官共事多年,尤其是首席法官汤姆·费尔柴尔德,我从他们那里学到许多联邦法律方面的知识。

拉姆:巡回上诉法院与最高法院有什么区别?

斯蒂文斯:在巡回上诉法院,你可能要更加受制于本院的裁判先例。别说是过去的判决了,甚至连一些法官的个人意见,裁判时也应当遵循。[1] **在最高法院,你会面对许多没有定论的问题,你必须尝试着就一个自己从来没有遇到过的问题,拿出最终的解决方案。**

拉姆:现在进入您自己的房间。您换过许多办公室,这里的工作气氛会对您有影响么?

---

[1] 法官个人意见(dictum):指某一法官在法院判决意见中,就某一并非与案件必然相关的法律问题发表的意见。这类意见有论证价值,但一般不得作为先例,对未来的案件产生约束力。

康拉德·希尔顿大楼，过去叫做斯蒂文斯大酒店

斯蒂文斯：没什么影响。我喜欢这个房间，坐在桌边，就能完整地看到国会大厦那边的景致。而且，电脑就在我右手边，工作时有任何需要，可以随时查询。

拉姆：您桌后有许多照片，能概括介绍下么？

斯蒂文斯：多数是家庭照片，还有一些是和福特总统的，当然，还有拉特里奇大法官的……

拉姆：介绍一下您父母的情况吧。

斯蒂文斯：这就说来话长了，他俩都非常高寿。我父亲最著名的事迹，就是在芝加哥盖了一座大楼，也就是现在的康拉德·希尔顿大楼，过去叫做斯蒂文斯大酒店。他主要负责酒店经营，但也做一些律师业务，他是西北大学法学院毕业的。

拉姆：您后来也毕业于西北大学法学院？

> 一个人对法律的看法,肯定是受多重因素影响,逐步形成的。一些取决于你的阅读范围,还有一些由你的人生阅历决定。

斯蒂文斯:是的。

拉姆:最高法院的西北大学毕业生好像不多。

斯蒂文斯:金斯伯格大法官是西北大学毕业的。我读的是西北大学法学院,本科是在芝加哥大学读的。

拉姆:中西部的高校有什么不同么?我们听说许多大法官都毕业于斯坦福大学和耶鲁大学。

斯蒂文斯:的确如此。每个法学院都有自己的优势和强项,西北大学法学院也很不错,事实上,我去读书的时候,那里就已经相当不错了。我们国家有很多优秀的法学院。我会从不同法学院挑选法官助理。虽然有些人并不是"常青藤盟校"毕业的,但工作一样非常出色。

拉姆:您有一个律师父亲,从西北大学法学院毕业后,就到这里当法官助理,后来又在第七巡回上诉法院工作,那么,您的司法理念是如何逐步形成的?

斯蒂文斯:一个人对法律的看法,肯定是受多重因素影响,逐步形成的。一些取决于你的阅读范围,还有一些由你的人生阅历决定。例如,我对许多案件的立场,其实是在第二次世界大战期间形成的。

拉姆:您当时在海军服役?

最高法院大楼内的螺旋状楼梯

斯蒂文斯：是的，在海军。当然，我的律师执业经历，对我后来在第七巡回上诉法院的裁判也有很大影响。许多事物和经历错综复杂，都会影响到法律观的形成。

拉姆：当您坐在审判席上听审时，会想到什么？

斯蒂文斯：我常回忆起自己第一次到最高法院参加言词辩论的情形。当时，我非常惊讶，原来我们会离大法官们那么近。有时我会想，某个大法官没准儿与我的想法一样。他肯定不愿意离律师那么近，简直就像隔着审判席与对面的人交谈一样。总之，这是非常非常有趣的体验。

拉姆：您进入最高法院时，审判席还是直台么？

斯蒂文斯：已经不是了。我进入最高法院之前一两年，沃伦·伯格已经要求更换了。所以，我担任大法官期间，审判席一直是有弧度的。但我在这儿当助理时，审判席还是直台。

拉姆：整个最高法院里面，您最喜欢什么地方，或者说哪个房间您最喜欢？

美国最高法院判例汇编

斯蒂文斯：我没有认真想过这事儿。假设我很享受庭审的感觉，那我最喜欢的地方，肯定是法庭了。我也的确很喜欢那里。我也很喜欢自己的办公室，此外，我觉得最高法院最有趣的地方，应该是螺旋状楼梯。你们有空应该去看看。

拉姆：您有没有花时间研究这个地方的历史？

斯蒂文斯：我读过许多史料，但没有像有些人那样，进行过专门的研究。

拉姆：您身后是些什么书？

斯蒂文斯：这些是《美国最高法院判例汇编》，大概是——我有点儿记不清了——近40年来的判例汇编。那边还有一些，是从刚建国时开始的。

拉姆:《美国最高法院判例汇编》是什么?

斯蒂文斯:就是最高法院历年判例的汇编,里面收录了全部多数意见,也包括异议意见和单独意见。

拉姆:在华盛顿,也许有人会认出您是最高法院大法官。比如,您如果走进一家超市,或许有人会喊:"哇,这是斯蒂文斯大法官。"

斯蒂文斯:从没有发生过这样的事。倒是在佛罗里达,我被认出过一次,当时我正在租录像带,店主正好几周前刚考过律师牌照,所以认出了我。当然,他虽是店主,但也算法律圈内人。我平时去逛街购物,就没人认识我了。

拉姆:现在谈谈"集体审议小组"的问题。调卷复审令是什么意思?

斯蒂文斯:这是普通法上的一种令状,当然,现在已经成为成文法规定的令状了。如果一个当事人在下级法院输了官司,他可以向上级法院提出调卷复审令申请,请求上级法院提审此案。我现在弄不清每年会有多少调卷复审令申请提交到我们这里,但我们受理的案件数量比较固定。

拉姆:有多少大法官会派人参加"集体审议小组",它是做什么的?

斯蒂文斯:这个环节已经存在很多年了。我加入最高法院时,有六位大法官参加,但我没有参加,因为我当年在这儿做助理时,就很熟悉调卷程序。我认为,自己处理这些案子更有效率,起码不用给其他大法官准备备忘录。那时是六个人,现在几乎每位大法官都加入了。也就是八个人。但去年出现了例外,阿利托大法官决定独立处理调卷令申请。所以现在有七位不同的大法官派自己的助理参与这项工作,他们负责撰写备忘录,并筹备相关会议。

拉姆:您为什么不参加"集体审议小组"?

斯蒂文斯:因为我觉得自己独立处理这些事务,要比加入"集体审议小组"更加有效。因为你一旦加入这个小组,就得准备详尽、全面的备忘录,这也牵扯很大精力,还不如我自行判断该批准还是驳回申请。

拉姆:您个人的工作量大么?法官助理的工作量又如何?

斯蒂文斯:这个你得问他们。我觉得相比之下,工作量算比较少的,他们要审阅每份调卷令申请,并汇总、分类,但无须就每起案件撰写备忘录。所以他们要阅读更多申请,但写的备忘录比其他人少。这也算一种抵消吧。

拉姆:您们如何决定批准一份调卷令申请?在哪儿决定?

斯蒂文斯:除非在休假期间,我们每周五会开一次碰头会,审议所有调卷令申请。只要有四位大法官同意受理,相关申请即被批准。

拉姆:这些工作都在什么地方进行?

斯蒂文斯:最高法院会议室。所有大法官都要参会,没有任何外人在场。整个审议过程不保存书面记录。

拉姆:会议室是什么样子呢?

斯蒂文斯:是一个很宽敞、漂亮的房间,里面有一张大桌子,环桌放着九把椅子。我们进来时,有人会端杯咖啡,或自带甜甜圈、小饼干等零食。

拉姆：会议很正式吗？

斯蒂文斯：某种意义上说，不算太正式，本来就是内部讨论嘛。涉及业务问题时，我们会严格依循既定规则：以资历为序，依次发言，投票也是一样。有时，审议完调卷令申请后，我们还会就相关案件的情况进行进一步交流。

拉姆：现在您是资深大法官。

斯蒂文斯：嗯，我只能算第二资深的。论年纪和入院年限，我算资深，但首席大法官一般会被直接推定为最资深的。

拉姆：您进入最高法院时，有没有想到自己会在这里一干就是34年？

斯蒂文斯：没有。我入院两三年时，有一个助理叫斯图尔特·贝克尔，我让他准备一份备忘录，万一我到了自己的前任退休的年纪，就提醒我退休。我那时想——当然，现在也常这么想——到了该退休的时候，可能就无法判好案了。有人这么提醒一下，总是好事。不过，我后来没有按备忘录说的那么办。

拉姆：他是什么时候建议您退休的？

斯蒂文斯：我不记得准确日期了，但肯定是很多年前了。

拉姆：您现在几乎已是史上任大法官年限最长的人，或者说，是历史上最年长的大法官。您考虑过这些么？

斯蒂文斯：没有，可以确定的是，我从没打算打破什么纪录。我只是很喜欢这份工作。每年我都会考虑退休的事,但还是决定继续享受工作的乐趣,并尽可能发挥余热。

拉姆:您已经 89 岁高龄了,您保持健康的秘诀是什么?

斯蒂文斯:我经常打网球。很少打高尔夫球,因为挥杆技术没有以前好了。在佛罗里达休假时,我每天会游泳,一周打三次网球。

拉姆:最高法院与国会大厦隔街对望,距离白宫也不远,怎么看待它的作用?

斯蒂文斯:它是一个独立的政府分支。而且,必须尽己所能,解决好各种涉及联邦问题的争议。

拉姆:您认为它做到了么?

斯蒂文斯:有时可以,有时不能。我履任之后,遇到过许多非常棘手的案件,他们由最高法院不同的成员裁判,得出的结论也各有不同。**如果我正好不属于多数方,我会想,如果这个案子按我们的想法判,情况可能会更好一些。但是,如果你争取不到足够的票数支持,那就无能为力了。**

拉姆:对您来说,入院 34 年来,您更注重这些"输掉"的案件,是么?

斯蒂文斯:嗯,的确如此,但是,如果你问我哪个案子更重要,我只能说,我们目前正在审理的案件最重要,所以我心目中重要的案子是不断在变化的。

拉姆:那么,哪起案件引起的社会反响最大呢?您写完判决,接着宣判,

> 到底哪个案子最重要,媒体自己会判断。这个问题,他们说了算。

之后突然发现新闻里铺天盖地全是关于这个判决的报道,您会注意到这些么?

斯蒂文斯:我当然会读报纸,无论是关于我们审理的案件的报道,还是关于其他法院的。但是,到底哪个案子最重要,媒体自己会判断。这个问题,他们说了算。

拉姆:您是否考虑过,等您退休之后,向公众公开自己的个人文献?

斯蒂文斯:是的,我打算把它们全部移交给国会图书馆。

拉姆:继续谈谈您给威利·拉特里奇大法官当助理时的事吧。早年的大法官与现在的是否有所不同?

斯蒂文斯:是啊,的确不同。审判质量上就有差别。那时的最高法院,有许多真正意义上伟大的大法官……布兰代斯和卡多佐是人们经常提到的。当然,霍姆斯大法官也非常杰出,我的好朋友波特·斯图尔特、拜伦·怀特,都算得上伟大的大法官。当年的最高法院,很多成员都很了不起。

拉姆:在您看来,决定一个大法官是否伟大的主要因素是什么?

斯蒂文斯:主要还是看他在业务上的成就。我认为,**评价一个大法官成就的标准,还是看他在最高法院期间写出了什么样的判决意见。**

拉姆：您撰写的判决意见品质如何？文笔流畅算品质之一么？

斯蒂文斯：这个我就不知道了。我没有深入研究过修辞、文法，但你写出的东西至少应该清晰、精准、直白，把问题说清楚。

拉姆：回到前面提到的，关于您和大家意见不一致时的话题。在内部会议上，如果所有人的投票都与您的意见相悖，您会怎么做？您认为，自己发布的那些异议意见，有什么法律意义么？

斯蒂文斯：有时，我的异议意见会很有说服力，有时则徒劳无功。我把自己的异议写下来，不是为了改变法律。在我看来，**大法官的一项重要工作，就是解释自己在案件中的立场**。这个机构的审判程序是完全公开、透明的，我们会以公开方式，向公众解释我们的判决是什么，为什么要这么判。如果最高法院内部存在分歧意见，最好让那些持异议者发表意见，向大家说明他们为什么觉得自己的观点更有道理。

拉姆：您庭审时发言很活跃。一周前，我们旗下的广播电台播出了最高法院一场庭审的音频记录，我在里面听到了您的声音。您在发问时，一般秉持什么原则？

斯蒂文斯：我的原则是，只要我觉得这个问题的答案对我决定如何裁判有一丁点儿帮助，我就会提问。**我并不认为提问是与其他大法官交流观点的机会**。在我看来，你问出的问题，是为了充分了解双方当事人的意见，从而让你能够根据自己的想法作出裁判。

拉姆：您会经常在庭审之后改变立场吗？

斯蒂文斯：偶尔吧。我无法告诉你准确次数，但确实发生过这样的事。

记得有一次还是在写判决书时改了主意。**这也是我坚持认为大法官应亲自写判决初稿的原因之一**,特别是在你对这个领域不太了解,或尚未全面了解案情时。在我印象中,写着写着就转变立场的情况,发生过不止一次。

拉姆:当今最高法院的全体成员,过去都是巡回上诉法院法官,这种情况在历史上也是第一次。[1] 关于未来的大法官,你有什么期盼吗?

斯蒂文斯:这应该是未来的总统必须考虑的事。我认为,**为了确保最高法院能够健康运转,它的成员最好拥有不同职业背景**。最近,我在某个电视节目上看到,有人说最高法院内必须始终有一个有过军旅生涯的成员。我认为,这里必须有人做过执业律师,有过诉讼体验。当然,在其他政府分支,如在立法机构工作的经历,也非常非常有益。例如,奥康纳大法官就做过州议员,她之所以能在审判事业上取得重要成就,很大程度就得益于这段经历。就我自己而言,在立法委员会任法律顾问的经历,使我了解到大量立法知识,对我后来解释法律就很有帮助。所以我认为,大法官的职业背景越多元越好。

拉姆:您是什么时候在司法委员会小组委员会工作的?[2]

斯蒂文斯:应该是1951年。

拉姆:当时的成员有哪些人?您还记得吗?

斯蒂文斯:曼尼·塞勒尔是主席,他来自布鲁克林,是民主党人。共和党人昌西·里德是小组委员会内的少数派领袖,他来自伊利诺伊州杜培基

---

〔1〕 斯蒂文斯大法官退休后,奥巴马提名没有法官经历的首席政府律师艾琳娜·卡根接任,最高法院大法官不再全部来自巡回上诉法院。
〔2〕 1951年至1952年,斯蒂文斯曾在众议院司法委员会的"垄断权力研究小组委员会"任共和党方面的法律顾问,参与了一系列反垄断调查工作。

郡。是昌西·里德聘请了我。

拉姆:在立法机构的这段经历,对您后来思考案件有什么影响呢?

斯蒂文斯:这段经历对我的影响一直延续至今。我们的工作,就是尽可能弄清国会的立法意图。我还记得,当时一些委员针对可能在个案中出现的状况,问过我许多特别棘手的问题。**我向一位国会议员解释我们面临的困难时,他挥挥手说,这些就让法官们去搞清楚吧。国会希望法官能够协助他们填补法律漏洞。所以,法官必须认识到,我们的工作可不是机械地适用那些纸面上的条文。**

拉姆:谢谢您,斯蒂文斯大法官。

桑德拉·戴·奥康纳

对法官的批评之声让我忧心忡忡

桑德拉·戴·奥康纳大法官(已退休)

美国第一位女性大法官。她 1930 年出生于德克萨斯州,在亚利桑那州的农场长大,先后在斯坦福大学读完本科和法学院,担任过该校法律评论编辑。1954 年至 1969 年,她先是在亚利桑那州担任律师,随后被任命为州助理司法总长。1969 年,她被任命为州参议员,并连任两届。她也是美国第一位女性参议院多数派领袖。1975 年,她当选为马里科帕郡高等法院法官,1979 年被任命为亚利桑那州上诉法院法官。1981 年,经罗纳德·里根总统提名,奥康纳出任最高法院第一位女性大法官。当时,由于自由派、保守派大法官势均力敌,经常由持中间派观点的奥康纳一票定乾坤,到 2005 年宣布退休时,她已被视为美国权力最大的女人之一。

主要著作:*Lazy B*:*Growing up on a Cattle Ranch in the American Southwest*(与 H. 艾伦·戴合著,2003 年); *The Majesty of the Law*:*Reflections of a Supreme Court Justice*(2004 年); *Out of Order*:*Stories from the History of the Supreme Court*(2013 年)。

2009年6月25日,苏珊·斯温在最高法院西厢会议厅采访了奥康纳大法官。

斯温:您好,奥康纳大法官,我们现在是在最高法院的会议厅进行采访,今天是非常繁忙的一天——本开庭期即将结束,许多案件在今天宣判。您退休之后,一般多长时间回一次最高法院呢?

奥康纳:我退休以后,日程安排上比较随意。我不打算为自己设定一个精确的日程表,比如,在华盛顿待上一个月,然后再在亚利桑那州待一个月。相反,我会收到各类邀请,并据此调整自己的行程。理想状态当然是什么都能事先安排好,但由于一切还未安顿下来,只能日后再说了。

你或许已经知道,我最近参与了一些面向美国公众的教育项目[1]。这些项目旨在告诉大家,制宪先贤创立独立的联邦司法分支时,到底是如何考虑的。时过境迁,人们可能已遗忘了他们的思想。各州初创时,大都依循联邦政府设定的司法任命模式:由州长任命州法官,再由州立法机关确认,通常是州参议院。

是安德鲁·杰克逊总统说服各州,采纳了另外一种截然不同的法官遴选模式。杰克逊总统是一位民粹主义者,认为各州应以普选形式选举法官。佐治亚州第一个表示赞同,认为这主意不错,随即改行法官普选制。不少州紧随其后,但时间证明,这种模式效果不佳,稍后我们可以就这个话题多谈一点儿。[2]

---

[1] 奥康纳2005年退休后,偶尔会到联邦下级法院出任"客席法官",协助"案多人少"或法官短缺的法院审理案件。她还一直致力于向公众宣传司法机关的功能与运作。2009年夏天,她协助网络公司开发出一款名为"我们的法院"的在线游戏,方便广大中学生熟悉美国的宪政架构和法院的裁判流程。此外,奥康纳还积极介入了州法院系统的法官选举制度改革。

[2] 关于美国州法院法官选举制度的历史渊源、潜在弊端和未来发展,可参见 Jed Handelsman Shugerman, *The People's Courts*: *Pursuing Judicial Independence in America*, Harvard University Press(February 27, 2012)。本书已由北京大学出版社引进版权,由本书译者翻译,预计2013年出版。

斯温：我们先把话题转向您在 2002 年写的《法律的庄严》(The Majesty of the Law) 一书。为准备我们今天的访谈，我认真拜读了您的著作。在这本书的开头，您谈到了最高法院法庭内的艺术作品，认为其中一些有独特寓意的作品，意味着"法律的庄严"，对您具有重要的象征意义，能谈谈这种象征意义么？

奥康纳：它象征着最高法院是我国最高层级的法院——它作出的判决，对所有下级法院都有约束力，不管它们是州法院，还是联邦法院。当然，最高法院只负责判定联邦法问题，即联邦宪法和法律。最高法院不会去解释或适用州法。那些工作由各州法院负责。

这一象征意义还包括，制宪者在创制我国最高法院前，就已研究过历史上那些伟大立法先贤的思想，思考了普天之下，哪些事务对司法分支至关重要，以及司法分支应如何建构等重要问题。

我们的法庭天顶雕带上，有历代杰出立法先贤的雕像。我想，这座大楼的设计者也很清楚，制宪者起草宪法时，充分借鉴了立法先贤的思想，所以才以这种方式传达这些想法。我们因此有了现在这个非常庄严肃穆的法庭，它的确象征着法治的庄严。

斯温：您在书中提到，自己作为一位刚履任的最高法院大法官，首次经历言词辩论的感受。您还能清晰记起那天的情形么……如果可以，能谈谈么？

奥康纳：哦，我在最高法院的第一天？宣誓就任最高法院大法官那一刻的感受非常独特，我从未奢望得到这个职位，更没有刻意谋取过。我没把它看作一个可以实现的追求目标，也没有花时间去考虑这些。

几乎是突然之间，有人问我有没有时间谈谈赴最高法院任职的事。我当时很震惊。一开始，我根本不相信这是真的，毕竟，我在法学院的同学威廉·伦奎斯特已经在最高法院工作了。他也住在亚利桑那州，和我是好朋友。早在斯坦福大学读本科时,我就认识他太太。南和比尔·伦奎斯特与我们夫妇的私交也非常好。[1] 对我来说,能和比尔同时在最高法院任职,简直不可思议。时至今日,还有许多州没出过一位最高法院大法官,而小小的亚利桑那州,竟突然同时冒出两个大法官,这的确很难想象。

与威廉·弗伦奇·史密斯及里根行政分支部分内阁成员会面时,我一分钟也不相信他们会邀请我履任。[2] 会面结束后,我返回亚利桑那,和老公聊起这一路的趣闻:赶到华盛顿,见到总统身边的人,随后被总统本人接见,还谈了会儿话,但我认为:"谢天谢地,我不用去做那份工作。"我一点儿都不想去。我也不确定自己能否做好这份工作。我过去常说,无论做什么,名列前茅都是好事,我可不想当那垫底的。如果我没有把工作做好,就说明我垫底了。事实上,当我退休时,递补我席位的,并不是一位女性,我不由会想:"哦,我做错了什么事,怎么会这样?"[3]

但是,我也确信,未来还会有其他女性在最高法院任职。我可以凭自己履任十多年来的经历证明,作为最高法院里唯一的女性,一点儿也不轻松。而现在,法学院的毕业生中,至少50%是女性,如今,最高法院完全可以有相当数量的女性法官任职,而不是"万绿丛中一点红"。

斯温:让我们回到您初次参与言词辩论的话题。我们知道,您过去没有在联邦法院系统工作过的经历。第一次坐在法官席上,经历整个庭审过程,会不会觉得节奏很快——当时感觉如何?

奥康纳:对我来说,感觉不像是真的,因为我仍不相信自己就是那个受邀在最高法院任职的人。简直难以置信。最高法院的庭审时间不太长。正常情况下,除非获准延时,摊给每个案子的时间,只有一小时。对双方当事

---

[1] 比尔是威廉的昵称。
[2] 威廉·弗伦奇·史密斯:罗纳德·里根总统任内第一位司法部长。在美国,最高法院大法官人选通常由司法部长协助总统选择、考核、确定。
[3] 奥康纳大法官退休后,递补他席位的是塞缪尔·阿利托大法官。奥康纳一直希望接任者是一位女性,而且,阿利托与奥康纳的司法理念并不一致,这些都让奥康纳非常不满。

人来说，每方只有半小时发言，时间过得非常快，尤其在律师被问了许多问题的情况下。

我发现，我们当中，确实有喜欢频繁提问的大法官。所以言词辩论的时间过得非常快。我缺乏在这一审级法院的工作经历，不清楚我的新同事开庭时会怎么做。我必须了解，在他们面前，自己多久时间提问一次才是适当的。我还得知道，到底该如何发问，整个程序究竟如何展开，所以，一开始，我提问时比较犹豫。履任之初，我要学的东西太多了。我必须弄明白一个案子在言词辩论阶段如何推进，搞清楚在此过程中如何做才是适当的，怎么做又是不合适的。

斯温：您坐在法官席上，面对律师时，会注意到他们背后的听众，或察觉到法庭内的动静么，还是只把注意力放在出庭律师身上？

奥康纳：通常情况下，我的注意力只会放在出庭律师身上。我在任这些年间，的确有人数次扰乱过法庭秩序，不过很快就被制止了，当然，这种事情会分散我的注意力。

大部分时间里，旁听席上的人们都很安静。最高法院的工作人员会安排他们悄声进入法庭就座，并告诉他们应在庭审过程中保持肃静，也不能做笔记。所以，关注焦点应当是律师和他们的发言。此外，我还会注意同事们的提问，看看他们对什么问题感兴趣。这些问题没准儿会对我有所启发。

斯温：您刚进入最高法院时，一举一动都会被赋予象征意义，甚至会开创新的传统。我们采访斯卡利亚大法官时，聊到了法官与法袍的掌故。作为第一位女性大法官，您是如何选择法袍的呢？

奥康纳：我没有太多选择。因为可选的法袍式样很少。我不认识为女大法官做过法袍的人，能找到的袍子，大多数都像唱诗班长袍或者学院长

> "亲爱的奥康纳大法官,今天在旁听席观摩庭审时,我发现您的其他同事都会露出里面穿的白衬衫领,而您的法袍没有衣领,这让您看上去有点儿无精打采,这是怎么回事呢?"

袍——通常用在大学的毕业典礼上。我想,反正能找到的就是这些,所以随便选了一件穿上。

其实,对女性来说,更麻烦的事,是为法袍搭配一个合适的衣领。我记得,自己刚坐上法官席时,穿的是一件纯黑色的法袍,我以前在亚利桑那州法院时就穿它上庭,后来也一直带着。它的式样非常简洁。在亚利桑那州时,我的法袍也没有衣领,不管当天穿什么,上庭时就把法袍随便往身上一套。

某次开庭后,我收到一位旁听者递来的字条,上面写着:"亲爱的奥康纳大法官,今天在旁听席观摩庭审时,我发现您的其他同事都会露出里面穿的白衬衫领,而您的法袍没有衣领,这让您看上去有点儿无精打采,这是怎么回事呢?"我对这张字条的内容留了心。我想,好吧,看来得想办法搭配个白色衣领了,因为我不常穿白衬衫。但这样的衣领可不好找。那时还没人为女法官制作法袍领结。只能在英国或法国找这样的领结。我后来想办法从法国弄到一两个,特拉华州第一位女法官与我见面时,也送过我一个,她的年纪比我大一些。她送给我的法袍领结是蕾丝制品,非常精致、优雅,后来我常用它。不过,给法袍搭配一个合适的女用衣领,的确不太容易。

斯温:我们的摄影机还拍摄了法袍室,当然,是趁大法官们不在的时候。我们知道,最高法院内有各种规矩,您能告诉我们,在庭审日里,进入法袍室前后会有哪些流程?

奥康纳:首先,如果当天有言词辩论,每个法官办公室内的电铃或蜂鸣

奥康纳大法官的法袍,白色蕾丝领结

器都会提前 10 分钟响起,提醒你还有 10 分钟就要上庭了。这时,我们得去法袍室套上法袍,做好准点进入法庭的准备。首席大法官可不喜欢大家在开庭时迟到。法袍室衣柜里那些狭长的空间,就是我们挂法袍的地方。女法官法袍上的领结,一般放在上面的隔板上。如果你的法袍不止一件,可以从中选一件,法袍室内有工作人员,他们会帮你穿上袍子,你自己可以从前面把法袍系好。对我来说,比较麻烦的是把领结戴好。当然,把它摘下来也不容易。穿戴完毕后,全体大法官会走进会议室,平时,大家在这间会议室环桌围坐,研讨案情。

根据惯例,大家进入法庭前,要在会议室内互相握手。这是个好传统。不是所有法院都会这么做。这样挺好的。如果你与某人握过手,就不太可能记恨他。这与身体接触有一定关系。

斯温:庭前预备会上,大家会谈些什么?你们会商量由谁就某个问题提问么?

展现最高法院庭审场景的绘画

奥康纳：其实根本没什么庭前预备会。大家只是换上法袍后，走进会议室，在那儿彼此握握手而已。

斯温：哦，那儿只是出发前的集合地……

奥康纳：九位大法官都聚齐时，首席大法官会说"时间到了"，大家接着以资历为序，排成一列，穿过走道，来到法庭后侧。然后分为三组，三人居左，三人居中，三人居右，具体位置取决于你坐在审判席哪个位置。这时，首席大法官会向工作人员示意开始，执法官敲响法槌后，旁听者入席，大法官们踏上两级台阶，迈入法庭，站到自己坐席后面，直到书记官介绍完毕最高法院相关程序。

斯温：整个过程是不是一直很庄重？

奥康纳：当然了。这不是个随便的地方。人们不能说笑，必须始终集中注意力，等到法槌敲响，才能落座。通常情况下，首席大法官会先主持那些受最高法院出庭律师协会推荐，即将获准入会的新会员宣誓。[1] 随后，首席大法官会传召申请复审一方的律师，律师入庭，庭审就开始了。

出庭律师的发言台上，都安有警示灯，发言时间只剩5分钟时，黄灯会亮，时间用尽后，红灯会亮。这时候就看首席大法官了，有人会严格控制时间，有的会适当放宽。比尔·伦奎斯特任首席大法官时，对律师发言时间控制得非常严格。

斯温：您提到大法官会按资历深浅，排成一列。我们听说，按照传统，资历在最高法院整个运转过程中，都是非常重要的。随着时光流逝，你们在审判席上的座次也会变动，这种变动会影响到您在庭审时的表现么？

奥康纳：这只会改变我在队列中的位置而已。位置虽然变了，但不会对言词辩论或我的行为产生影响。我还是我自己，是大法官中的一员。我们当中，有人很少问问题，也有人会一直提问。这些都是个人习惯，和资历、席位变化无关。

斯温：这些年来，您本人是如何提问的？

奥康纳：我会问自己想了解的问题。言词辩论前，我们都会阅读诉状。庭审前，大家要花很多时间准备，阅读各方当事人提交的诉状。另外，与世界上大多数法院不同的是，其他利益团体或个人，哪怕不是当事人，如果想对案件发表意见，也可以作为"法庭之友"，向最高法院提交意见书。这些团体或个人可以提出申请，如果是在规定时间内，而且没有人提出异议，这

---

[1] 凡是在各州或哥伦比亚特区最高审级的法院执业满3年，而且未受过任何纪律制裁的律师，就可以申请成为联邦最高法院出庭律师协会会员。新会员一般在首席大法官主持下宣誓入会。

个申请就会被批准。

所以，除了当事人提交的诉状外，我们还得看"法庭之友"意见书。这意味着在庭审之前，我们会做大量案头工作，大家对案情已非常了解。我相信，大部分大法官，包括我自己，开庭前都已对案子形成了倾向性意见。我的意思是，我们之前做过准备工作，你不可能在对案件的事实、法律情况做了这么多准备工作之后，还一点儿立场都没有。

这样，当你走进法庭时，内心已有了这样或那样的初步结论。但通常情况下，你可能还存有一些疑问。你希望对案件的事实背景或法律争议有进一步了解，你还会有一些假设性的问题：如果事实变成这样，各方又会怎样，会导致什么结果……你其实有很多东西可问。

斯温：您提到，大法官听审之前，会对案件有一个倾向性意见。采访其他大法官时，他们也提到，庭审结束后的内部会议上，会有一次预投票，从这次投票的情况，可以大致判断出最终的裁判结果。

不过我们还不了解这个流程的最后环节。您们的最终投票是如何进行的呢？能告诉我们从内部讨论、初步表决、判决意见撰写任务的分配，到判决最终出炉的过程么？

奥康纳：先谈谈内部会议，我们将在会上讨论案件涉及的实质问题，这个环节非常重要。这类会议约在言词辩论当周晚些时候进行。九位大法官在会议室环桌而坐，共同讨论案件中的实质争议。对每起案件来说，我们一般只讨论这一次。有时也会有一些案件，大家未能达成明确意见，就会再议一次，不过这属于特例。

所以，我们通常会在言词辩论当周，在会议室碰头，研讨一次案件。如你所知，发言一般以资历为序，首席大法官会首先发言，资历最浅的最后发言。通过讨论，大法官们会形成初步结论——维持原判或是推翻原判。但这个结论并非板上钉钉。大家后面还可以改主意。

大法官偶尔会转变立场，不过，由谁来撰写判决意见，一般会根据预投

> "亲爱的桑德拉,如果你把 A、B、C、D 改成 E、F、G、H,我就会加入"。

票结果指定。如果首席大法官属于多数意见方,他可以指派多数方中的一人撰写判决,也可以自己亲自操刀。

如果存在异议意见,异议意见的撰写者,一般由异议方中最资深的大法官指定。有时大家意见一致,这当然很好,不过只有少数案件会这样。我不知道现在是什么比例,但通常情况下,大法官们能取得一致意见的案件,只占全部案件的 15% 到 20%。

一旦代表多数意见方撰写判决的大法官完成初稿,并提交全院传阅,其他八位大法官会在审酌之后,于一两天内反馈意见。他们读后或许会说:"亲爱的桑德拉,我加入",或者"亲爱的桑德拉,我想读完异议意见再表态",或者"亲爱的桑德拉,在正式表态前,我还想再考虑一下",或者"亲爱的桑德拉,如果你把 A、B、C、D 改成 E、F、G、H,我就会加入"。

大致情况就是这样。如果有异议意见还在起草,大家会等读完异议意见再投票表决。异议意见被交付传阅后,如果相关说法很有说服力,多数方那些态度比较骑墙的大法官还可能转变立场。

所有这些都发生在会议室之外。大法官们通过撰写书面意见说服其他同僚。这种方式也比较合理。因为大家围坐一处,只能口头交流,讨论内容往往太过笼统,不够精确。当你审阅书面稿时,可以看到关于某个具体观点的详细论证。毕竟,白纸黑字可以准确传递观点,通过阅读也有利于发现问题。

斯温:您喜欢这份工作带来的智识享受么?看起来似乎存在许多智力挑战?

奥康纳:是的,是有很多挑战。决定一个案子该怎么判,本来就非易事。有的案子很棘手,有的不太难,有的很简单,还有一些构成艰巨的挑战。对于有些问题,你希望了解其他人的看法后,再决定如何表态。在这种情况下,书面交流会很有帮助。此外,与在头脑里默默思考相比,将自己的看法用文字写下来,更有利于梳理思路。这确实很有挑战性,令人兴奋。

斯温:有没有您最感兴趣的某一类案件?

奥康纳:没有,不存在我最感兴趣的案子之说。即使是一开始比较讨厌的案子,到最后也可能变得很有挑战性。一切皆有可能,所以,我不觉得案件类型会影响你对它的兴趣程度。真正的挑战在于,解决某个特定议题的法律问题,并真正取得实效。任何议题的案件都可能带来这种挑战。

斯温:针对判决意见的一些异议或评论,有时非常尖锐,有时甚至明显针对个人,您注意到这些了么?

奥康纳:是的。如果我觉得有些表述很不恰当,会直接找到那位大法官,告诉他:"您真打算这么说吗?是不是可以考虑删去这一句或那一句,或者换个缓和些的说法?"我偶尔会这么做。

斯温:您在《法律的庄严》中提到,初到最高法院时,其他大法官热情接纳了您。作为一个整体,最高法院是不是像个大家庭一样?大法官们在非工作时间,也会和日常工作期间一样,像朋友那样相处么?

奥康纳:是的。总体来说,这是一个非常团结的集体。我很幸运,能在这样一个团结的最高法院工作 25 年。但从历史上看,最高法院并非一直如此。历史上,也有部分大法官反目成仇的时候。在那时的最高法院工作,可不是一件快乐的事情。谢天谢地,在我任职的那些年中,同事们相处非常融洽。

斯温：我们还有5分钟的时间，我还有一些比较宏观的问题问您。首先是关于这座大楼，您离开它已有一段时间了，现在回到这个您度过了四分之一个世纪的地方，您怎么看待这座建筑，以及它的象征意义？

奥康纳：这座大楼很漂亮。设计师卡斯·吉尔伯特认为自己完成了一项非常伟大的工作，甚至觉得连国会大厦都应该搬走，这样人们观赏最高法院的视野才会更宽敞。你听说过这个故事么？

斯温：没有。

奥康纳：当然，这只是设计师自己的想法。我认为他确实建造了一座华丽宏伟的建筑，不过，国会大厦也犯不着为了方便大家观景而动迁。这座大楼整体上是希腊神庙风格，门前的台阶很漂亮。建筑所用的大理石，产自美国不同地区。从正门进入后，穿过大理石门厅，就会到达法庭。法庭的设计也很像希腊神庙。这绝对是一个激动人心的地方。如果你第一次到这里，会发现它比你想象的小。这不是个大法庭。一些上诉法院的法庭都比这里宽敞。

大法官们的办公室也不大。许多巡回上诉法院的法官，甚至联邦地区法院法官的办公室，都比最高法院大法官的办公室大。所以，决定这个地方是否庄严与特别的，并非法庭或办公室的大小，它的象征意义和特别之处，在于这里发生的事情非常特殊。

斯温：这里有没有什么地方，是您独处时比较喜欢去的？

奥康纳：没有这样的地方。如果你想完成手头的事，可以回自己的办公室干。不过，我们在楼上有一个很棒的图书馆、一个阅览室，那里有很多张桌子。有几次，因为得查阅大量案件资料，我们占用了两三张桌子，上面摆满了书，我和助理边准备判决，边翻阅资料。不过，这类情形不常发生。我

奥巴马总统授予奥康纳总统自由勋章

们通常会用手推车装书,把书推到楼下,在办公室使用。现在,大家已经可以用电脑查询资料了,也更习惯使用电脑。

我刚来最高法院时,这里的计算机都很大,也不好用,被称为"Atex机"。这些电脑不易操作,大家也懒得用。现在的电脑变得小巧、灵活,用起来也方便多了。

斯温:我们刚开始采访时,您提到自己花了很多时间,致力于教育公众认识法院的功能。那么,您认为最高法院在当代社会中应当起到什么作用,人们又需要了解哪些内容呢?

奥康纳:最高法院得到了美国人民的尊重。我想,它也是最受人民尊重的政府机构之一。我们的立法机关包含两个不同的党派,政治立场比较多元,留给人民的印象比较复杂。人们对待总统,也是有褒有贬。总体来看,

只有最高法院赢得了全体人民的尊重和赞赏。我希望我们能一直拥有这些。

最近25年来，虽然偶有例外，但我听到的对法官的批评之声，比过去要多，这让我忧心忡忡。我想，是时候让美国人民了解，制宪先贤在创制一个独立的联邦司法分支时的意图了。

众所周知，联邦法院只负责裁决联邦法中的问题。这里的联邦法，包括宪法和法律。联邦法院的判决对联邦法院和州法院都有约束力。

按照立宪者的设计，联邦法官只要品行端正，就不受任期限制。他们的薪酬在任期内不得被减少。显然，立宪者们唯恐其他政府分支因为不赞成法院的判决，就干涉司法独立。这是个非常了不起的设计。

斯温：前面您提到，当您结束与威廉·弗伦奇·史密斯的会面，回到家里时，认为这并不是一份自己想要的工作。后来，您还是走上这个岗位，如今也离任多年。回头来看，如果当初选择拒绝，您认为自己的生活又会是什么样呢？

奥康纳：我照样会过得很好，谢谢。但能在这里工作，是我的荣幸，这段经历使我可以真正从内部了解到，联邦最高法院是一个多么了不起的机构。

斯温：感谢您抽空接受我们的采访。

奥康纳：谢谢。

戴维·苏特

这使每个人都有了
真正的参与感

戴维·苏特大法官(已退休)

被称为最高法院的"隐士"。他 1939 年出生于马萨诸塞州,先后毕业于哈佛学院和哈佛法学院,曾作为罗德学者在牛津大学学习。从法学院毕业后,他于 1966 年至 1968 年在新罕布什尔州从事律师工作,后担任州助理司法总长。1971 年任州司法副总长,1976 年升任州司法总长。1978 年,他被任命为新罕布什尔州高等法院法官,1983 年成为新罕布什尔州最高法院大法官。1990 年,他出任联邦第一巡回上诉法院法官,几个月后被任命为联邦最高法院大法官。

苏特一直未娶,生活低调,格外注重个人隐私,向来排斥摄像机、电脑等电子设备。这次采访,是苏特大法官第一次接受电视访谈。遗憾的是,他也是唯一一位接受采访后,明确要求不得公开采访记录的大法官。

2009年6月7日,戴维·苏特大法官在他的办公室接受了C-SPAN主持人布莱恩·拉姆的采访。[1]

苏特:法庭虽气势恢弘,但在庭审时,却能维持人与人之间的亲切感。一方面,这是因为法庭并不宽敞,但这种亲切感实际源自台前发言律师与听审法官之间的关系。如果台上的法官探出身子,而台前的律师也尽量向前靠,我们几乎可以握到对方的手。这就意味着,言词辩论时,你和身边人从身体上到心理上,都非常接近,这是非常重要的,这使每个人都有了真正的参与感。

---

[1] 因为戴维·苏特大法官拒绝公开出版他的访谈内容,因此本书中没有收录此次访谈的内容,下面这段话是我们找到的唯一来自此次访谈的文字,出自原书序言。——本书编辑

最高法院全景

最高法院大楼正门

正门入口左侧手握正义女神的
沉思者雕像

正门入口右侧象征法律权威
守护者的雕像

正门前带喷泉水池的椭圆形广场

最高法院左侧铜门上的浮雕

查士丁尼法典
公元6世纪，罗马（拜占庭）皇帝查士丁尼下令发布《国法大全》。这被认为是罗马法的第一次法典化。

朱利安与学者
古罗马最著名的法律教师朱利安正指导学生研读法律，象征着学者对法律发展的推动作用。

罗马执政官的法令
一名罗马执政官正发布法令，宣布法官创制的法或普通法的效力，一名代表着政府执法权的士兵在旁边候命。

阿喀琉斯之盾
记叙了荷马史诗《伊利亚特》中铁匠之神铸在阿喀琉斯之盾上的场景。画面中，两个男人正就法律问题展开争论，胜者将获得圆台上的两枚金币。这幅作品代表着远古的法律。

最高法院右侧铜门上的浮雕

马歇尔与斯托里
1803年，约翰·马歇尔首席大法官与约瑟夫·斯托里大法官在国会大厦前讨论"马伯里诉麦迪逊案"。需要说明的是，实际上，斯托里大法官是在这个里程碑判决宣判8年后，也即1811年才进入最高法院的。

柯克与詹姆斯一世
英格兰首席大法官柯克，阻止国王詹姆斯干预法院审理案件，认为法官应当只服从法律，独立于政府的行政分支。

威斯敏斯特法令
1275年，英王爱德华注视着大法官发布威斯敏斯特法令，这是西方历史上最伟大的一次法律改革。

大宪章
1215年，英格兰国王约翰受贵族挟持，被迫签署保障民权的大宪章。

大法官会议室

最高法院法庭,从律师席仰视审判席

大法官专用餐厅

大法官法袍室内景

伦奎斯特法院九位大法官合影

现任九位大法官合影

现任九位大法官合影

历任女性大法官合影,
从左至右依次为:奥康纳、索托马约尔、金斯伯格和卡根

奥巴马总统和拜登副总统拜访美国最高法院

2010年,奥巴马总统在国情咨文演说中批评最高法院的一起判决,在场的大法官们颇为不悦

2011年,部分大法官出席奥巴马总统的国情咨文演说

"最伟大的首席":约翰·马歇尔首席大法官

附录一　他们了解最高法院

为了使全书内容更加丰富、完整,C-SPAN还采访了几位最高法院"专家"。他们是:《今日美国》资深记者、奥康纳和斯卡利亚的传记作者琼·比斯丘皮克;前首席政府律师德鲁·戴斯三世;最高法院记者团团长、SCOTUS博客创办人莱尔·丹尼斯顿;前法官助理、著名上诉律师莫琳·马奥尼;最高法院历史专家詹姆斯·奥哈马;最高法院现任书记官威廉·苏特。从他们口中,读者可以从不同视角,进一步了解联邦最高法院的历史、传统与文化,并获得更多新颖、有趣的资讯。

琼·比斯丘皮克

最大的挑战是向公众解释判决内容

自1989年以来,琼·比斯丘皮克一直从事最高法院相关事务的报道工作,先是在《国会季刊》,之后在《华盛顿邮报》,2000年至今服务于《今日美国》。她毕业于乔治敦大学法学院,是奥康纳大法官的传记作者,新近又推出安东宁·斯卡利亚大法官的传记。[1] 2009年7月13日,比斯丘皮克女士接受了C-SPAN主持人马克·法卡斯的采访。

法卡斯:今年秋天,最高法院的成员会有变动,根据您多年来的观察经验,新任大法官将给最高法院带来什么样的变化?

比斯丘皮克:一位新大法官的到来,会给最高法院带来许多不同层面的变化。首先当然是法律层面——不管怎么说,这可是一座有权设定本国法律的法院——新任大法官对意识形态的平衡有一定影响,也可能改变具体案件中的投票格局。这也是新任大法官能发挥的最实质的作用。不过,一位大法官也可能给九人之间的人事格局带来改变。您可能已从很多人那儿听到过拜伦·怀特大法官的一句名言:一位新任大法官会带来一个新的最高法院。大家都会发生微妙变化。设想一下,任何一个组织,一旦有新人加

---

[1] 这两本书都已有中译本,即〔美〕琼·比斯丘皮克:《改变美国联邦最高法院:大法官奥康纳传》,方鹏、吕亚萍译,上海三联书店2011年版;〔美〕琼·比斯丘皮克:《最高法院的"喜剧之王":安东宁·斯卡利亚大法官传》,钟志军译,中国法制出版社2012年版。

入,都会发生变化。最高法院这个组织有九名成员,新人加入后,大家都会有细微调整,接纳新人的个性习惯、法律立场和行事风格。

法卡斯:根据您对这些人的多年观察与交往,他们通常需要多久才能适应大法官岗位的工作?

比斯丘皮克:这就因人而异了。有些人可以很快适应,因为他们过去本来就是联邦下级法院法官,工作模式与最高法院非常相似。有些新成员可能得用5年时间才能逐渐适应。戴维·苏特大法官才在联邦法院干了几个月,就于1990年被任命到最高法院。他常谈起自己履任之初如何疲于奔命,用了好几年时间,才适应这里的工作节奏。事实上,他这次这么早宣布退休,就是为了给新大法官预留时间,使他能够在十月的第一个周一上任。1990年,布伦南大法官是在夏末才宣布退休的,所以苏特接任时间比较晚。

法卡斯:新任大法官进入最高法院后,一般会有什么变化?

比斯丘皮克:新人入院后,最高法院会有各类变化。首先,大家在审判席上的席次会重新调整。在那里,所有事情都是以资历为序,包括在审判席上的座位。所以,你会看到他们的坐席会发生变化。首席大法官仍坐在原位,其他人按资历调整座次。刚入院的大法官会坐在审判席末端,其他人则会离审判席中央更近一些。正中央的位置由首席大法官坐,其他大法官坐在他两侧。

法卡斯:如果不是长期关注最高法院的事务,人们似乎并不了解这个地方的传统。您能谈谈这些传统,并介绍一下新任大法官将如何适应它们么?

比斯丘皮克:最高法院是一个充满伟大传统的地方。事实上,我们有时会开玩笑说,庭审时发给出庭律师的那些鹅毛笔,就是大法官们写判决时用剩下的。有几位大法官至今仍习惯用手写判决意见,而不是像今天绝大多数人那样在电脑上打字。

在这里,人们行事都依循传统。例如,言词辩论时间只有一个小时。双方各有 30 分钟发言时间。出庭者面前有盏小白灯,等发言时间只剩下 5 分钟时,红灯会闪烁提醒。大法官会在特定时间里召开会议。最高法院按自己的节奏运转。它有自己的既定节奏和运行模式。首席大法官伦奎斯特特别不喜欢别人打乱这种节奏。

现任首席大法官约翰·罗伯茨 2005 年上任后,行事比以前略有些弹性,允许适当延长言词辩论的时间。伦奎斯特首席大法官则丝毫不留情面,只要看到红灯亮起,就会制止发言,有时甚至直接打断。

法卡斯:首席大法官对最高法院有多大影响?

比斯丘皮克:首席大法官会在不同方面,确定最高法院的工作基调。首席大法官最重要的一项权力,就是分配撰写判决意见的任务。如果首席在多数方,就由他指定最高法院判决意见主笔者。这份意见非常重要,因为它至少代表五位大法官,代表着多数意见。由于它在效力上相当于我国法律,对下级法院和广大民众都有约束力。所以是首席最关键的职能。另外,首席还有一些颇具仪式性的工作。他负责主持大法官们的内部会议,兼任其他一些组织的成员,有的只具备形式意义,有的却掌握实质权力。但是,在涉及法律问题的具体决策时,他那一票所占的比重,与资历最浅的大法官是一样的。

法卡斯:我们先回到前面的话题,在多数人心目中,最高法院似乎是最神秘莫测,也最不被人了解的政府分支。您能向我们解释原因何在么?如果可能,也希望您能揭开最高法院的神秘面纱。

比斯丘皮克:的确,对公众而言,最高法院应当是最具神秘性的政府分支。人们甚至连绝大多数大法官的姓名都说不出。大法官们在禁止摄像机进入的大理石大楼内工作。就算他们走在大街上,也不会被一般人认出。他们的照片并非随处可见。只有在重大案件宣判时,你才可能在报纸头版上看到他们。这些人并不被世人了解。他们通过判决向公众发声。大家就算关注他们,也只是因为他们的判决意见,有时会真切影响到人民的生活。

但是,他们宣判时,也是不许拍照录影的。所以,最高法院确实比较神秘。

还有一个原因,在于法律本身。对多数人来说,法律是错综复杂的事物。人们并不清楚大法官在忙些什么。在那里,所有工作都依循先例。现在的判决多建立在十多年前,甚至几个世纪前的判例基础上。这些都比另外两个政府分支显得神秘。

法卡斯:这些对您的工作有多大影响?在您从事最高法院相关事务的报道期间,面临的最大困难是什么?

比斯丘皮克:最高法院工作的复杂性,恐怕是我从事这项工作面临的最大挑战之一,尤其是面向广大普通读者写作时。《今日美国》是一份全国性报纸,读者群比其他报纸广泛,但大家的兴趣点也很宽泛,并没有特别偏好。人们不会专门看政治或法律类报道。所以,我在报道大法官们的工作时,必须照顾普通人的理解能力,以尽可能平实、浅显的文字介绍。这么处理其实很不容易。我有时会很沮丧,因为一些判决远比我报道的要复杂,但我却无法把这些过于复杂、专业的因素解释给我们的读者。

法卡斯:您先后在多个媒体工作,长期从事最高法院相关事务的报道,还写过几本与之相关的书。在报道最高法院过程中,您最喜欢哪个环节?

比斯丘皮克:在报道最高法院过程中,很多事情让我乐在其中。我很喜欢言词辩论环节,你可以看到律师们在庭上侃侃而谈,大法官们偶尔回应,彼此交流。我常把它形容为在华盛顿特区最愉悦的旅程之一。整个过程充满乐趣,但永远不会在电视上播出,人们也压根儿不知道庭上发生了什么事。整个过程非常有仪式感。法庭非常漂亮。深红色天鹅绒幕帘、白色大理石穹顶,映衬得审判席格外庄严。大法官进来时,都身着法袍,列队行进。这些年的庭审气氛也比较活跃,有许多言词交锋,值得一看。有时你甚至可以从庭审中觅得若干线索,大致判断出审判结果,有时等到最终宣判,你又会对判决结果大吃一惊。只有当他们坐在审判席上时,才会成为众人瞩目的焦点。

法卡斯：在最高法院内，您是否曾在某一时刻，沉浸于历史之中，联想到这个法庭里发生过的事？

比斯丘皮克：我注意到，这座大楼是 20 世纪 30 年代才建成的，而且，我也读过早年一些庭审记录，知道许多人当年曾到这里旁听过庭审。这座大楼落成时，恰逢富兰克林·罗斯福"新政"中期，许多"新政"措施受到置疑，相关案件都在最高法院审理，很多人跑来观审。回顾历史，你会发现，即使在早年的最高法院，也曾经有成千上万的人莅临观审，一种厚重的历史感会油然而生。

法卡斯：因为人们对大法官知之甚少，也不知道他们是谁，您能否从人性化视角，告诉大家一些发生在这座大楼内的，关于这些大法官之间的趣事？

比斯丘皮克：哦，好的。的确有一些人性化的元素。事实上，有两位大法官的关系非常紧密，令许多人大跌眼镜。一位是极其保守的安东宁·斯卡利亚，另一位是自由派的露丝·巴德·金斯伯格。他俩是非常好的朋友。虽然他们立场迥异，但早年在下级法院共事时，就已建立友谊。在审判席上，他们的风格也有很大差别。斯卡利亚大法官好勇斗狠，咄咄逼人，恨不得凑到出庭律师面前。金斯伯格大法官会提许多问题，但口吻非常客气、礼貌。不过，他俩却是莫逆之交，会一块儿欣赏歌剧，两家还经常一起吃年夜饭。他们彼此都很尊重对方。俩人在哥伦比亚特区巡回上诉法院共事时，就时常交换意见，还会就判决书如何措辞，请对方提出建议，是工作上的好搭档。

其他大法官私下也会打打桥牌，或者一起旅行。这是一个非常人性化的机构。请注意，他们都是终身任职的，所以也有必要搞好关系。

法卡斯：金斯伯格大法官在之前的采访中提到，她在审判席上正好位于斯卡利亚大法官邻座，时常得靠掐自己，才能防止不被斯卡利亚那些冷嘲热讽的俏皮话逗得笑出声来。您旁听言词辩论时，是否注意到类似场景？

比斯丘皮克：金斯伯格大法官认为斯卡利亚是一个非常有趣的人。我完全理解她为什么要不断掐自己，以免被斯卡利亚逗到笑场。对她来说，他的发言有的风趣幽默，有的咄咄逼人，有的惹人发怒。如前所述，他俩在法律问题上的立场很不一致，她对他这种夸张表述已经习以为常。

法卡斯：报道最高法院的记者如何与大法官交流？

比斯丘皮克：我常常采访大法官。但我从不认为自己是任何大法官在社交意义上的朋友。我与大法官们相处融洽，但我不会把这种关系上升到友谊层面。我会在许多场合与他们碰面，无论是为报纸写稿，还是自己写书，都比较容易采访到他们。

法卡斯：有天在最高法院，我看到您正与布雷耶大法官共进午餐。你们午餐时都聊些什么，这些对您报道最高法院事务有何帮助？

比斯丘皮克：与个别大法官共进午餐，可以让记者从普通人角度了解他们，而不是把他们单纯视为法律解释者，这样也有助于交流。我们力图让这些大法官了解我们的工作内容，洞悉我们的局限所在，知道我们打算向读者表达什么，清楚我们在哪些方面要听从编辑指令。这种不定期的会面非常好，这些大法官都是终身任职，有些人甚至以为我们这些记者也是终身任职的。我从事最高法院报道工作已经有二十多年，但我还远远不是这个领域资历最深的记者。

法卡斯：为什么会这样呢？

比斯丘皮克：我想还是因为我们这类记者比较特殊吧。虽然我们也必须追逐最新资讯，但我们这个群体，有时更像一群书虫。我们都随身携带一支黄色记号笔。大家都热爱阅读判决，追溯先例，对法律都很感兴趣，并且乐在其中。这些或许是我们与普通记者的不同之处。对我们来说，最高法院就像一所循环反复开学的学校。虽然我们许多人都已读过研究生或法学院，但大家都舍不得中断在这所学校学习的过程。

法卡斯：我们在最高法院采访期间，有几天正好是宣判日，请描述下这些天的情形。

比斯丘皮克：宣判日当天，我个人会去听大法官在审判席上宣判。我喜欢这种激动人心的场景，能够听到大法官亲口宣读自己的判词，包括解释自己为什么会反对多数方观点的异议意见。然后，我会快步赶往楼下的最高法院记者工作室，我们的笔记本电脑都放在那儿。我会先写一条消息，发在我们报纸的网站上。我刚开始报道最高法院事务时，这可是一项特别困难的工作，因为在正常情况下，你得用一天时间去消化判决书的内容，打电话采访，看大家对判决的反应，然后在晚上六点或七点写出一篇报道，刊登在第二天的报纸上。但在这会儿，读者们想尽快知道最高法院是怎么判的，以及判决可能导致的影响。

法卡斯：每个判决都会这么做，还是仅针对特别大的案子？

比斯丘皮克：凡是比较重要的案件宣判，或者庭审之后，我都会为我们的网站写一则快讯。但是，并不是每个案子都能达到读者迫切希望知悉其最新进展的程度，所以我不会每个案子都这么做。现在的工作模式，和我刚从事最高法院报道时已经有很大不同。过去，我有更多时间研读判决书，哪怕给读者写一个字，落笔前也得先把相关问题弄明白。现在我可能一天要写两到三篇稿子。大法官们宣判后，我一拿到书面稿，就要抓紧时间写篇快讯。随后我会更仔细地研读判决，采访相关人士，尽可能理清思路，知道如何在第二天的见报稿上向读者们解释这一判决。因为文章刊出时，大多数《今日美国》的读者可能已知道最高法院的判决结果，所以我得在第二天的报道中告诉他们更多信息。或者是事件的最新进展，也可能是某些州可能出现的后果，又或者是国会某些成员为抵制判决内容，可能采取的措施。

所以，现在要想报道最高法院的事务，每篇报道都要做加法，有增量信息。围绕一个判决，你前后可能得写几篇不同的报道。

法卡斯：新媒体的出现，是否给您的工作带来更多困难？

比斯丘皮克：确实带来更多挑战，不过也令这项工作更加刺激。如果我们跟不上潮流，就不会再有读者。如果我在第二天的见报稿中，只笼统地说最高法院以五票对四票作出判决，谁还会看这篇报道？每个人起床拿到报纸前，都已经知道这个结果了。在宣判日的上午十点半或十一点，他们可能还想知道大法官是怎么判的。到第二天，大家想看到的是更具体的分析，以及各方对判决的反应。

法卡斯：您观察过最高法院门外那些抗议者么？

比斯丘皮克：我经常采访门外那些人们，无论是示威抗议者，还是列队申请旁听席位的人，我想知道他们对最高法院的期望，以及他们站在那里的原因。每周都有好几百人来最高法院旁听庭审。当然，也有数百人来此示威抗议。他们需要媒体的报道，也需要唤起人们的注意。通过交谈，我可以知道他们到底在抱怨什么，为什么来此抗议。如果他们是专程赶来，我会努力弄清是什么促使这些人从家乡赶到这里，在我国最高审级的法院门前亮明立场。

法卡斯：稍等片刻，请谈谈最高法院西广场的象征意义，以及它反映出的设计者意图。

比斯丘皮克：西广场非常漂亮，对吧？漫步其上，感觉格外壮观，抬头就能看到了不起的"法律之下人人平等"的石刻，还有那些不同主题的美丽雕像。这种大楼富含各类与正义、平等主题有关的建筑元素。而且，这是一座光彩四射的建筑。广场前的警卫都戴着墨镜，但是，如果你不戴墨镜，会更清楚地感受到白色大理石反射出的亮光。这亮光足以让人眩晕。如果当天有重要案件的庭审，门前会有很多人站着排队。在广场上，你可以看到各式各样的抗议人群。而旁边的大楼却禁止摄像机进入。总之，站在那里，你能深刻感受到最高法院的气场。

法卡斯：对于庭审直播的问题，您怎么看？

比斯丘皮克：我认为，如果可以看到诉讼双方如何辩论，大法官如何提问、互动，对于了解我国最高法院如何运转，是一条非常不错的途径……这些人都是终身任职。大家可以借此看到他们如何审案。

法卡斯：您有时会不会感觉到，这些大法官是以向律师发问的方式进行交流？

比斯丘皮克：庭审时，大法官可以直接交流，不一定非要向律师提问。他们会表露出自己对案件的兴趣，有时甚至直接讨论。这么做主要基于不同原因。首先，言词辩论可能是一周当中，九人罕有的可以聚齐的时间，他们可以借机彼此交流、相互讨论。另外，等到召开内部会议，准备进行投票时，许多大法官主意已定。在许多案件的庭审过程中，这样的讨论非常简短，也不会是你来我往的交谈。所以，庭审其实给大法官提供了一个机会，使他们能在内部会议之前发表一些观点。

法卡斯：肯尼迪大法官接受我们采访时谈到，走进会议室前，他会觉得自己又像一个准备出庭辩论的律师，甚至有肾上腺素分泌加快的感觉。您肯定知道不少这样的掌故。这些人进入最高法院后，当年的律师身份对他们还有影响么？

比斯丘皮克：这个问题很好，涉及一个人进入最高法院前后的心态变化。他们中的大多数人，都是在个人职业生涯的中后期进入最高法院的。这时已五六十岁，个性也已基本定型。许多人入院前，都有律师背景，难免会有"你方，我方"这样的判断……在个案中，大多数人会按立场"站队"。他们会尽力说服同事站在自己一方。所以，当他们发表观点时，你会看到有人像肯尼迪大法官那样激动。

法卡斯：这座大楼内，有您比较喜欢的地方么？

比斯丘皮克：喔，你们已经看到那螺旋形的楼梯了吧？这算一个。法庭也非常漂亮。你们去过体育馆了么？里面的场地被戏称为"美国最高院"。

这个体育馆的历史,与法庭的历史一样长。运动员出身的拜伦·怀特常在这里打篮球,桑德拉·戴·奥康纳则在这儿办起了第一个女子健美操班。工作之余,法官助理们会在这里放松。这是个非常棒的地方。在地下一层,有女裁缝、木工,甚至有过一个理发师。总之,这座大楼内有一个"小世界"。

法卡斯:除了记者工作室和法庭,您还去过哪些地方?您进过他们的办公室么?图书馆呢?

比斯丘皮克:我去过图书馆。遗憾的是,很少有人会使用这里的图书馆,大家都习惯用电脑检索电子数据库。图书馆非常漂亮,是一个非常舒适的地方。我偶尔会去那里查资料。我可以出入大法官的办公室,但必须提前预约,而且得有工作人员陪同。总之,无论是为了做报道,还是为了写书,要想访问大法官,都得提前预约才能安排。

法卡斯:大法官的办公室通常是什么样的?

比斯丘皮克:各有不同。多数都配有黑色的皮制家具。每位大法官有权挑选自己喜欢的艺术品,陈列在办公室内。金斯伯格大法官的办公室很有现代感,色调以米黄色与浅灰色为主,与其他男性大法官的房间相比,要更加亮丽。每个人的办公室都略带些个人风格。约翰·保罗·斯蒂文斯大法官喜欢打高尔夫球,保留了不少"一杆进洞"的纪念。在挑选艺术品方面,每人也有不同的兴趣偏好。

法卡斯:我们继续谈最高法院的传统,哪些传统是一直延续至今的?

比斯丘皮克:最高法院是个很重视传统的地方。不过,前任首席大法官也曾经在自己的法袍上加上了四道金色条纹,奥康纳和金斯伯格大法官也给黑色法袍配上过漂亮的领结,这些做法都很有勇气。[1] 这是一个充满各

---

[1] 威廉·伦奎斯特受歌剧《贵族与仙女》中大法官服饰的启发,对首席大法官的法袍进行过一次颇受争议的改良,他在原本素黑色的法袍衣袖上各加了四道金色条纹。约翰·罗伯茨接任首席大法官后,所做的第一件事就是恢复过去的法袍式样,把首席大法官袖子上的四道金色条纹去掉了。

式各样传统的地方。人们不喜欢突破常规或者不依循惯例行事。我想,他们认为目前的规矩和惯例,是从过去的大法官等司法先辈那里继承而来的,不能轻易另起炉灶。首席大法官罗伯茨已逐步采取措施,令最高法院的工作更加开放,例如,言词辩论的笔录在庭审当日即可向记者和公众公开。当然,这种开放的步伐还非常缓慢。也许大法官们都认为,最高法院之所以备受尊崇,很大程度上基于它拥有的传统。

法卡斯:您曾写过桑德拉·戴·奥康纳的传记,她是最高法院第一位女性大法官,第二位则是露丝·巴德·金斯伯格。在您看来,两位女性给这个机构带来了什么变化?

比斯丘皮克:两位女性进入最高法院后,对这里的一切都持审慎态度。她们非常聪明,知道这里充斥着各种传统,也不打算越界太多。奥康纳大法官来最高法院时,会议室旁边只有一个男厕所。院内许多设施也基本只考虑男性。当她在顶楼的体育馆办起健美操班时,许多人都吃了一惊。但是她很聪明,知道如何把握分寸。她与金斯伯格大法官一道,打破了最高法院内的性别障碍。而且,她们都曾有过成为院内唯一女性成员的经历。从1981年到1993年,奥康纳是唯一的女性大法官。1993年,金斯伯格履任,奥康纳表示非常开心。金斯伯格也承认,两名女性在一起共事,总比只有一位女性成员强。但是,到2006年1月,奥康纳大法官离开了最高法院,院内又只剩金斯伯格一位女性成员了。

法卡斯:最高法院由九位大法官共同掌管,如何理解这么做的重要性?

比斯丘皮克:是的,最高法院有九位成员,九个人的领导权限是一样的。他们都终身任职,知道会与其他人一直共事下去。无论在司法立场上有何分歧,都得朝夕相处。我想,2000年的"布什诉戈尔案"时,他们的关系遭遇了最大的挑战,对这起案件的判决决定了小布什与阿尔·戈尔的大选结果。这恐怕是最高法院近十年来面临的最大的挑战。大法官内部分歧很大,有人甚至在审判席上宣读了措辞严厉的异议意见……多数大法官都会在任上待二三十年,所以,不管分歧有多大,他们都得维护好同事之间的关系。事实上,最近几年上任的绝大多数大法官都很好相处,注重团结,从不相互拆台。

法卡斯:好几位大法官都谈到,言词辩论结束后,他们会在餐厅共进午餐,他们或许会提到某个律师的表现,但不能讨论案情。

比斯丘皮克:共进午餐也是最高法院一项传统,这是奥康纳大法官入院后推动形成,并固定下来的。大法官们会在庭审结束后进入餐厅。他们偶尔会提到庭审时的情况,但绝不能讨论案情。他们会聊到电影、儿孙、天气和未来的旅行计划,话题非常广泛。这也是一种相处之道,大家暂时搁置分歧,和谐共处。

法卡斯:这么做的重要性何在?

比斯丘皮克:对任何一个有九名成员的组织来说,和谐共处都是非常重要的。如果你必须与同僚朝夕相处,何不让大家的关系更融洽一些呢?当然,这并不意味着在具体法律问题上,他们就不会针锋相对了。最高法院是一个很有人情味的机构。九个人既要处理好本国的法律事务,又得处理好人际关系,尽可能保持融洽。

法卡斯:另一位女性成员,索托马约尔大法官,将来到最高法院。您认为,她会带来多大改变?如果单从她是一位女性新任大法官的角度来考虑呢?

比斯丘皮克:新任大法官将传达另一位女性的声音,况且她还是西班牙裔,可以令审判席的组成更加多元化。如果一位参观者进入法庭,他会看到审判席上坐的多半是男性和白人,台上也只有一位非洲裔的大法官。增加一位西班牙裔大法官,而且多一位女性成员,可以促进最高法院成员的多元化。试想,美国现在的男女比例已经是各占一半,如果九位大法官中居然只有一位女性,显然是过于失衡了。其实,即使九人中有两位女性,依旧不具代表性,但起码比现在好。

法卡斯:新大法官被参议院确认之后,这座大楼内将进行哪些准备工作?

比斯丘皮克:新任大法官入院前,工作人员会事先为他或她定制一副皮椅,放在相应的席位前。最高法院内部会有一个宣誓仪式。然后这位大法官就算正式履任了。其实,这个仪式只具象征意义,新任大法官从夏季闭庭期开始,就得审阅大量待决的复审令申请,许多案子要在秋天开审。新任大法官得在办公室加足马力,弄清每个案子庭审时可能涉及的关键争议……思考如何在内部会议上提出解决思路。

法卡斯:从记者角度看,新任大法官进入最高法院后,将给您的工作带来哪些挑战?

比斯丘皮克:新大法官进入最高法院后,记者会想知道她是一个什么样的人。这个人的性格如何?会如何审理案件?对其他八位大法官会有什么影响?她会使某位大法官不再成为特例?又或令她本人成为某方面的特例么?新任大法官索托马约尔恰好来自纽约布朗克斯区。这样的话,审判席上就会有好几个纽约客,还有一个新泽西人了。露丝·巴德·金斯伯格来自布鲁克林区,安东宁·斯卡利亚来自皇后区,塞缪尔·阿利托来自新泽西的特顿市。你会感叹,怎么这么多人来自东海岸。索托马约尔大法官加入最高法院,这种类型的混搭就更多了。

法卡斯:说到"混搭",您最近出了本新书,为什么要选择斯卡利亚大法官为传主呢?

比斯丘皮克:斯卡利亚是最高法院最有魅力的大法官。他进入最高法院时,持有的司法立场格外与众不同。他认为,对宪法的解释,应当与宪法起草和批准时的人们的想法相同。许多年来,他的这种立场都处于孤立地位,所以他只能在最高法院的大理石墙外传播自己的司法理念。如今,他的法律观点已逐步成为最高法院的多数意见。此外,他还是一个很有趣的人。他因为与迪克·切尼的"猎鸭之旅"而名声大噪,还经常与金斯伯格大法官一起欣赏歌剧。[1] 人们其实都很想了解他更多情况。他在言词辩论上非常活跃,发言肆无忌惮、针针见血。即使对学生说话,也直言无忌。我想,能向读者展示斯卡利亚何以成为斯卡利亚,是一件非常有趣的工作。

法卡斯:您进过大法官们的会议室么?
比斯丘皮克:进过。

法卡斯:肯定不是开会的时候进去的吧?
比斯丘皮克:当然,我倒是想呢。

法卡斯:结合您知道的情况,能否简单介绍下会议程序?
比斯丘皮克:举行内部会议时,大法官们会围坐在一张长方形的桌前。座次以年资为序。首席大法官宣布具体案件后,大家开始投票,通常由首席先投。如果有人还没决定如何投票,可以先等一会儿,但是,最后一个人投票后,怎么也得表态了。投票时,大家还会发言交流,这里主要指那些已经经过言词辩论的案件。随后,大家还会以年资为序,讨论一些调卷申请,决定是否受理案件,以及庭审如何排期。

尽管这里决定的都是非常重要的事务,但并没有秘书在场,法官助理也不能进入这个房间。只有九位大法官在里面。会议正式开始前,大家会喝点儿咖啡,吃些甜点。无论是进入审判席,还是召开内部会议,之前都要相互握手。奥康纳大法官曾说过,她很喜欢与同事握手的传统,起码能保证大家在激烈争论前,先有一个比较友好的肢体接触。

会议结束后,大家会回到各自的办公室,之后与其他成员的交流,都以

---

[1] 2004年1月,斯卡利亚与时任副总统迪克·切尼一起外出猎鸭,当时,切尼正好是最高法院正在审理的一起案件的当事人。"猎鸭事件"被媒体曝光后,引起连串政治风波。许多人指责斯卡利亚违反了法官职业伦理,但斯卡利亚认为自己光明磊落,不仅拒绝从相关案件中回避,还公开撰文反驳,认为大法官与政界人士交往是正常现象,不会影响司法公正。

书面方式进行,把想法写在备忘录上,在不同办公室之间传阅。如果有一位大法官打算对自己的判决意见初稿做一些修正,或者提醒某位同事自己打算如何判决,又或提出文字上的修改建议,他会把自己的想法写下,让秘书输进电脑,然后将打印稿送到其他人的办公室。大法官偶尔也会给其他同事打电话,或者直接到对方办公室去,但这样的情况非常罕见。他们通过通信员联络,使用最老套的联络方式。

这些大法官的办公室相距不到几英尺,为什么整个外部世界都靠电子邮件联络了,他们却仍然坚持靠人工传递书面信函?这是因为,他们仍是很老派的群体,很多人都不会用电子邮件。当然,也有人能熟练地使用电脑,随身还配备了笔记本电脑。我曾在布雷耶大法官的办公室与他聊些事情,他突然说:"等等,让我谷歌一下。"然后迅速敲击键盘,开始检索。但是,也有人坚持用笔写作。秘书或助理会协助他们将手写内容输入电脑。法官助理们自己则是通过电子邮件联络,大法官并非个个精于此道,所以得靠通信员传递文件。

法卡斯:展望最高法院的未来,例如 25 年或 50 年后,您认为得到什么时候,他们的工作模式才能与科技发展同步?还是说,就算时过境迁,这里的工作模式仍会一成不变?

比斯丘皮克:最高法院未来或许会在法律问题上引领整个国家的发展,但是在科技方面,如果他们一直用那些鹅毛笔,可能会始终比我们落后一些。

法卡斯:您是否曾把这座大楼看作一座法律神庙?

比斯丘皮克:我每天都能感受到这座大楼的象征意义。正门廊柱上雕刻的"法律之下人人平等",汉谟拉比、摩西等古代立法先贤的雕像,金色圆花饰穹顶——这些都与法律本质、先贤思想息息相关。所有陈设都非常庄严肃穆。任何人走进法庭,都会看到两面美国国旗分列在桃花心木制的审判席两侧。哪怕你正窃窃私语,一入法庭,都得保持肃静。律师们在前排律师席就座。后排听众一旦有大的动静,法警都会立刻制止:"别这样。"这座法庭非常庄严神圣,我从事报道工作这么多年,只有一次听到一个人的手机在庭审时响起,这已经算大错误了。

法卡斯:琼,再次谢谢您,非常感谢。
比斯丘皮克:谢谢。

德鲁·戴斯三世
这不是我的辩论，
是大法官们的辩论

德鲁·戴斯，1993年至1996年在克林顿行政分支任联邦首席政府律师。他毕业于耶鲁大学法学院，目前仍在耶鲁大学享有长期教席。他曾在美国有色人种协进会法律辩护基金工作，并于卡特执政期间，担任过主管民权事务的助理司法部长。2009年6月18日，他接受了C-SPAN主持人马克·法卡斯的采访。

法卡斯：我想以一个比较宏观的问题开始今天的采访，这个问题与最高法院的大楼相关。在您看来，这座建筑代表了什么，又象征着什么？

戴斯：在我看来，它是一座非常具有历史价值和纪念意义的建筑物，提醒我们注意这个社会的核心价值观，并且告诫大家：任何民主代议制政府都必须坚持"法律之下人人平等"的原则，必须施行法治，否则整个社会很难凝聚力量，人民也得不到公平对待。

法卡斯：20世纪60年代末，您在美国有色人种协进会法律辩护基金工作，一定参加过民权运动。您是否加入过在最高法院门口抗议的人群？

戴斯：我一般只在法庭内发表抗议。其他人则在最高法院门外抗议。毕竟我能进入法庭，其他人不能。我的职业让我可以在具体案件中，向最高法院陈述意见，并通过这种方式发挥我的作用。

法卡斯：民众聚集在最高法院门口，希望最高法院听到他们的声音，这是否说明了我们的制度和民主政体的某些特点？

戴斯：当然。最高法院门前的广场，正是人们享有言论自由、行使第一修正案所赋权利的体现。当你看到人们排成一列，等待进入法庭旁听庭审时，或者当你不同意最高法院的某些判决，站在广场上抗议时，都会意识到这一点。你看，那些戴着面具或口罩的抗议者，他们之所以这样装扮，是觉得自己的意见还没有被最高法院认可。

法卡斯：在最高法院的三角墙上，刻有"法律之下人人平等"的字样。对您来说，这意味或象征着什么？

戴斯："法律之下人人平等"昭示着法官应该独立，法律应当公正，人们所享有的权利，不应因种族、肤色、宗教或背景的不同而有所差异。这句话所传递的意思，就是一个人在最高法院会得到公正对待。

这句话也与我们的成文法有关。成文法承认不同社群之间的差别，但法律适用本身必须是公平的。法律不应只针对我们社会中的某个弱势群体或者个人，不应让他们成为替罪羊，也不应在刑罚或者经济上不公平地对待他们，而是要平等相待。

法卡斯：您有没有穿过广场，踏上最高法院的台阶？如果这样走过，可以描述一下当时的内心感受吗？

戴斯：拾阶而上，仿佛是寻求更高权威的裁断。这种缓步提升的感觉，会让人联想到最高法院和司法系统的至高地位。它意味着某人还有最后一次申诉机会，并得到一个公正、没有偏见的判决。

法卡斯：担任首席政府律师之前，您在最高法院有没有过出庭经历？

戴斯：有过。当时我在卡特总统手下工作，主管民权部门，负责在一些民权案件中出庭。那时最高法院每年审理125到150起案件，比现在要多，首席政府律师觉得可以分一些案子给我，所以我在任期间先后代理过5个案子。那是段很美妙的体验。虽然第一次开庭时有点儿紧张得发抖,不过很快就适应了。

法卡斯:能谈谈让您紧张得发抖的那次出庭经历么?当时会感到害怕么?

戴斯:我不知道那种感觉能不能称之为害怕,不过在最高法院出庭,确实让人很紧张。我记得自己第一次出庭是为一起涉及投票权的案子,对方律师发挥一般,或者说准备得不够充分,但我当时觉得大法官好像都有点儿偏向他,我还疑惑:"为什么不支持我的观点呢?"不过,最后还是我方胜诉了。

我还记得,当时是伯格担任首席大法官,庭审的节奏与后来差别很大。那时大法官们对发言时间控制得比较宽松。每方律师都有完整的 30 分钟发言时间。大法官们不会一上来就问问题,总是让你先说上 5 分钟,然后再开始发问。到伦奎斯特时代,庭审节奏就明显不同了。伦奎斯特首席大法官对律师发言时间,采取的是军事化管理方式。如果 30 分钟用尽,即使你的话只说到一半,伦奎斯特也会说:"谢谢您,戴斯律师。"这时就必须闭嘴了。总之,我需要习惯不同的节奏。

现任首席大法官罗伯茨对发言时间的控制又宽松了些。我想,这很大程度上是因为他过去当过律师,并多次在最高法院出庭,所以能够理解和同情出庭律师,允许他们在坐下之前把话说完。

法卡斯:庭审正式开始前,会经过哪些程序,可以谈谈吗?

戴斯:正式开庭前一小时,律师会与最高法院的书记官碰头,后者会介绍相关注意事项,但基本就是背诵预先准备好的"律师指南"。这么做,是为了让首次在最高法院出庭的律师保持冷静,避免他们庭前失仪,比如当庭讲笑话,或者炫耀自己跟某位大法官的交情。庭前指导的确有用,有利于律师们正常发挥。律师应当把最高法院视为一个可以发挥自己最高水准的地方,相信大法官们会听取他们的意见,并作出公正裁决。

庭前指导结束后,律师们会在工作人员陪同下走进法庭,并被引导入座。发言席左右各有一张桌子,配有两三把椅子,出庭律师一般坐在那里。通常是一位律师陈述意见,助手携带相关书籍和笔记在一旁就座。开庭前还有一个程序,虽然不是每次庭审都能碰上,就是最高法院出庭律师协会新晋成员的宣誓仪式。这个仪式给了某些朋友在最高法院发言的机会。发言通常很简短,大意就是:"我提议准许某某加入最高法院出庭律师协会,并相信他/她拥有必要的从业资格。"有个笑话,说某些律师水平太次,连建议他人入会的动议都被驳回。当然,这只是个笑话。上述动议提出后,新晋律师会全体起立,在书记官主持下宣誓入会,之后他们也可以旁听庭审,通常可以坐在很好的位置。这里还有一个小窍门,就是你可以尽量选在大案开庭当天宣誓,即使法庭快被挤满了,但作为宣誓律师,你还是会有位子。当然,律师宣誓入会前,大法官们已经就座,首席大法官会对新入会的律师表示欢迎。

宣布开庭后,审判席后的帷幕会被拨开,大法官们缓步进入法庭,走向各自坐席。工作人员会拉开椅子,方便他们入座。大法官的面前都摆有高脚杯,里面已倒好水,方便他们随时端起来抿一口。大法官们也可能捧着一摞诉状入庭,在庭审时查阅。

最高法院出庭律师协会新会员宣誓入会后,进入第一个案子的审理程序。首席大法官会念出第一起案件的编号和名称,随后申请复审一方律师起立,首席大法官会说:"某某先生或某某女士,您可以开始了。"按照常理,律师会有30分钟的发言时间。不过很少能说够30分钟。如前所述,在罗伯茨担任首席大法官的年代,因为他更理解和体谅律师,律师至少有机会陈述自己最出彩的观点。

然后大法官们就开始提问了。问题五花八门,有些是真的向你提问,他们事先已认真琢磨过这些问题,现在只是想听听你的看法。除此之外的其他问题,则是要通过你与其他大法官进行交流,而你就像口技表演中的提线玩偶,只是一个载体。开庭前,大法官对某个同僚就特定议题的想法,其实已有一定了解。所以,他们会有针对性地反复提出很多问题,律师的发言时间根本不够用。在最高法院,大法官们关心的不仅是解决当前的这个案子,他们还要考虑这个判决会对类似案件或相关案件有什么影响,会对先例有什么影响。所以,在问答环节,你常忍不住会对法官说:"这个问题与本案无关。"一般总有大法官会回应说:"我们知道,这也是我问这个问题的原因。"有时候他们不会这么直白,但你还是得回答这个问题。

言词辩论的不祥之兆,就是大法官们没什么可问的。真若如此,可能意味着要么你根本没有说服他们,要么他们内心已有了主意,不需要你再做补充。当然,如果往最好处想,也可能意味着你的观点很有说服力,大法官们已经被你说服了。之后你回到座位,被复审方的律师起身发言。他要在陈述己方观点的同时,指出申请复审方发言中的漏洞。被复审方的发言时间也是 30 分钟。在这之后,申请复审方有一次反驳的机会,此时律师需要决定是否进一步反驳对方,这很考验律师的水平,因为这么做风险很大,很可能重新触发在第一轮发言中已经解决的问题。

言词辩论时,发言席上会有提示灯……如果你的发言到了 25 分钟,灯就会亮起。如果你用完了 30 分钟,红灯闪亮,这时你就应该入座了……

大法官们的提问风格各有不同。有的大法官在法庭上非常活跃,有的则不然。奥康纳大法官通常会第一个发问,我不知道这是不是他们在内部会议上定下来的惯例,不过她一般会以一个非常尖锐的问题开场……之后大法官们会从各个角度发问。斯卡利亚大法官经常问很多问题。与伦奎斯特首席大法官相比,罗伯茨首席大法官会问更多带有律师色彩的问题,这可能与他当过出庭律师有关。他总是希望尽快切入问题核心。

法卡斯:有没有您刚说到关键点上,红灯就亮起来的情况?让您内心觉得:"别啊,我还没说完呢!"

戴斯:有的,有过好几次。作为首席政府律师,我的发言时间比一般律师略微宽裕些,任期届满时可能更放得开。发生这种情况时,我有几次直接问首席大法官能不能把话说完。他会和蔼地说:"继续。"

法卡斯：有没有那种一接手就知道谁可能是"摇摆票"的案子？对于这类案子，您在开庭时是否会尝试着对这些态度犹疑的法官施加影响？有没有针对某一两个特别关键的大法官准备发言稿？

戴斯：关于是否应当将庭辩重点放在某个大法官身上的问题，我想，所有真正有经验的出庭律师，甚至是初出茅庐的新手，都应当明白：应该根据既往判例，熟悉每一个大法官的立场，清楚他们基于自身立场会问出什么样的问题。不过，只将注意力集中在某个可能比较关键的大法官身上，而忽略其他大法官的感受，并不是一种明智做法。我也不觉得大法官们喜欢这样。这并不是说他们对此很敏感……总之这不是个好主意。

庭审时可能会发生一些很出乎意料的情况。我记得自己早期代理过一个案子，在言词辩论过程中，我一直相信斯蒂文斯大法官是支持我的。他问了很好的问题，我发言时，他也一直和蔼可亲地看着我……我甚至觉得他朝我点头示意，表示支持。那个案子的判决结果是七票对二票，最出乎我意料的是，斯蒂文斯大法官竟然位于异议方。我就那个案子涉及的问题写过一篇文章，里面写道："千万不要在这个问题上想当然……"

法卡斯：苏特大法官曾说法庭的空间设置"能维持人与人之间的亲切感"。您赞成这种说法么？他说从审判席上探出身去，几乎可以触碰到律师。

戴斯：的确如此。在言词辩论的某个阶段，尤其是刚开始时，我会感觉自己是在与审判席上的九人对话。那时你既感觉不到法庭的存在，也察觉不到法庭内其他任何人的动静。那种感觉很不同寻常。在物理空间上，我们和法官离得很近，法庭里的音响系统也很灵敏。如果大法官们相互之间窃窃私语，你都能听清他们在说什么。

言词辩论时，有些律师会因为分辨不清声音来自哪个方向，导致不知道是哪个大法官提的问题。即使是资深律师，也可能因为发言时偶尔低头看了一眼笔记，或者一时走神，而出现这样的纰漏。金斯伯格大法官上任后，最高法院内同时有了两名女性大法官。经常会出现把两人弄混的情况。比方说,庭审时,一位女性大法官提问,有人回答:"不是这样的,金斯伯格大法官。"但这个问题可能是奥康纳大法官问的。**奥康纳大法官退休后,曾组织过一个派对,她们在派对上分发两种 T 恤,一种上面印着"我不是桑德拉,我是露丝",另一种则印着"我不是露丝,我是桑德拉"**,目的就是为了调侃某些律师在言词辩论中犯过的错误。

法卡斯:在言词辩论开始之前,不管是为祈求好运,还是基于习惯,您有什么特别的讲究么?
戴斯:你是说幸运物之类的?

法卡斯:有没有什么您几乎每次都会做的事?
戴斯:深呼吸。这样可以集中注意力,记住全部步骤和节奏。开庭是件很有挑战性的事。不可能有完美的诉讼策略,你开始发言后,可能很快就被打断,之后又得想方设法回到之前的主题……开庭当天,我一早起来会去游泳,或者跑步,让身体进入状态,保持血液畅通。当然,开庭之前,一般还会有模拟法庭预演,模拟庭由其他律师或合伙人组成。不过,现实庭审中,大法官们很少会问模拟法庭上的那些问题,我想部分原因在于他们关注的不是法律的某一个领域,而是法律的整体,这是他们要去解释的,也只有他们真正了解这点。比如说关于主观意图的案子。主观意图是贯穿整个法律体系的一个问题,或者说是原则。大法官们这次会考虑劳动法中的主观意图,可能几天后又得考虑刑法中的主观意图。一次,我在最高法院旁听完一场庭审,那大概是我旁听过的第 300 场庭审,然后我转身对助理说:"那个问题可能会在我的言词辩论时出现。"我和助理是在周一旁听的庭审,那个周三正好有个刑事案件要开庭。很显然,大法官们那段时间都在研究如何界定主观意图,在何种情况下适用,以及例外情况是什么。弄清大法官们关注的焦点对律师非常重要。这可能也解释了为什么首席政府律师办公室在最高法院的表现总是比较出色。因为只要是开庭日,办公室总会有一个人在最高法院出庭。可以说,首席政府律师办公室的表现,综合了每一个代表美国政府在最高法院出庭的律师们的智慧。

法卡斯：说到首席政府律师，这个岗位的主要职责是什么？

戴斯：起初，首席政府律师被定位为司法部长的助手，这个定位持续了很多年。司法部长一直需要助手，但是直到1870年才设立首席政府律师办公室，当时的职能就是协助司法部长处理诉讼事务。

那时的最高法院，还是由司法部长负责出庭辩论。政府偶尔也会聘请私人执业律师出庭，如丹尼尔·韦伯斯特等人。但是，随着时代发展，尤其到20世纪初，首席政府律师的职能日渐丰富，代理案件、出庭辩论和撰写诉状的工作，逐渐由首席政府律师负责。这些职能也一直延续至今。司法部长可以撤换首席政府律师，也可以决定由自己亲自出庭。不过卡特总统执政期间，大概是1977年，有人曾在一份法律意见书里，建议总统和司法部长放手让首席政府律师独立办理大部分工作。我的一位前任说过："如果你不精通法律，当上首席政府律师那天，就是你该离职的日子。"他说得对。司法部长由于承担许多政治职能，要处理形形色色的事务，政府里确实应该有人一直研究法律，在各种法律问题上跟上最高法院的最新发展。

法卡斯：作为首席政府律师，您如何决定哪些案子由自己代理，哪些案子分派给别人？是不是案子得足够大，才会由您接手？

戴斯：我很早前就认识到，自己不是决定别人该干什么的拍板者。办公室的一些资深员工有时会对我说："你该接手这个案子，这是一个属于首席政府律师的案子。"他们说的通常都是些较大的案子，特别是那些涉及行政分支的官司。有一次，我打算推掉一个案子，这个案子关系到联邦军事法庭系统的合宪性。我没有从军经历，只在"和平队"当过志愿者。所以我对手下说："我没法接这个案子，我从没在军队里待过，对军事司法系统一窍不通。"但他们说："你应该接。这是那种十年一遇的案子，现在是属于你的十年，这就是你的案子。"

我确实发憷了。不过在回家路上，我在路边一家音像店买了盘录像带。

回家之后就一边用录像机——这显然太过时了——看录像带,一边在我的黄色信笺本上记笔记。第二天,我在办公室接到了一位海军司令的电话,他是一个海军基地的头儿。他在电话里说:"首席"——作为首席政府律师,人们会叫我首席。他说:"首席,我听说您要为一个我们的案子出庭。"我说:"是的,将军,我已经开始工作了。从昨天晚上就开始了。我听说自己要代理这个案子,就非常认真地看了电影《好人寥寥》,还做了笔记。"[1]电话那端沉默了大概20秒,然后说:"首席,您明天早上八点钟有什么事么?"我说没什么安排,他说:"到时我会安排一辆车去接您,把您送到海军基地,您可以在那里观摩一个军事法庭的庭审。"于是我在那儿观摩了一整天,学到了很多东西,那天的观摩对后来准备庭审发言也很有帮助。

法卡斯:那个案子结局如何?

戴斯:相当不错。言词辩论开始不久,我就知道这案子有戏了,当时布莱克门大法官看着对方律师说:"律师,请你向最高法院解释一下,200年来,为什么直到今天,才第一次有人把这个问题诉到最高法院?"当时我就想,这案子朝有利的方向发展了。后来果然赢了。

在庭前准备期间,我就已了解了最高法院每位大法官的服役经历。比如首席大法官伦奎斯特,他在"二战"期间,曾是欧洲战场的一名气象兵。所以我事先做了周密准备,甚至可以应付任何关于天气的问题。

法卡斯:我们几天前采访了最高法院的书记官,他那天穿着晨礼服。首席政府律师有没有类似的着装传统?

戴斯:有的,按照惯例,首席政府律师应当穿条纹裤、晨礼服和深灰背心,过去还会戴假发或者礼帽,现在已经不需要了。我听说,曾经有段时间,

---

[1]《好人寥寥》(*A Few Good Man*):美国哥伦比亚三星公司1992年出品的一部法律题材的电影,讲述一名首次出庭的军队律师在军事法庭上为两名被控谋杀的海军士兵辩护,成功揭露军中丑闻的故事。该片获得当年奥斯卡最佳影片、最佳男配角、最佳剪辑奖提名。关于该片介绍和其中涉及的法律背景,参见〔美〕保罗·伯格曼、〔美〕迈克尔·艾斯默:《影像中的正义:从电影故事看美国法律文化》,朱靖江译,海南出版社2003年版,第119—126页。

在最高法院出庭的律师都要穿成这样。很长一段时间里，最高法院都禁止女性出庭辩论……我当了首席政府律师之后，听说有位女律师为自己设计了一套律师服，是条纹裙搭配晨礼服和深灰背心。我后来直接打电话向她求证。她现在在芝加哥执业。我问她那个传闻是真的么，她说是的。然后又说："你知道么，我的着装是那次开庭最有趣的环节。"显然，她输了那场官司。不过，如今在最高法院，女性出庭已经很常见了。我手下就有好几位女律师，至少有一个女律师会穿着条纹裤和晨礼服开庭，她那么穿看上去很精明强干。

法卡斯：大法官的法袍，是不是有点儿过时了？您怎么看大法官对法袍做的一些改进？

戴斯：我喜欢各类典礼和仪式，所以我可能不是回答这个问题的合适人选。穿法袍会让大法官们的工作显得更加严肃、庄重。我并不认为人们不能对法袍做任何改进。我曾经在很多联邦法院和州法院出过庭。不过，当我看到伦奎斯特借鉴吉尔伯特与苏利文歌剧中的服装创意，在首席大法官法袍的袖子加绣的金色条纹，还有奥康纳大法官和金斯伯格大法官开始佩戴蕾丝领结，感觉都挺好的。我不觉得这些改进贬低了大法官们肩负的重要职责，也不认为这么做降低了最高法院在我们社会中的重要地位。

法卡斯：首席政府律师在最高法院有一间办公室。您能谈谈么？它在最高法院什么地方？您常在那儿办公么？

戴斯：那间办公室离法庭并不远。它可能会让所有上过高一公民课的人感到困惑——你想，课本上说我们的政府秉持三权分立原则，可行政分支的官员，居然在司法分支的大楼里有一间办公室，而且办公室的费用还由司法分支承担，这和课堂上的理论好像不太一致。这么做可能有点冒险。有一次我和书记官苏特半开玩笑地说："办公室的这个沙发看上去很脏了。我想换个新的。"然后我就有了新的沙发。我这么做大概已经违反某条法律了吧。

每一任首席政府律师,对那间办公室都有不同用法。我的下一任,塞斯·瓦克斯曼就直接在那儿办公,因为那里十分安静,特别是没有言词辩论,也没什么电话找得着你的时候。我偶尔会用那间办公室,大部分是在开庭前后。那里很安静。它就在律师休息室的旁边,里面摆有传统的家具和名人肖像。坐在那儿,你会有种历史感,觉得自己也身处历史长河之中。那里有一块刻有历任首席政府律师姓名的名牌,离任之后,你也可以在上面看到自己的名字。"现在我的名字已经在上面了,我已经成为历史的一部分。"老实说,想到这一点,我内心就会百感交集。

法卡斯:这间办公室外面就是律师休息室。作为首席政府律师,你会参与书记官对出庭律师进行庭前指导的那个环节么?

戴斯:会的,虽然没有要求我参加。书记官会对我说:"这不是给你准备的。"但我还是会去那儿,发发名片什么的,书记官则要给律师们做开庭前的重要指导,大家互不打扰。

法卡斯:双方当事人的律师会同时在律师休息室里么?他们彼此之间交谈么?

戴斯:当然,这很常见。我们与这些律师相识多年,见面当然会聊聊天、叙叙旧。当然,开庭前大家已经进入竞争状态,所以我们通常在休庭后聊聊庭审的情况。事实上,我最近就有一个案子,对方律师与我打过不少交道,庭审结束后,我俩还聊了一会儿案情,决定以后再不掺和这类涉及复杂的投资环境的案子了。

法卡斯:您代理过诸如选区重划、官员任期限制等涉及国家重要事务的案件。您能意识到接手的案子中涉及重要的国家利益么?如果存在这样的国家利益,对您来说会有什么不同?还是所有最高法院的案子都同等重要?

戴斯:所有案子都很重要。不过一个人很自然地会对影响大的案子有所反应。这并不是说你处理案件的方式会有不同,但你可能在这类案件的庭审之前,深呼吸得更狠一点儿,以稳住心神。

我处理过一个与人口普查有关的案子。那个案子很重要,不仅是国会辩论的议题,媒体和其他场合也有很多人为之争论不休。案件焦点在于确定某个少数族裔人口时,抽样是不是一种可靠的技术手段。有人认为上届行政分支操纵了对少数族裔的人口普查,甚至在这件事上批评上届行政分支和那时的商务部长的人,成了克林顿行政分支的商务部长。

我要做的事情之一,就是说服时任商务部长,并且告诉他:你不再是行政分支的批评者。他曾经扮演过这一角色,但现在应该有所注意,这不仅是为了维护自己的权威,也是为了保护他的接任者。我在庭前准备时认识到,从更深的层面上讲,这个案子涉及部门利益问题。

还有另外一个案子,挑战的是联邦检察官处理某些案件的方式,这个案子也涉及种族问题。案子的关键争议是:"在一个司法管辖区里,由于联邦法庭判处的刑罚更重,联邦检察官是否故意与当地检察官合作,以确保被指控毒品犯罪的犯罪嫌疑人会在联邦法院而非州法院受审?"在起诉过程中,是否存在种族歧视?

作为一名非裔美国人,刚接触这个案子时,我自己也有这种感觉。但在审阅所有卷宗后,我确信不存在这样的问题。我认为,对那些既可以在联邦法院起诉,也可以在州法院起诉的案件,维护联邦检察官的自主决定权,由他们自己决定如何处理这类案件是非常重要的。

刚才举了几个例子,还有一些案子也让我觉得压力很大。有个案子被我称作"40亿美元的误会",因为涉及位于加州的一家跨国银行,美国所有贸易伙伴都很关注这个案子。所以,我必须非常小心,庭审时不能说错话,否则可能导致美国和其他国家的紧张关系。

法卡斯:庭审中有过什么有趣经历么?

戴斯:有时候挺有意思的,不知道大家当时是不是真把那当成玩笑。"巴基案"之后,我接手了一个涉及平权措施的案子,当时最高法院受理了不少这类案件。[1] 我在做准备时,尽量使自己当庭发表的观点与鲍威尔大法官主笔的"巴基案"判决意见相一致。鲍威尔的那段判词很有名。但是,当我在发言时说:"鲍威尔大法官,可您在'巴基案'里是这么说的……"随后读出他那段判词,鲍威尔大法官回答我:"我确实是那么说的,但其他大法官都不赞同啊。"我顿时哑口无言。现在想想挺有意思的。

还有一次,可能也是在那次庭审上,伦奎斯特大法官问我阿拉斯加州有没有向阿留申人和爱斯基摩人提供平权救济。他想知道我在这方面做的调查是否充分。我跟他说我确信当地议会已经履行了他们的职责,他后来也没再追问。

法卡斯:您有没有在法庭里缅怀过历史?比如当您一个人待在法庭的时候?

戴斯:有的。你只要走进法庭,观看庭审开始前的那套仪式,就会有这种感觉。大法官们入庭时,所有人都会起立迎接,随后宣布开庭。所有人坐定后,首席大法官会传召律师到发言席陈述观点。这个过程很令人震撼,现场每个人都会有这种感受。

即使参加过多次庭审的人,在此过程中也难免紧张。我刚当首席政府律师时,一次和手下一位非常优秀的律师聊天。我问他言词辩论时有什么感觉,会不会紧张。他说:"会紧张,不过我把它看成一场球赛。"他是个很壮实的家伙。我请他解释这句话的具体含义。他说,打球的时候,在第一击之前,人们总会紧张,但第一下之后就没事儿了。开庭也是一样,你回答完

---

[1] "巴基案":即1978年的"加利福尼亚州大学董事会诉巴基案"(*Regents of the University of California v. Bakke*),鲍威尔大法官主笔的判决推翻了加州大学戴维斯分校医学院对少数族裔的定额录取制度(该校医学院在每年100名学生的录取名额中,专门留出16个特别名额给黑人等少数族裔的学生)。判决否定了戴维斯分校的定额录取制度,但赞成大学在录取新生时将族裔背景作为一个附加(plus)因素考虑。多元化(Diversity)一词在"巴基案"之后才被广泛适用。判决指出:"国家的未来,取决于领导者在受教育期间就能充分接触到各种各样的思想,以及来自本国不同种群的思想和道德观念,种族或民族背景必须成为申请者们被考虑的'附加'因素。"在后来25年间,鲍威尔的观点成为种族平权措施论证其正当性的最重要依据:它不是对受践踏者的恩赐,而是造福全社会的措施。

大法官们的第一个问题,接下来就按部就班、顺利推进了。有个名叫拉里·华莱士的律师,他在最高法院出庭的次数几乎无人可以超越,但是,连他这样的人开庭时也会紧张。他开庭时通常脚踏一双软皮鞋、身穿晨礼服和条纹裤,但是,正式发言时,他会把鞋脱掉,穿着袜子面对审判席。之所以如此,是因为每次一说到关键处,他就会紧张地把鞋蹬掉。总之,我很少在庭上见到沉着冷静、毫不慌张的人,至少庭审刚开始时,没人能做到这一点。

法卡斯:您有没有一个人在法庭里待过?
戴斯:有过。

法卡斯:那时会想些什么呢?
戴斯:我会温习辩词,想象大法官们就坐在正前方。我会凝视环绕天顶的那圈雕带,雕带上刻有历代立法先贤的肖像,看着他们,内心会颇受鼓舞。法庭右侧是为最高法院历任大法官的亲眷预留席位的区域,我偶尔会想起曾坐在那里的形形色色的旁听者,包括大法官们的遗孀。我记得怀特大法官退休后不久,曾坐在那个预留席位区旁听,他又高又瘦,穿着便鞋,伸展身子,像是半躺着。他有时甚至会穿着运动衫之类的衣服来旁听。

法卡斯:言词辩论的时候,您会不会对案子输赢有某种预感?
戴斯:当你全心投入庭审时,很难做出判断。不过旁观者还是能察觉出最高法院的倾向。有政治学者的研究显示,言词辩论中被问到最多问题的那一方,最有可能输。有些案子里,持对立立场的大法官人数接近,但在言词辩论过程中,形势却可能扭转。有些似乎支持你的大法官,可能灵光一闪,或受到律师某段话的启发,就转变了立场,从而改变了力量对比。有时你能察觉到大法官的这种立场变化,这非常有趣。

法卡斯:有没有哪次您觉得自己会赢,但判决出来时,发现自己判断失误?
戴斯:没有出现过这种事情。案子进展是否顺利,我心里是有数的。前面提到的那次庭审,虽然我以为斯蒂文斯大法官会站在我这边,结果他却持异议意见,但整个案子还是在朝好的方向发展。伯格大法官担任首席时,大法官们比现在更善于掩饰立场。很多时候,他们不让别人看出自己真正的想法。近几年来,大法官们在庭上倒是直言不讳。他们会坦率地告诉你:"我明白你在说什么,但我并不同意。你还有更好的解释么?"有些大法官提问时会直接说:"我的疑问有如下几点……"对不喜欢猜来猜去的律师来说,这样的表述大有帮助。另外,大法官们自己也会当庭争论某些问题,相当于帮助律师完成言词辩论。其实,大多数情况下,法官的提问是为了帮助律师调整思路,但新手们通常不知道这一点。大法官不是想考你脑筋急转弯,他们之所以发问,一定是想了解某个问题,所以老老实实回答问题就好。当他们想通过你与其他大法官交流时,你就顺水推舟好了。

法卡斯:有时候,即使某方获胜,投票结果也各不相同,如"五票对四票"、"九票对零票"或"八票对一票",这些结果对您有什么不一样吗?

戴斯:对我来说,赢了就是赢了。但从长远来看,你会考虑一个案子有什么先例价值。比如,最高法院内部是不是存在很大的分歧,同样的问题会不会仍然悬而未决,被抛给未来的最高法院处理?有些问题,尽管你很想在这次坐实,但最终还是解决不了。不过,就像我的一位同事说过的,你宁愿以"九票对零票"输掉,也不希望投票结果是"五票对四票"。如果是"五票对四票",你可能会纠结:"当时怎样才能再争取到一位法官呢?"换句话说,"九票对零票"输了,说明这个案子本来就没戏,怎么做也回天乏术;但是"五票对四票"输了,说明你本来有机会拿到其中一票,却与胜利失之交臂。

法卡斯:在最高法院的法庭内,桌上会放着羽毛笔,大法官面前都搁着标有各自姓名的名牌。您能描述一下这些东西么?它们各自的作用又是什么?

戴斯:它们是一种象征。羽毛笔是给出庭律师用的,也很适合转赠亲朋好友。它们确实出墨,如果你想用羽毛笔写字,完全可以直接使用。把它们摆在法庭内的桌子上,是在告诉你,你参加的这个法庭历史悠久,你有义务予以尊重。这是你的荣幸,也是此处长久以来积淀的传统对你的要求。

我一直觉得,即使我本人对最高法院某个判决不满意,甚至被判决结果"打击"的时候,对游客,尤其是外国游客来说,最高法院还是能给他们留下深刻印象。当然,对美国公民也是如此。当他们走进法庭,会发现在这里工作的是一群很审慎的人,这些人了解自己肩负的重任,并且竭其所能,做到最好。我喜欢带着其他国家的客人到这里旁听庭审,观摩这些充满智慧的人,如何层层追问,并探寻解决之道。

如今,大法官的席位又出现空缺,人们对最高法院的评价也有赞有弹。但总体而言,在美国人民心中,最高法院还是一个值得尊敬和信任的机构。虽然像"布什诉戈尔"这样的案子,会使人们对最高法院心生罅隙,但大家也不愿对此耿耿于怀。

法卡斯:在法庭之外,你与大法官们有什么交情么?

戴斯: 我偶尔会见到他们,当首席政府律师期间,和他们碰面更频繁一些。最高法院会举办招待会和晚宴,这类活动上都会遇到大法官。不过,那种关于首席政府律师和大法官之间有某种特殊关系的传言,都是无稽之谈。大家的确互相认识,而且彼此都明白,大法官和政府律师之间有某种共生关系。在具体个案中,大法官往往会先审读首席政府律师提交的意见书,俗称"灰皮意见书",大法官们把它视为了解案情的"捷径",因为它归纳了案件所有关键争议点,而且简洁易读。作为首席政府律师,或者在首席政府律师办公室工作的职员,我们面临的挑战在于:大家多是久经战阵的"老手"。如果这是你第一次,也是唯一一次在最高法院出庭,你可能会犯一些错误,比如漏掉某个先例,或者举止失仪。但我们不一样,大家都期待首席政府律师能够行事稳当,在某些案件中,如果当事人就某个棘手问题纠缠不休,大法官往往希望首席政府律师能够提供折中的办法。比如我们可以说:"我们认为,这么做或许有助于最高法院解决这个问题……"也就是说,可以先搁置部分争议，不必非得这次解决；其他问题可放在下一个案子中解决。

最高法院有一个很奇怪的程序，至少对新手来说比较奇怪，叫做"听取首席政府律师的意见"（Calling for the Views of the Solicitor General）——缩写是CVSG。我在教授公民课时，讲过最高法院给首席政府律师留有一间办公室可能导致的潜在问题，但对法律人来说，CVSG值得商榷的地方就更多了。你可以想象一下，某个私人律师针对另一位私人律师代理的案件提起复审申请，最高法院需要决定是否受理此案并开庭审理，而在这种情况下，最高法院居然会偶尔征求首席政府律师的意见："戴斯首席，你觉得如何？这个案子值得受理么？有必要动用我们有限的资源审理此案吗？"首席政府律师必须在60天内作出回应。之所以征求我们的意见，很大程度上是因为首席政府律师可以从行政分支的角度提供一些见解。上诉到最高法院的案件一般都有特定的价值或意义，代理律师如果缺乏经验，未必能说到点子上去。大法官们一般能察觉到某个案子是否值得继续推进，是否有吸引力，或者是不是很有意思，但在是否受理的问题上，他们也希望从不同角度，参考其他部门的意见。

法卡斯：1935年，最高法院新大楼投入使用时，有些法官并不想搬到这里来办公，他们觉得这儿太华丽了。您有这种感觉么？

戴斯：汉密尔顿将司法分支称为"最不危险的分支"。但在我看来，与国会大厦和其他国会建筑，以及隔壁的国会图书馆相比，最高法院大楼表明它也是联邦政府这个民主系统的重要组成部分。**我们的制度之所以优越，要仰仗这三大分支的协同合作。行政分支和立法分支必须接受，这个国家有一位纠纷的最终裁决者，它必须独立、客观、超越党派，体现我们社会的卓越价值。**

法卡斯：您会对手下的出庭律师进行培训吧？第一次出庭前，他们需要知道的最重要的是什么？

戴斯：我一般会告诉年轻律师，这不是你的辩论，这是大法官们的辩论。

你出庭是去帮助他们解决问题,不是让他们帮你解决问题。通常情况下,律师都想说服法官同意自己的观点,但事实并非如此。大法官们才是具体问题的裁决者,律师在这个过程中对大法官提供帮助。

法卡斯:最高法院有过泄密事件吗?

戴斯: 最高法院的保密工作做得很好。虽然有过泄密事件,但过去25年间,只发生过四五起。最高法院知道自身判决的重要性。知道判决将对整个社会产生什么样的影响,无论是政治影响、社会影响还是其他方面的影响。因此,他们非常注重保密,不对外泄露信息。最近发生的几起"曝光"事件,都是法官助理干的,而且都发生在15年前。

无论是出庭律师还是普通公众,认识到最高法院确实在努力工作是很重要的。他们是一群审慎严谨的人,他们的工作不是为吸引眼球,也不是为个人私利,而是恪尽职守。

法卡斯:近几年,有人呼吁最高法院应像国会一样,允许摄像机进入法庭,拍摄庭审过程。白宫里到处都是摄像机。您认为这套做法是否应适用于司法系统?

戴斯: 最简单的回答是,我不知道。与由此带来的其他问题相比,律师利用镜头作秀还不是最严重的。我确实认为示范作用是个很严肃的问题。比如,在最高法院的众多案件中,普通民众能理解的多是税收或劳动纠纷,并且借这些案子了解最高法院的运作。当有一个万众瞩目的案件时,民众会发现,还是同一拨法官,就像审理税法或劳动法案件一样,审理如此重大的一起案件。不谈这些高难度案件本身,我觉得这种事情会给观众留下一个非常严重的错误印象⋯⋯

怀特大法官曾经说过:"庭审直播会使我无法低调生活。"其实,怀特大法官身高六尺三寸,曾是全美闻名的橄榄球运动员。他如果走在大街上,很容易被认出来。我觉得通过收音机向听众转播庭审就很好了,对民众了解最高法院也能起到积极作用,但要是用固定机位直播,其实没法拍摄到大法官的互动过程,而那又是很重要的……如果要拍摄所有九位大法官,就得不时移动机位,否则一整天下来,镜头上只有首席大法官。

我刚才的回答比较冗长,也非常零碎……但我想,所有对此问题的讨论和举措,目的都应该是使用什么样的技术,使美国人民和全世界人民更加熟悉最高法院。

法卡斯:非常感谢您抽出时间接受我们的访问。
戴斯:这是我的荣幸。

莱尔·丹尼斯顿
我对最高法院新闻报道的前景比较悲观

  莱尔·丹尼斯顿,最高法院记者团团长,从事最高法院报道工作超过50年——其中19年任职于《巴尔的摩太阳报》。目前由他主持的SCOTUS博客,是一个供广大最高法院观察者了解相关资讯的网站。他出生于内布拉斯加州,出版过一本关于最高法院的专著,也在许多报刊杂志、广播电视节目和研讨会上,积极参与关于最高法院的讨论。2009年7月14日,他接受了C-SPAN的马克·法卡斯的采访。

  法卡斯:最高法院宣判那几天,我们曾在记者工作室里见过您。可以谈谈当天的情形吗?您们会关注些什么?

  丹尼斯顿:最高法院通常按预定日程宣判。我们会提前知道判决大概什么时候公布。一般来说,在每年的十二月末到一月之前,最高法院不会宣判太多案件,他们需要时间做准备。等到要发布判决时,我们其实不知道到底是哪个案子宣判,得等到首席大法官在审判席上宣布,我们才能通过记者工作室里的内部音响系统了解到判决情况。首席大法官会宣布案件编号和案名,如果不是他本人宣布判决结果,他会告知由哪位大法官宣判。

  首席大法官宣布案件编号时,公共信息办公室的工作人员会将判决书文本递给我们,我们立刻投入工作,撰写新闻稿,或者打电话向外界通报判决结果,有些记者的动作非常迅速。对于这里的老记者来说,写这样的报道很简单,因为在正式宣判前,你其实有很多机会了解案件的关键争议点。

更重要的是,如果你做了很长时间的法律报道,对案子可能涉及哪些普遍性问题,已经胸有成竹。因此,在一个相对合理的范围内,你能大致预测出最高法院将如何下判。很少有判决结果真正出人意料,而判决本身一定是有据可依的。就一个案子而言,大法官们可能会回避其中某些问题,但你还是可以很快看出他们到底解决了什么问题,因为除了判决书以外,同时发布的还有判例汇编员撰写的判决要旨,对判决解决的法律争议进行了总结。[1] 判例汇编员也是最高法院的工作人员。如果你读完判决正文之前的判决要旨,也能很快了解裁判要点。如果时间允许,在了解要点之后,你可以对判决的某些部分继续做深入研究。总之,做完上述工作后,你很快就会知道自己应该重点翻阅判决的哪些部分……

我们也可以从公共信息办公室获取最高法院新受理案件或待决案件的进度安排。一般来说,我们最关心最高法院会审理哪些案子。对于是受理案件还是驳回申请,大法官们有几乎完全的自主决定权。

记者当中的一些人,会关注最高法院拒绝受理什么案件。总是有一些比较重要的案件,我们觉得有新闻价值,以为会被最高法院受理,但最终未被受理。

举一个典型的例子。有个关于关塔那摩在押人员权利的案件,案件的焦点,是这些在押人员是否有权就针对他们的持续关押提出申诉。这个案子第一次提交到最高法院时,大法官们拒绝了复审申请。当时是2007年4月,这个决定让人颇感意外,我们都以为最高法院会受理这个案子。不过后来,大法官们又审议了一次,最终受理了这起案件。这说明在受理案件方面,最高法院确实有非常宽泛的自主权。

法卡斯:宣判日那天,记者工作室里都有什么人?公共信息办公室的职员和记者?等待判决时,人们似乎充满期待又干劲十足。

丹尼斯顿:最高法院每个开庭期的规律是,重大案件的判决结果,一般

---

[1] 判决要旨(Syllabus):最高法院判决意见之前,由判例汇编员就案件主要法律争议点及其裁决作出的简要概述。判决要旨不是判决的必要组成部分,仅供读者阅读方便,也不具有法律效力。

要到本开庭期的最后两三个礼拜才会宣布,大概是每年6月10号到12号左右才开始……开庭期内的判决发布是很缓慢的。每年一般得等冬天过了一半才开始出判决结果,发布的速度也相当慢。全部案件的言词辩论通常在四月末结束,大法官就会投入到未决案件的判决意见撰写工作中。

一般来说,这一时期还没有作出裁判的案件,多数都比较重要。因此,当最高法院集中精力撰写判决时,我们也更加期待宣判日的来临,实际上也是在等待这些大案的结果。例如,2009年6月底,最高法院即将宣布一个重大案件的判决结果,这个案子是关于《联邦投票权法》部分重要条文的合宪性的问题。我们从6月初就开始等这个案子的结果,一直等到开庭期结束时,最高法院才宣判。

记者工作室的气氛比较紧张,因为大家都在翘首期待判决结果。有时大法官正宣读判决,而你焦急等待的,却是下一个案子的结果,这时你就会坐立不安,希望大法官快点儿念完,尽快揭晓谜底。

公共信息办公室的员工会待在记者工作室里,他们面前摆有密封箱,里面放着最高法院的判决单行本。[1] 首席大法官宣布案名时,这些员工就会开始分发判决单行本。记者工作室只允许记者和公共信息办公室的员工进入,常人不得入内。

法卡斯:作为负责报道最高法院的记者,您从业以来最大的挑战是什么?

丹尼斯顿:在日报工作,比现在在博客上撰稿更有挑战性。相比日报的普通读者,博客读者具备更多的法律知识背景。在日报做报道时,你的挑战在于要将报道写得通俗易懂,让那些无暇精读,又没什么法律知识的普通读者,也能看懂最高法院的判决。后来,我在工作中养成一个习惯,就是尽量避免在报道中使用任何法律术语,而是用外行人都能理解的词汇,甚至街头俚语进行报道。在新闻行业,尤其是报业,你的读者不会花很长时间读你的

---

〔1〕 判决单行本(Slip Opinions):宣判当日,最高法院判决会先印制成单行本,大法官宣判后,由公共信息办公室提供给媒体。为方便媒体报道,从1970年起,判决单行本附上了判决要旨。

报道，我不想因为用词晦涩，浪费了与读者交流的有限时间。

现在我在一家博客网站工作，网站的大部分读者都是律师、法律学者和其他研究者，我可以使用一些法律术语。不过，我还是保留着在报纸工作时养成的习惯，倾向于使用非专业词汇，这样，如果一个外行碰巧读到我的博客，也能立刻读懂文章内容。

法卡斯：做完关于国会大厦和白宫的纪录片之后，我有这样一个印象，就是相比之下，最高法院的访客比国会大厦、白宫的都要少，对很多公众来说，最高法院是一个神秘的地方。您觉得这是为什么呢？

丹尼斯顿：大部分美国人喜欢关注那些积极与公众沟通的政府机构。而最高法院的行事方式，却不受政治或社会准则的风向变化影响。最高法院被赋予的角色，是一个独立、超然的政府机构。这样一来，公众就不会注意到它，而且，最高法院的公共信息办公室也不像白宫的新闻秘书那样，承担着维护公共关系的职能。他们不会操纵舆论，也不会去宣传推广最高法院，以使民众更了解最高法院的所作所为。因此，最高法院相对远离公众的关注。

另一个原因，在于最高法院如今受理案件的数量，是25年或者30年前的一半。1982年到1983年的开庭期，最高法院审结了大概155个案子。今天，最高法院每年大概平均审结75起案件。某种程度上说，最高法院自己正远离公众的关注焦点。但主要原因还在于，这是一个使用专业术语的专业机构，所以，最高法院与一般民众的交流，更多依赖于新闻媒体，由新闻媒体将专业词汇转换为日常用语，方便一般美国读者理解……

还有一个原因，在于最高法院不允许对公开庭审进行即时报道。开庭时不允许拍照、摄像，也不允许使用录音设备。不过我要提醒那些期待在电视上看到最高法院庭审画面的人们，如果你从头到尾听完一个关于1974年《雇员退休收入保障法》的案子，估计头38秒就会让你失去耐心。最高法院的很多工作非常繁琐，其中一部分又相当专业。普通公众会感兴趣的那类判决，大概不到判决总量的四分之一。

法卡斯：能讲讲最高法院的人际关系么？

丹尼斯顿：最高法院是一个向内聚焦的机构，这是一个内部关系比较紧密的群体。即使像我们这些经常待在最高法院，但不属于内部员工的记者，也被接纳为这个群体的一部分。我们不能旁听大法官的内部讨论，当然，如果允许的话，我们当中的一部分人是很乐意去听听的。在最高法院，人们彼此相识。大法官之间的关系仰仗首席大法官定下的基调，如果首席希望构建一个团结的法院，他完全可以营造出这样的氛围。

比如，沃伦担任首席大法官时，最高法院的气氛就比较和睦。当然，他经常要处理布莱克和法兰克福特大法官之间的长期不和，不过沃伦本人非常热情友善，在法院内部，他也营造了一个愉快相处的氛围。

伯格担任首席大法官时的最高法院，就不是一个令人愉快的地方。大法官之间的关系迅速恶化。最高法院有很多内部积怨，首席也没有努力去化解矛盾。事实上，有时正是伯格处理事务的方式——决定由谁撰写判决时的厚此薄彼，引发了这类矛盾。有时候，伯格的投票只是为了控制判决撰写任务的分配权，之后他又会改变自己的投票立场。他以一种很容易导致分裂的方式管理着最高法院。[1]

与此不同的是，伦奎斯特时代的最高法院，内部气氛友好而愉快，即使当时的大法官们在司法理念和意识形态方面存在很大分歧。其实，首席大法官并没有义务维系最高法院的人际关系，但他的确有这个能力，他可以利用自己的首席身份，行使首席职能，打造一个团结的法院，或者把法院引往一个截然相反的方向。

现任首席大法官罗伯茨，努力效仿伦奎斯特的风格，试图营造融洽的内部气氛。他的不利之处在于，他不像伦奎斯特那样，先在最高法院担任联席大法官，与其他同事建立了关系，然后才当上首席大法官的。在我看来，曾经作为"九人之一"的那段经历，对伦奎斯特后来成为"九人之首"很有帮

---

[1] 关于伯格担任首席大法官时期最高法院的人际交往、裁判内幕，可参见〔美〕鲍勃·伍德沃德、〔美〕斯科特·阿姆斯特朗：《最高法院的兄弟们》，吴懿婷、洪俪倩译，当代中国出版社2009年版；〔美〕琳达·格林豪斯：《大法官是这样炼成的：哈里·布莱克门的最高法院之路》，何帆译，中国法制出版社2011年版。

莱尔·丹尼斯顿

助。但罗伯茨没有这个机会。而且,他比很多大法官都年轻,这一点也对他建立领导地位构成挑战,不过我想他最终会做到的。

在最高法院内部,大法官和员工间的关系很轻松。对记者来说,唯一完全不能接触的群体,就是法官助理。最高法院非常严肃地告诫过他们,不得与媒体接触。历史上,法官助理曾经泄露过几次大法官内部讨论的内容,最高法院并不喜欢这种行为。新助理到任后,一般都会上一堂措辞严厉的课,告诫他们不得与记者说话。肯尼斯·斯塔尔目前在佩珀代因大学工作,他担任过联邦法官、首席政府律师,还在最高法院做过法官助理。据他说,法官助理有个"三十秒规则":如果有人看到法官助理与记者谈话,助理三十秒后就得被开除。在这样的严格管束下,**如果你在午饭时间,在自助餐厅等待就餐的队伍里看到一个助理,即使你礼节性地打声招呼,而且除了"你好"之外什么也没说,他也不会搭理你**。我想他们都很担心,与记者任何形式的交流,都会被人鄙视。

我们可以接触到大法官,不过这也因人而异。你可以走上楼和很多大法官坐下来聊天,这种聊天是非正式的,也不能在报道中引用。老实说,你很少能从大法官那里听到什么特别有新闻价值的内容,不过可以借此机会了解他们,也可以在他们的办公室转转,看看他们每天办公的地方。

法卡斯:每位大法官都有自己的鲜明个性。有没有谁的个性特别突出?
丹尼斯顿:1986 年,最高法院迎来了一位个性十足的大法官,总是能引起各方关注,而且,他自己也喜欢受到关注:这就是安东宁·斯卡利亚大法官。他的曝光率相当高。在整个言词辩论的过程中,他都非常出彩。他自己也很喜欢这种气氛。不过大法官们的性格各不相同。**我的许多同行都很怀念退休的苏特大法官,他给最高法院带来了一丝高贵和谦恭,后者甚至更为重要**。在一个有时会吵得不可开交的法院里,苏特大法官这种人格魅力让最高法院多了几分人情味儿。一个人就可以给最高法院带来这种变化。在我报道最高法院这些年里,苏特大法官也是我见过的庭前准备做得最充分的大法官。他确实能够很快切入问题核心。**虽然看上去羞涩而沉默寡**

言,但他非常聪明,也很有洞察力。

奥康纳大法官也是一位不可忽视的大法官,她在最高法院有着支配性地位。这不是说她利用权力支配别人,而是指她在司法理念上的重要地位,尤其是涉及宪法问题的案子,判决结果几乎就是奥康纳思想的体现。她对当代最高法院有着难以置信的重要意义。

斯蒂芬·布雷耶是最可爱的大法官之一,至少他的公众形象是这样,他有点儿像那种心不在焉的教授。他可能正沿着某个思路说一个事情,突然像找不着思路似的,转换到下一个话题……有时我会逗布雷耶大法官,我说如果您没现在这么投入的话,言词辩论的时间就不用像现在这么长了,因为布雷耶大法官总是问很长的问题。[1] 他很讨人喜欢,拜访他的办公室时,他会用非常好的茶招待你。

法卡斯:大法官们可能在一个案子里针锋相对,在下一个案子又意见相同。同事关系在最高法院有多重要呢?

丹尼斯顿:在大法官之间,最重要的一点就是一个案子审结之后,你就要放下此案,进入下一个案子。无论你有多反感持相反观点的同事在前一个案子里的看法,但下一个棘手案件很快接踵而来。所以,如果最高法院内部是一种协同合作的气氛,那么大法官们之间就可以进行真正的观点之争,但是一旦作出判决,就得把原来的案子搁在一边,进入下一个案子。如果大法官们彼此间怀恨在心,就会被坏情绪一再影响,也很难搁置争议,继续下一个案子。由于这里是联邦最高法院,对受理的案件非常挑剔,因此,大法官们要处理的,都是最棘手的案子……

我想,大法官们能够相互沟通,并且保持友好,对最高法院来说至关重要。在最高法院的内部会议中,大法官的讨论相当活跃,有时甚至非常激烈。如果现在的最高法院像伯格法院那样,彼此之间关系不太好,估计很容

---

[1] 在法庭上,布雷耶是一位"设问大师",经常通过层层设问,逼得庭辩律师自曝逻辑漏洞,然后抽丝剥茧,逐步展现自己的立场。有时候,布雷耶大法官也比较喜欢"自说自话",把律师问到抓狂。关于布雷耶在法庭上的提问风格,可参见〔美〕马克·图什内特,《分裂的法院:伦奎斯特法院与宪法的未来》,田飞龙译,中国政法大学出版社2011年版,第172—173页。

易不欢而散。

法卡斯：显然，首席大法官可以给最高法院的工作风格定下基调。不过，他的其他八位同事并不用听从首席的号令。

丹尼斯顿：首席之外的大法官们，谁也不想履行首席大法官承担的那些行政管理职责。对于要不要批准新的建设项目，或者提交国会审议的预算案内该写些什么之类的问题，他们会交由首席决定。只要是与行政管理相关的问题，其他大法官都会直接服从首席的安排。但如果涉及机构运行，或者最高法院的名誉，其他大法官会积极参与。比如，在伦奎斯特首席大法官任期内，有一个反复出现的问题，就是是否允许庭审直播的问题，这可不是那种其他大法官愿意让首席一个人拿主意的问题。他们都想参与。如果没有得到其他大法官的一致同意，伦奎斯特首席大法官是不可能一个人作出决定，允许媒体在法庭内拍照录影的。

在指定判决意见的主笔者方面，首席大法官倒是有完全的决定权。他不用去征求其他大法官的意见。他不会问，"我能不能将这个案子指派给你"？如果首席大法官属于多数意见，他有充分的权力指定由谁撰写多数意见，如果他属于异议意见，也有同样的权力指派异议意见主笔者。而且，靠游说首席大法官来得到撰写判决的机会，也不是个好主意，首席可是相当警惕地看护着这项权力。首席很少能单方决定一个案件的判决结果，对每个判决来说，都有九票，首席只能控制其中一票。当然，**大法官之间也会相互妥协**。为了将其他大法官拉入己方阵营，起草意见的大法官会在判决中**吸纳其他大法官的主张，用妥协换取投票**。因此，撰写判决意见，确实是个协商的过程。而首席大法官只有一票……

我想，大法官们会结成某种联盟。如果两个大法官的观点在意识形态上有某种共性，他们可能会采取同样立场，发挥比单枪匹马更大的影响力。这不是秘密小团体，只是观点相同的大法官们会齐心协力，希望能影响观点不同的大法官。

就决策程序本身而言，据我所知，其他大法官与首席大法官并非服从关系。

内部讨论程序确实是由首席启动的，在这个问题上，首席大法官拥有控制会议进程的权力，但一旦开启这个讨论，每个大法官都可以发言，都可以参与决策。

法卡斯：您有没有发现一个有趣的现象，内部会议结束，并指派意见撰写者之后，大法官之间很少再相互走动。

丹尼斯顿：是的，如果仔细观察最高法院，这一点会让你吃惊。如果浏览国会图书馆或各大学收藏的大法官历史文档，你会发现，判决程序更像是文来文往，而不是面对面地说服。不过现在也有例外。比如1992年，最高法院在"凯西案"中，打算重新审查1973年那起著名堕胎案件"罗伊诉韦德案"的合宪性。肯尼迪大法官、苏特大法官和奥康纳大法官的意见一致，共同设计出一个解决此案的方案。三个人一起处理一个案件，并控制案件结果的做法是非常罕见的，最后，三位大法官争取到了多数意见的支持。[1]

法卡斯：宣判时是怎样的？一旦被指定撰写多数意见的大法官争取到五票，他们需要向多数方中最资深的大法官汇报么？

丹尼斯顿：不会……如果首席大法官不属于多数意见，多数意见的撰写者，就会由多数中最资深的大法官指定。像我之前说过的，资深大法官也只负责撰写判决的指定，之后的事情就不再控制了。

被指定撰写判决的大法官会写上好几稿，也会收到其他大法官的反馈意见，他是在这整个过程中控制判决内容的人。除非原来的多数意见不再是多数——这种情况有时确实会发生，原来的多数意见就会变成异议意见，

---

[1] "凯西案"：即1992年的"计划生育联盟宾夕法尼亚东南分部诉罗伯特·凯西州长案"（*Planned Parenthood of Southeastern Pennsylvania v. Gov. Robert P. Casey*）。该案由宾州一部法律引发，这部法律要求医生必须向打算堕胎的妇女介绍堕胎程序的性质、胎儿的发育情况、堕胎的替代措施，之后这些妇女必须再等待24小时。除此之外，未成年人打算堕胎时，必须征求父母一方的同意；已婚妇女必须把堕胎意图告诉丈夫，否则将面临一年监禁。反堕胎组织原本打算借此案促成最高法院推翻著名的"罗伊诉韦德案"，但最高法院以五票对四票挫败了反堕胎者的努力，奥康纳、肯尼迪、苏特代表最高法院撰写了多数意见。关于此案详情，以及三位大法官"联手"主导"凯西案"判决的经过，参见〔美〕杰弗里·图宾：《九人：美国最高法院风云》，何帆译，上海三联书店2010年版，第37—68页。

多数方法官又会变为少数派……

一份判决意见可以有十几稿。大法官通常会花四五个月,有时甚至六个月来审理一个案子。越简单的案子,判决得越快。但每一份最终判决都要经历多次起草,多次修改。

如果你在国会图书馆翻阅最高法院过去的判决初稿,你会惊讶地发现,从初稿到定稿,改动其实非常少。当然也有大幅修改的例外情况,不过总体来说,第一稿到最终稿的变动并不多,都是一些措词之类的细微调整,很少大动干戈。

法卡斯:苏特大法官就要离职了,最高法院即将在秋天迎来一位新任大法官。新法官会给最高法院带来什么呢?

丹尼斯顿:拜伦·怀特大法官曾经说过,一位新任大法官会带来一个新的最高法院,这个经典论断常被人们引用,不过这的确是个正确的说法。我想他的意思是说,最高法院是由九位非常独特的大法官组成的,他们之间有一种动态关系,新来的大法官可能带来新的思路,新的行事风格,他的加入可以改变这种动态关系。我记得哈里·布莱克门大法官一度向我表达过他对奥康纳大法官的不满,他抱怨说:"那个女人给自己安排了那么多事,而且她还真打算把这些事都干完。"布莱克门大法官之所以不高兴,是因为他觉得新来的大法官,头几年应该避免抛头露面,直到完全熟悉环境。

奥康纳大法官刚到最高法院时,的确很高调,也非常自信。她是十月份履职上任的,但在那年十一月底,就针对最高法院做出的一个不予受理决定,发布了自己的异议意见。对拒绝或受理案件的决定提出异议是一件很大胆的事情,尤其是在你刚刚上任的时候。

新任大法官会给最高法院带来一种新的个性,一段新的历史,一种新的审理和写作风格,由于这种内部动态关系一直在变化,因此,任何新元素的加入,都会改变整个关系。这种变化不会必然导致其他大法官改变自己的观点,但有可能导致多数意见和投票比例的变化。

我记得布雷耶大法官刚加入最高法院时,我的很多同行都期待他会是个自由派法官。他是克林顿总统任命的,根据他在下级法院的过往表现,我们觉得他会是最高法院"自由派阵营"的可靠成员,或者从意识形态角度说,是个改革派。结果他表现得相当中立。在保守派占多数的最高法院,虽然布雷耶大法官看上去属于自由派阵营,但本质上是个中间派,也是最高法院的关键角色。目前的最高法院存在意识形态上的划分,如果在某个案子上两派大法官势均力敌,中间派就有更大的控制权,可以决定案件的走势。在这个意义上,布雷耶大法官扮演了很重要的角色。我想索尼娅·索托马约尔大法官的加入,也会改变这个动态平衡。在意识形态分歧如此严重的法院,她更可能成为中间派成员,而不是具体归属于某一阵营。作为一个由民主党总统任命的大法官,很多人都期待她会成为自由派大法官。这些人到时候会惊讶于她的表现的。

法卡斯:根据您对新任大法官的观察,他们需要多长时间了解传统,融入集体,走上正轨呢?

丹尼斯顿:我不确定我的观察是否准确,不过最高法院有一个惯例,大概10年或12年前就有人说,新任大法官需要5年时间,才会具有影响力。不过,奥康纳大法官的例子说明,对最高法院的工作产生影响,可能用不了5年。

最高法院非常重视历史,比任何一任总统都有历史意识。现任总统可以读读前任的故事,或者了解前任任期内发生的重要事件,但最高法院一直保持着历史上的延续性。这是因为大法官变动得非常缓慢。至今为止,最高法院也只有过大概110位大法官,延续性对这里非常重要。过去的历史,仍对最高法院现今的运行有所影响。

很多人都相信,2000年决定总统人选的"布什诉戈尔案"判决,是党派立场影响下的投票结果。但是如果认真观察最高法院,你会发现,那个判决其实很大程度上是出自历史的考量。大法官们了解1876年总统选举的情况,那年直到总统就职日的前夜,也没有定下总统人选。大法官们基于对最高法院职责的了解,对总统选举中政治角色的认识,认为应尽快解决这场总统争夺战。最高法院没有把此案当成一个政治问题,而是将之视为一个宪法问题。国家正面临着宪法危机。参议院由民主党控制,众议院由共和党控制,总统候选人之一又是参议院议长。我想大法官们可能不希望这个案子完全以政治的方式解决。因此,这是一个宪法意义上的判决。

在最高法院,几乎所有解释宪法的判决——当然也包括解释法律的那些判决——都会用很大篇幅来回顾历史。有一天,我和一位詹姆斯·麦迪逊故居的工作人员聊天,麦迪逊故居位于弗吉尼亚州奥兰治县的蒙特利埃,我告诉他,在最高法院现在的判决中,詹姆斯·麦迪逊的著作仍不时会被援引。最高法院新近有个案子,是关于阿拉斯加州的瓦尔迪兹市向进出港口的超级油轮征税的问题。那个案子最后是根据宪法的"吨位条款"判决的,这个条款谁也没听说过。但最后的判决意见就引用了詹姆斯·麦迪逊的著作。又比如在一个破产案中,大法官会在判决意见中回顾建国初期国父们和立宪先贤对"破产"的理解。

在最高法院,历史是法庭辩论和智识交流时很有用的工具。历史使得最高法院并非只有当下的特性,具备连续性的内核,并与过去紧密相联。也正因为如此,**最高法院在许多方面的变化都非常缓慢**。有人认为,在与媒体打交道方面,最高法院远远落后于时代发展。那里至今不允许在法庭内拍照录影。**而它之所以变化缓慢,并不因为它天然如此,也不是因为这个机构顽固地拒绝变革,而是因为它理解保持连续性、恒定性的价值,而这是其他两个政府分支无法做到的。**

法卡斯:您做了这么久最高法院的报道,应该经常见到法院门口的抗议者。言论自由当然是受宪法保护的。您能谈谈那些在广场上抗议的人群么?

丹尼斯顿:法庭之外的那些政治团体所做的事情,对最高法院基本没有任何影响。但有一种情况例外,就是全国已经就某个话题进行了长期、激烈的讨论,比如堕胎权的问题。1992年,最高法院对宾州"凯西案"的判决,部分重申了在"罗伊诉韦德案"确认的原则,而最高法院之所以作出这个判决,是担心屈从于社会上日益高涨的反堕胎声音。不过我想这种情况很罕见。每年的一月,华盛顿的街上都有游行到最高法院的抗议者,抗议"罗伊诉韦德案"判决,我不觉得这些抗议对最高法院的决策有任何影响。

最高法院一贯以独立的风格运行,或许这正是制宪者当初设立最高法院时,希望它拥有的运行方式。**你不希望这是一个对政治变化立刻作出反应的政府机构,你希望它能够不急于行动,而是说:"等一下,我们接下来要做的事情非常重要,我们希望自己所说的有足够的说服力,希望我们的判决是基于法律规定和历史传统,来源于那些有助于实现公正的远见卓识。"**

政治可以是很不公正的。理想地说——我不觉得这是个天真的说法,这也是这个机构的本质——你不希望充斥政界的那种肮脏、丑陋的氛围,影响到最高法院的判决。你看国会,如果国会手头有什么可以挑起民意的东西,至少国会认为能够挑动民意的东西,他们会迅速作出反应,但过一阵子又会变了说法……而最高法院则要看得更加长远。你也看得出来,在三大政府分支当中,我是最高法院的忠实拥护者,当然,这来源于我自己半个世纪的观察,在这半个世纪当中,最高法院非常出色地履行了自己的职责。

抗议的人群来来往往。除了极少例外,我不觉得这些抗议起到了什么作用。沃伦法院受到民权运动很大影响,但那是因为,大法官们感受到整个社会发生的根本转变。[1] 文化、社会以及政界发生的变化,带来了宪法观念上的必要变化。与公众观念的重大历史性转变相比,宪法观念的改变具有一定滞后性。最高法院不会仅仅因为政治讨论中有了什么新兴时髦话题,就贸然改变自己的宪法观念。我也确实希望宪法观念整体滞后于政治风向的变化。

苏特大法官写过一份独立意见,这可能是他在任期间写的最后一份意见书。那个案子的问题是,一个被定罪但坚信自己是无辜的犯人,是否有宪法权利要求重新检验 DNA 证据,以证明自己的无辜?最高法院判决的答案是:"不,没有这样的宪法权利。如果之前的审判是公正的,你就没有权利

---

[1] 关于沃伦法院与民权运动、国内政治的关系,可参见〔美〕莫顿·霍维茨:《沃伦法院对正义的追求》,信春鹰、张志铭译,中国政法大学出版社 2003 年版;〔美〕小卢卡斯·鲍威:《沃伦法院与美国政治》,欧树军译,中国政法大学出版社 2005 年版。

要求重新检验 DNA 证据。"[1]

苏特大法官的独立意见,是一篇讨论最高法院与宪法变革的关系的经典之作。苏特大法官写道,当我们要赋予宪法新的含义,又不确定社会文化是否已经充分转变,证明这个新的含义是对是错的时候,我们必须非常谨慎。**如果你想理解为什么最高法院不会追逐最新的政治潮流,不会参加喧哗与狂欢,你可以读读戴维·苏特大法官在"奥斯本案"中发表的意见。它会告诉你为什么最高法院有时会滞后于政治风向。**

法卡斯:我们已经了解了一些最高法院的传统。您觉得这些传统重要么?还是已经过时了?

丹尼斯顿:最高法院的传统值得继续保持下去,大法官们都知道,这些传统是最高法院的组成部分。如果一个人在最高法院工作,或者观察最高法院的工作,他会意识到,传统是最高法院的骨骼。当最高法院回顾自身时,这些传统就是最高法院的真实形态。

现在有很多针对最高法院的批评,认为在使用宪法权力方面,目前的法院有时侵略性太强,至少态度比较积极。比如,在伦奎斯特时代,大法官们推翻的联邦法律,比任何历史时期都多。人们认为这是一种司法必胜主义,或者法官中心主义的体现,最高法院看上去是在滥用权力。

这些对最高法院的贬损弄错了一个事实,那就是:最高法院的自我认知非常清醒。它非常明白自己在政治、社会或法治中的角色。如果你不了解最高法院遵循传统的目的是什么,你就应该读一读它的判决书,比如肯尼迪大法官就"布迈丁案"写的判决意见,那是 2008 年一起关于关塔那摩监狱

---

[1] 此案即 2009 年的"地区检察署诉奥斯本案"(*District Attorney's Office for the Third Judicial District, et al. v. Osborne*)。最高法院以五票对四票判定:既然被告人已经接受公正审判,若允许他申请重复鉴定,会使一切使用过生物证据的判决都陷入不确定状态,这显然将破坏司法体制的稳定性。具备什么条件才能允许被定罪者申请重新做 DNA 鉴定,是立法规定的范畴,并非宪法权利,更不能由法院来创设这一权利。关于此案详情,参见何帆:《用 DNA 洗冤是宪法权利么?》,载拙著:《大法官说了算:美国司法观察笔记》,法律出版社 2010 年版。

在押人员权利的判决。[1] 在判决中,肯尼迪大法官花了很大篇幅讨论最高法院的自我认知。我们不喜欢自恋的人,也不喜欢自视过高的政府机构。我刚才说的"自我认知"不是指妄自尊大,而是指意识到最高法院对国家的意义,意识到自身的职责,以及自己所拥有的力量。而传统对这种认识肯定有所贡献。

这不是一个刚刚成立的法院。如果它只是一个现代产物,比如1995年或1997年才成立的机构,那它会是个完全不同的地方。它会更现代,更有活力……这有点儿像柏拉图的洞穴。现代法院看向墙壁,看到墙壁上自己的影子,但关键在于,究竟是什么在投射光源。我不知道这个隐喻对别人来说是不是足够形象,但我是这么认为的。所有从后面照来的光,所有照亮了最高法院现在的工作及制度,并在墙上投射影子的光,就是最高法院的传统。它也是宪法的历史。要想理解宪法的历史,就必须同时了解最高法院的历史,它们是相辅相成的。除非理解最高法院,否则你没法理解宪法。

法卡斯:您有没有过独自在法庭里待过,回想起在这里发生过的影响国家的重大事件?

丹尼斯顿:我时不时会这么做。还有一个我喜欢去的地方,就是位于国会大厦的"老最高法院办公室"。我会想象1896年"普莱西诉弗格森案"审判时的场景……那个法庭里也曾宣布过很多重要案件的判决……你也可以去现在的最高法院法庭体会这种感觉。那里是审理过"布朗诉教育委员会案"的地方,那里是对界定总统权力最重要的案件——"钢厂接管案"作

---

[1] "布迈丁案":即2008年的"布迈丁诉布什案"(*Boumediene v. Bush*),最高法院在这起案件中判定,宪法关于"人身保护令状"的规定,适用于羁押在关塔那摩的囚犯,国会立法中止令状的行为违反宪法。关于最高法院与关塔那摩囚犯有关的一系列案件的详情,参见[美]斯蒂芬·布雷耶:《法官能为民主做什么》,何帆译,法律出版社2012年版,第十五章"节制总统权力:关塔那摩囚犯案"。

出判决的地方。[1]

法庭里始终有一种严肃的氛围。即使出庭律师表现得再差,法庭内的气氛也不会有任何变化。对我来说,旁听最高法院庭审,与观看参、众议院的辩论,感觉非常不同。看参议院或众议院的辩论时,你会觉得那里任何时候的辩论,都与立法程序无关,要么是关于母亲节的重要性的演讲,要么在讨论如何给某个畜牧产业授予荣誉。而在最高法院发生的每件事情,都有某种重要意义,而且都是一个完整过程的组成部分,都会导致实际的结果。最高法院内发生的每件事都是有意义的。

曾经有人批评最高法院的记者团失去了独立性。认为记者团成了最高法院的一部分,记者们在为大法官的行为辩护,把大法官视为批评不得的偶像。这种批评误解了记者的角色。事实上,我们会尽可能与最高法院保持距离,就像最高法院独立于政治风向一样。我认为,对从事最高法院报道的记者来说,了解这里的氛围,会对他们的工作很有帮助,也不会侵犯记者的独立性。记者应当对最高法院心存敬畏,体会这座建筑的宏伟和庄严,但不能单纯做最高法院的辩护者。这么做对于向广大读者报道最高法院的工作,也有很大的帮助作用。

法卡斯: 您在法庭旁听言词辩论时,有时会不会意识到,自己正在观看一个历史性案件?

丹尼斯顿: 当然。有些案子你一看就知道不会成为历史性案件。但随着最高法院受理的案子逐年减少,每个被受理的案件,你都会认为,或

---

[1] "钢厂接管案":即"杨斯顿钢铁公司诉索耶案"(*Youngstown Sheet & Tube Co. v. Sawyer*)。1952年4月8日,杜鲁门命令商务部长查尔斯·索耶接管全国87家主要钢铁公司。6月2日,联邦最高法院以6票对3票宣布,杜鲁门总统无权接管钢铁公司的资产,哪怕工人罢工会对朝鲜战场的战事不利。雨果·布莱克大法官主笔的判决意见指出,总统发布命令,必须根据联邦宪法或国会制定的法律,而国会制定的法律中,并没有任何一条授权总统可以侵占民间私有财产,更没有授权他以武力方式,解决劳资纠纷。对于总统是三军统帅,可以动用战时权力的说法,布莱克同样不以为然。他说,朝鲜战争只是局部战争,国家并没有进入全面战争状态。就算总统贵为三军统帅,也不能用武力解决民间的劳资纠纷,更不能用刺刀强迫工人继续从事钢铁生产。即使非如此不可,也必须经过国会授权。总之,既然总统无权立法,所作所为又无法律依据,接管行为自然违宪。

者至少希望是这个时代最重要的案件。当你在法庭里等待那些大案,那些受到公众广泛关注,利害攸关,可能导致"宪法板块"发生"漂移"的案件……如果你对这样的重要时刻没有高度敏感的话,只能说是太迟钝了。

2009年6月闭庭的那个开庭期中,最高法院就是否推翻一部民权法进行了辩论,那可能是自20世纪40年代的民权革命以来,国会通过的最重要的一部民权法。最高法院很可能宣布该法违宪。如果你去旁听这个案子,却没有回想起"塞尔玛大游行",没有回想起密西西比州被谋杀的三位民权义工,没有想起在这个法庭里审理过的那些案件,你相当于完全不知道自己为什么坐在法庭里。[1] 那不是简单的一个案子,而是一个历史性时刻。但愿好的记者能够向读者和听众传递这一时刻的重要性。

法卡斯:伦奎斯特首席大法官是怎样一个人呢?

丹尼斯顿:他在司法部工作的时候我就认识他了。他是个大高个儿,身体不太灵活,因为他的背部一直有毛病,至少我认识他的时候就如此了,所以走路时有些生硬。伦奎斯特大法官是位一本正经的人,私下却很随和。在圣马修大教堂举办的葬礼上,人们讲述了许多与他有关的故事,都很温暖感人。对于在法庭上认识他的人来说,伦奎斯特多数情况下都特别严厉,他完全掌控了庭审的进程。有时,即使法庭里不太吵,他也会毫不客气地要求听众保持肃静。他对律师的要求也非常苛刻。

但是,私下认识伦奎斯特大法官的人,都非常喜欢他。他在日常生活中,是一位非常友善、坦率的人,和他在公开场合的表现很不一样。他曾经非常非常保守。但是他最终在宪法解释方法上,体现了一位首席大法官的风范,没有成为一名特立独行、固执己见的法官。

---

[1] 塞尔玛大游行:20世纪60年代初,阿拉巴马州塞尔玛市的黑人民众因选民登记受到当地官员阻挠,在马丁·路德·金等民权领袖组织下,发起数轮大规模游行示威,从塞尔玛市一直走到州府蒙哥马利市,沿路遭到州警的残酷镇压和许多白人的嘲笑,但也唤起了全国民众对黑人选举权的关注,直接推动了《联邦选举权法》的出台。

法卡斯：伦奎斯特大法官去世后，在最高法院大厅里举办了追悼仪式。您参加了么？

丹尼斯顿：当然。最高法院大法官的葬礼是非同寻常的大事。在这方面，最高法院有一系列惯例。他们经常使用林肯灵柩台，一个黑布覆盖的平台。林肯总统被刺杀后，他的棺木曾安放在这个灵柩台上。放置首席大法官或大法官棺木的灵柩台，是追悼仪式的中心。追悼期间，法官助理会留下来守夜。这些曾为大法官服务的人们会围在棺木旁边，轮流值守，保证遗体在瞻仰期间一直有人守护。

大厅里会举办一个感人的仪式。由于最高法院的圣诞颂歌派对也是在大厅举办，因此，那里也是一个有着欢乐回忆的地方。在最高法院的日常运作中，大厅的主要功能，是作为法庭的前厅，也是进入法庭的必经之路。

每位去世的大法官都会有一个纪念活动，有时会在葬礼后的几个月举行。届时会有一个研讨会，邀请各界嘉宾，颂扬大法官的工作成就，回顾他的职业生涯。

法卡斯：您在最高法院漫步时，肯定想起过厄尔·沃伦大法官。他是个什么样的人？

丹尼斯顿：提到厄尔·沃伦大法官时，人们常把他形容为一个高大的泰迪熊。他非常和蔼，喜欢用直截了当的方式与人交流。他在开庭时态度也很友善。他不是那种铁面无情，完全不会被案情打动的法官。他常在庭审过程中动感情，尤其是他觉得某个当事人特别值得同情的时候。开庭时，沃伦大法官经常问这个问题："公正么？这公正么？"他不一定是从宪法角度发问，而是把这种想法看作任何一个普通人都能感受到的常识。

我们曾经开玩笑说，如果你想让沃伦大法官去什么地方，比如说去看球赛，你得确保那儿有三明治或者热狗，那是沃伦大法官热爱的食物。美食对他很有吸引力。在出任大法官之前，沃伦曾有过一段政治生涯，这一点非常重要,也使他有能力领导最高法院。[1] 在某种程度上,奥康纳大法官退休后,在任大法官当中,不再有人曾积极参与政治生活,这是件令人遗憾的事情。当然,苏特大法官担任过新罕布什尔州的司法总长,不过时间不长。最高法院也许需要一个有过一定政治经验的人担任大法官,赋予最高法院一些政治视角。

法卡斯:有一天,最高法院的大厅,也会立上约翰·罗伯茨大法官的半身像。根据您的了解,他是个什么样的人?

丹尼斯顿:作为首席大法官,罗伯茨与我想象的还是不太一样。他比我原先预料的更有意识形态方面的倾向。许多熟悉他的人都说,他已经没有他们想的那么保守了,但他比我想的要保守。罗伯茨大法官也比我预想的更受派系立场的影响。他领导下的最高法院,在重新审查那些适用多年的先例问题上非常大胆。这很有趣,因为人们——尤其是媒体——普遍认为,罗伯茨希望最高法院能够小幅、稳定前行。在某种意义上,罗伯茨确实希望采取司法最低限度主义。

但是有时,他的这种根深蒂固的保守主义倾向,会促使他推动最高法院做出一些大幅度动作。比如,两年前那个开庭期里有个案子,路易斯维尔、肯塔基、西雅图、华盛顿都有这样的情况,就是在公立学校适用专门的招生政策,以促进学生的种族多元化。过去,最高法院鼓励公共教育系统主动采取措施——而非被动地依照法院命令——增加与平衡各个种族的入学机会。而当这些学校这么做时,最高法院却重新介入相关争议,推翻了这些学

---

[1] 厄尔·沃伦出任首席大法官之前,先后做过州检察官、加州司法总长,并多次连任加州州长。

莱尔·丹尼斯顿

校的决定。[1]

　　无论人们认为这个判决在道义上是对是错,毫无疑问的是,最高法院这个做法非常冒险。一般来说,最高法院受理的案件,是那些在下级法院存在分歧的案件,而最高法院的角色,就是解决这些分歧。但在这个问题上,下级法院不存在需要解决的分歧,最高法院是主动出击,选择了这个案件。

　　最近一个开庭期还有一起重要案件,涉及在监督总统及国会议员职位的竞选开支和竞选活动上,联邦政府应扮演的角色。[2] 罗伯茨领导下的最高法院又一次主动出击,打算做出一些根本性改变。我倒不是说这样做肯定是错的,但是透过这个做法本身,你会怎么看罗伯茨法院呢?这是一个会重新审查大量最高法院既往先例的法院,而且是基于意识形态立场的重新审查。这会使一部分人感到失望,因为最高法院会推翻一些先例。也许没

---

　　[1] 此案即"社区学校家长诉西雅图学区案"(Parents Involved in Community Schools v. Seattle School District)。肯塔基州北部城市路易斯维尔市曾是校园种族隔离政策的"重灾区",直到1970年代还维持着按学生黑白肤色划分校区的制度。校园种族隔离措施逐步取消后,路易斯维尔地区的学校开始面临一个尴尬问题。由于黑人白人居住在不同区域,当地学校如果按学生离家距离远近划分校区,将导致一些学校全部是黑人,一些学校全部是白人,这就很难保持校园内的种族平衡与多元。为此,当地教委决定实施一项新的招生计划,将学生种族作为各校招生时的考虑因素之一。每所学校的黑人学生不得少于15%,不得多于50%。一些家长质疑这项计划的合法性,向法院提起诉讼,称当地教委无权在校区分配时适用种族标准。在另一起案件中,类似招生计划在西雅图也受到抨击,并引起诉讼。联邦最高法院于2007年一并审理了这些案件。这起案件的多数意见方为罗伯茨、阿利托、托马斯、斯卡利亚、肯尼迪(仅支持判决结论),判决意见由首席大法官罗伯茨执笔,认定两个城市的招生计划均违反宪法"平等保护条款",肯尼迪大法官发布了一份含混晦涩的协同意见,他认为,在某些情况下,以种族为划分标准是被允许的,但是不能采取路易斯维尔与西雅图那样的做法,而是应通过提高考试分数来推动种族融合。布雷耶大法官发布了一份措辞强硬的异议意见,并以当庭宣读的方式,表达了自己内心的愤怒,斯蒂文斯、金斯伯格、苏特三位自由派大法官加入了他的异议意见。布雷耶指出,本案最大的教训在于,有些人完全混淆了种族隔离与种族融合措施的本质区别,多数方的判决混淆历史,颠倒黑白,把今天的路易斯维尔和西雅图当成了1950年代堪萨斯州的托皮卡(即"布朗案"的起源地)。斯蒂文斯大法官另外还写了一份简短的异议意见,里面有句结论十分引人注目:"我敢确定,1975年我加入最高法院时,法院任何一位成员都不会同意今天这份判决。"此案详情可参见〔美〕杰弗里·图宾:《九人:美国最高法院风云》,何帆译,上海三联书店2010年版,第296—297页。
　　[2] 此案即最高法院2010年1月21日宣判的"公民联盟诉联邦选举委员会案"(Citizens United v. Federal Election Commission)。在这起案件中,最高法院以五票对四票,宣布解除对企业资金介入政治选举的限制,激起总统、国会的强烈反弹。关于此案详情,参见何帆:《常识冲突如何影响民主走向?》,载拙著:《大法官说了算:美国司法观察笔记》,法律出版社2010年版,第120—126页。

有克拉伦斯·托马斯大法官希望推翻的那么多,托马斯大法官显然是大法官里胆子最大的。他希望把他认为错误的理念全部推倒重来。但是,大多数情况下,托马斯大法官没法争取到五票。而罗伯茨领导下的最高法院,用一个更为中性的词来形容的话,比以往更加"能动"地主动寻找机会,试图在基本问题上对法律做出改变。但这种倾向与人们普遍认为的,最高法院应循序渐进而非大规模变革的观点肯定是矛盾的。

法卡斯:您刚才提到了克拉伦斯·托马斯,他是一个非洲裔大法官。您也提到了现在的最高法院在许多问题上十分"能动"。这让我想到了瑟古德·马歇尔,一位非常支持"司法能动主义"的非洲裔大法官。您还记得参加他宣布退休的发布会时的情境么?

丹尼斯顿:记得。我还记得自己当时得罪了马歇尔大法官,因为我问他退休的原因是否是身体欠佳。他回答这个问题时一点儿也不高兴……我本来以为那是个很容易回答的问题,但是他很反感。当时,马歇尔大法官的身体状况已明显恶化,这是件十分令人伤感的事情。如果你对马歇尔大法官有一点了解,就会知道他非常了不起,他冒了很大的个人风险,接受了一些看上去非常不计后果的理由,尽可能争取多数人的支持。在大法官当中,他是位高明的战略家。看着这样一位美国历史上的重量级人物的身体一天天衰弱下去,我内心非常难过。不过发布会上也有让人高兴的事情——即使身体衰弱,年事已高,爱讲故事的马歇尔大法官还是幽默感十足,不时插科打诨。当天的气氛既悲伤又快乐,非常复杂。

任何大法官的离任都是件很伤感的事情,即使是并非出于身体原因的离任。奥康纳大法官退休时,身体状况相当好。她退休主要是为了照顾病重的丈夫。苏特大法官离职时,也正年富力强。大法官本来就没有多少人,因此看到一位大法官结束职业生涯,还是让人十分伤感。看着他们主动请辞,常常让人深感遗憾。

法卡斯:对新上任的大法官来说,当务之急是了解什么呢?

丹尼斯顿：新任大法官要了解的事情之一，就是认识到自己已经处于司法系统的最高位置，是最终的司法权力来源。我不知道一位新任大法官要花多久来认识到这点。我想，新上任后可能需要一段时间，来认识到这里是司法系统的顶端。问题是，认识到这一点后，会让这个人更加谦逊，还是更加胆大妄为？大法官会不会一入职就认识到，自己掌握和即将使用如此重要的权力么？我猜那更像是一个逐渐渗透的过程，逐步认识到自己是这个国家中，九位最重要的大法官之一，有权对法律做出重大修改。如果你在联邦下级法院任职，你需要不断提醒自己，上面还有一个审级的法院，自己所作的判决，可能会被最高法院修正。如果你在联邦最高法院就不一样了，你对法律的解释可能被国会修正，比如以修改宪法的方式推翻，但是，这比最高法院推翻下级法院判决要难得多。我想新任大法官需要相当长一段时间才能意识到，自己拥有了多么大的权力，以及自己应该用手中的权力做什么。

法卡斯：大法官的餐厅里并排悬挂着马伯里和麦迪逊的画像。为什么要摆这两幅画像呢？有什么重要意义么？

丹尼斯顿：在最高法院的历史上，恐怕没有哪个案子，能像"马伯里诉麦迪逊案"一样，告诉大家法官何以成为法官。"马伯里诉麦迪逊案"就是司法审查的体现，提醒大家最高法院才是对宪法做出解释的机构。而悬挂马伯里和麦迪逊的画像，是要提醒大法官，他们肩负的任务有多重要。

在最高法院所有判决意见中，法官们最爱反复强调的一句判词是：对法律做出解释，是司法机关的权力和职责。这句话出自"马伯里诉麦迪逊案"，是约翰·马歇尔大法官说的。它明确告诉大家：应由最高法院来解释宪法的含义。当然，即使是最高法院的解释，也要受制于修宪程序。但是，就解释现行宪法的含义而言，九位大法官大权在握。

法卡斯：在您看来，最高法院相关新闻报道的未来应该是什么样的？

丹尼斯顿：从媒体对最高法院的关注来看，我认为我们正处于一个深刻变革的最初阶段。媒体对最高法院的关注程度——如果可以这么说的话——会越来越低。也许有一天,美国人民会发现,最高法院对他们来说就像陌生人一样。报纸行业的衰退可能是一个无法逆转的事实。考虑到电子媒体的发展,你无法想象未来哪个经济体能允许报业存活,或者恢复这个行业昔日的辉煌。问题来了,未来会由谁报道最高法院呢?谁来告诉美国人民最高法院是什么,大法官在做什么,最高法院的发展趋势以及现任大法官都是谁呢?谁会去注意最高法院呢?我不确定自己知道这个问题的答案。在某种程度上,就电子媒体的现状及未来发展而言,电子媒体可以担当这个角色。但是,电子媒体所面临的 24 小时持续报道的压力,使得他们的内容更为简短。但在报道最高法院的时候,简短可能是准确度的敌人。简短正好与对最高法院的报道要求相矛盾,当最高法院对那些错综复杂的案件作出判决时,你需要花一定篇幅、一定时间、一定表述,来解释最高法院的所作所为。

对于像"罗伊诉韦德案"或者"布朗诉教育委员会案"这样的案子,大量的媒体报道是很容易想象的。但是对于工人针对工作场所的年龄、种族和宗教歧视是否更容易提起诉讼,或者类似的问题,还会有大量的报道么?

最高法院的工作,未来专业性会更强——谁会报道这个?你可以说,会有专业性的网站来报道。但是会有哪家大众媒体关注这个?就我自己的观察而言,过去十年间,美国的报纸对于最高法院的报道范围,明显下降了很多。如果没有人能够接力报道,如果没有出现其他媒体或大众传媒方式,最高法院在整个美国政府的图景中,会不会变得越来越小?我想这种情况很可能发生。美国人民会自己寻找其他方式来了解最高法院么?如果在报纸上不再那么容易找到最高法院的报道,美国人民会寻找别的了解途径么?部分人会吧。也许未来的人们只能在工会演说厅、公民会议、公开讲座这些场合了解最高法院了,类似"暑期大学"这样的学习形式可能会重新出现,给人们提供一个了解最高法院的窗口。

我对最高法院新闻报道的前景比较悲观,在我看来——也许这是一个传统主义者的观点——就让政府机构为人所知而言,没有任何东西能够替代大众传媒的报道。如果未来美国人民只能偶尔看到关于最高法院的只言片语,他们会自己去寻找其他途径了解最高法院么?我不确定。

……如今,人们已满足于从一条140个字的"推特"(Twitter)获取信息,可是,你能用140个字说清楚一个复杂的最高法院判决么?也许不能。如果现代电子媒体的发展趋势就是越来越简短,甚至每个人都有一个"推特"账号,像最高法院这样需要用一定篇幅的文字才能说清其所作所为的机构,还会得到它所需要的媒体关注度么?我想不会。也许,那时候的最高法院就会变成一个只有关注它的"小圈子"才会谈论的机构,逐步远离公众的视野。

法卡斯:白宫有新闻发言人,国会议员也配备了专门的媒体联络员。但最高法院的媒体联络部门的角色,好像有所不同。

丹尼斯顿:最高法院公共信息办公室的工作,与其说是要影响媒体,不如说是为媒体的工作提供帮助。首席新闻官不会召开记者招待会,也不负责解释最高法院的具体工作。

如果你在宣判当天去公共信息办公室,手里拿着一份最高法院的判决,问凯西·阿尔贝格或者帕特里夏·麦凯布·埃斯特拉达这些判决是什么意思,他们会非常奇怪地看着你,觉得问出这样的问题,肯定是你哪里出问题了。最高法院不会对自己的工作进行解释,公共信息办公室也不认为他们有义务去解释这些。

公共信息办公室还承担着公共教育的职能。他们会回复所有申请索取判决文本的邮件。这是个服务性机构。没有公共信息办公室,从事最高法院报道的记者简直没法办公,他们是记者团与最高法院的日常工作、书记官办公室、执法官办公室以及大法官之间的联系纽带。

很多人说,最高法院是一个保密性很强的机构。事实并非如此。最高法院大部分的工作都是公开的。就像他们常说的,这里的工作是从前门进来,又从前门出去。你知道向最高法院提出申请的都是些什么案子,如果你在记者工作室,恰好有个重要案子提出复审申请,你可以立即拿到一份复审申请的副本。现在,一旦安排好了言词辩论的日期,你还可以得到一份调卷申请的电子版。

加拿大最高法院的公共信息办公室,会在向媒体分发判决书之前,召开公开或者非公开的发布会,介绍最高法院的最新判决。而我国的最高法院不会这么做,在公共信息办公室和记者团心目中,公共信息办公室不是一个解释最高法院工作的地方。最高法院的工作本身就可以证明自己。

作为一名记者,没有人影响你如何报道,是件很好的事情。在华盛顿任何其他地方,人们除了递给你材料,还会努力告诉你该做何反应,以及该如何解读这些材料。而在最高法院,这种事情永远不会发生。

法卡斯:即使做了这么多年的报道,当您坐在法庭,听到开庭时的"肃静,肃静"声时,还会不会感到激动?

丹尼斯顿:当然会。应该有更多的美国人来这里旁听庭审……如果你去听国会某个委员会听证,会发现委员会成员们的助手就坐在他们身后,随时提供信息、解答问题。而最高法院的大法官开庭时,背后可没什么助手。大法官们都是独立办公的。

庭审结束后,九位大法官会在会议室内召开会议,没有助理参加,也没有员工向他们做报告,说服他们如何判决。大法官们依靠自己的判断做决定。

如果你来法庭观看庭审,就会发现,在整个华盛顿,这样的场景肯定是独一无二的,在美国任何其他机构都看不到。在最高法院,位高权重的人们个个身体力行,投入工作。我想很多来到最高法院的人都会赞赏这一点。

当然,开庭时会有很多仪式,但你真正目睹的,是诉讼程序逐步展开的过程。那是个激动人心的过程。

法卡斯:如果最高法院允许电视直播,庭审还会照常运作么?

丹尼斯顿:我不认为在法庭里摆上摄像机会使庭审有什么不同。就此问题,人们还在争论——估计这场争论永远也不会结束——在法庭里摆上摄像机会不会影响庭审。

假设这场争论在很久以前,就已经是理性的讨论。那些在法庭里摆放摄像机的州法院,已经为我们提供了大量例证,证明法院完全没有受到摄像机的影响。即使在那些试行庭审摄像的联邦法院,有重大案件审理时,他们也会允许摄像机入内。

法官们的审判技艺十分娴熟,即使法庭里有观察者,也不会对庭审造成影响,无论这个观察者是拿着记事本——像我这样——还是拿着摄像机在拍摄。当然,我承认,这一点目前还存在争议。

但是我想,那些知道自己应该做什么的法官,是不会在镜头前表演的。我觉得律师也不会利用镜头表演。一个在最高法院出庭的律师,应该知道自己的任务是说服五位大法官,因为若想胜出,他只用说服九位大法官中的五位。如果出庭律师站在讲台前,心里却惦记着在法庭外的电视观众面前表演,他很可能没法集中注意力,努力说服五位大法官。

如果你是九位大法官之一,开庭时总想着在电视前收看直播的观众会怎么想,你就没法将注意力放在庭审上。

言词辩论是这样一个过程,你必须全身心投入,才能通过辩论实现目的,因为大法官们经常利用言词辩论环节来说服其他大法官。如果我的理解恰当的话,言辞辩论还有设置议程的功能。庭审那一个小时内的发言内容,会对大法官内部会议上的讨论,产生很大影响。

法卡斯:您觉得最高法院为什么会拒绝庭审直播呢?

丹尼斯顿:部分是出于安全考虑。苏特大法官以前常说,他不想成为一个公共人物,他觉得这可能给他带来威胁。他说如果大法官们出行时很容易被人认出来,就得加强对大法官的安保工作。

拒绝庭审直播的另一个理由在于,大家担心会有人对着摄像机作秀。斯卡利亚大法官说过,他之所以反对庭审直播,就是害怕某些大法官在镜头前作秀。不过,近些年的大法官中,如果说有人喜欢在镜头前表演,我觉得就是斯卡利亚大法官本人,他的个性中总带有爱秀的成分。

另外,最高法院也不愿轻易作出改变。这倒不是因为变革总是不好的,但最高法院已经以现行方式良好运转多年，对于改变还是有一些惰性。

我想，还有一部分原因——尽管我从没见过这一点被很好地阐释过——就是最高法院担心媒体对庭审画面做的加工，会扭曲电视观众对最高法院的看法。换句话说，电视媒体会使用剪辑过的画面，而观众会把媒体处理过的信息，看作事实真相。

不过，这类风险早就存在。当我还是报社记者时，我也会选择性地使用材料。我不会把整个事情告诉你。我会有所取舍，告诉你我想让你知道的。所以，上面这个拒绝理由，一开始就没什么说服力。

反对庭审直播的观点一直存在，这点毋庸置疑。在现任大法官中，我不认为有谁很希望对最高法院的庭审进行电视报道。这一点很让人遗憾。

法卡斯：莱尔，非常感谢您接受我们的采访。

莫琳·马奥尼
那些胜诉的案子，是我本来就该打赢的案子

莫琳·马奥尼，瑞生国际律师事务所（Latham & Watkins）华盛顿办事处合伙人，参与创办了该所的上诉业务部。她曾在最高法院出庭22次，并取得20次胜利。自芝加哥大学法学院毕业后，她担任过威廉·伦奎斯特首席大法官及第七巡回上诉法院罗伯特·斯普雷彻法官的法官助理。马奥尼女士还在1991年至1993年间担任过联邦副首席政府律师。她于2009年5月27日接受了C-SPAN主持人马克·法卡斯的采访。

法卡斯：有许多人没有参观过最高法院，也没进过法庭，您能向他们描述一下自己的出庭经历吗？还记得自己在最高法院第一次出庭时的感受么？

马奥尼：当然。第一次在最高法院出庭时，所有人的第一反应都会是："真不敢相信，我居然能来这儿。"除此之外，开庭导致的巨大心理压力也令人记忆犹新。我每次在最高法院出庭都会感受到这种压力，当然，可能第一次最紧张，因为如果搞砸了，可能就再没机会来这儿了。对许多律师来说，能在最高法院出庭，是职业生涯的最高成就。我希望自己以后还能再在这儿出庭。所以，尽管第一次有些害怕，但整体表现还不错。

法卡斯：您在伦奎斯特大法官的葬礼致辞中，援引过他说的一段话："律师在最高法院面前应该感到紧张。"这句话是什么意思？

马奥尼：我认为，这句话的意思是，律师偶尔觉得紧张还是很重要的，这

样可以督促你发挥得更好。这就像运动员,对运动员来说,赛前的适量紧张,有助于发挥出自己的最高水平。当你在最高法院出庭时,你就会这么想。我在其他法院出庭时,也有同样的感觉。我希望发挥出自己的最高水平。法官们也需要你努力表现。如果法官和律师们都准备得很充分,律师的发言能帮助法官完成工作,也可以为客户赢得案件,这就促进了法律的发展。

法卡斯:走上律师发言台时,您有什么感觉?

马奥尼:与其他法庭不同的是,在这里,到发言台不需要走太远。你的坐席就在发言台旁边。站起来挪几寸,就到台边了。我通常会深吸一口气,然后说:"尊敬的首席大法官,希望我的发言能让诸位满意……"这是言词辩论时常用的开场白。

法卡斯:您第一次在最高法院出庭时,首席大法官是哪位?

马奥尼:首席大法官是伦奎斯特,在那个案子里,我是被最高法院指定为出庭律师的。这种事儿可能一年才会发生一次,通常是因为一方当事人缺钱或类似原因,放弃出庭应诉。这时候,最高法院会发出指定律师邀请,为相关当事人指派一名律师。我在最高法院代理的第一起案子,就是这么来的。能够得到这个机会,应归因于最高法院和伦奎斯特大法官。我当过他的法官助理。

法卡斯:既然案件是由最高法院指派的,您当时有没有感到额外的压力?

马奥尼:当然有的。在我看来,这是伦奎斯特大法官赋予我的一项荣誉使命。书记官办公室告诉我,我是历史上第一个收到指定律师邀请的女性。我当然想向伦奎斯特大法官证明,他的选择是正确的。我也想向其他大法官证明,自己的确担得起伦奎斯特大法官的信任。所以,我确实觉得压力很大。

法卡斯：您在庭上的表现如何？

马奥尼：当时很紧张。不过一旦开始发言，就会全心全意投入其中。你必须集中注意力，考虑如何应对大法官们的提问，如何合理分配回答问题的时间。回答大法官们的问题非常关键。如果你答不好，就无法说服他们。但你也要记住，发言时间是极为有限的。你最多只有30分钟，如果与其他当事人的律师共用时间，真正轮到你说话的只有10或15分钟。这意味着你必须在非常紧迫的时间里，陈述完己方的所有立场。在积极回应大法官们提问的同时，如果有必要，你还得学会转移话题，但在转移时，你必须保证已对他们关心的问题有所回应。

法卡斯：与电视直播的下级法院庭审，或者律政剧中的庭审交锋相比，最高法院的庭审有什么不同？

马奥尼：区别很大，这里的庭审可不是刻意做给电视观众看的。你的发言内容，不会是那种让媒体喜闻乐见，令听众热血沸腾的慷慨陈词。相比我们在电视上经常看到的庭审场面，现实中的言词辩论更像是一种学术讨论，你必须结合事实、证据、案情、既往先例或法律条文，努力说服大法官们。在此过程中，你需要将上述材料以简洁有力的方式组织起来，并在极为有限的时间内陈述清楚。

所以，如果你想有出色表现，事前必须做好充分准备。你需要反复钻研，吃透案情，要比法庭上的任何人都更了解这个案子。在回答大法官们的提问时，你必须灵活反应，可以迅速串接案情、组织语言、陈述观点。这很有挑战性。大法官们都很有智慧，美国人民应该为他们拥有这样的大法官们而自豪。最高法院非常了不起，所以，能在这个最高审级的法院出庭，并满足大法官们的期待，对律师来说，非常具有挑战性。

法卡斯：在庭审过程中，大法官可以随时打断您的发言，并且向您密集发问，所以您也不清楚自己到底能说上5分钟，还是25分钟？

马奥尼：能说上25分钟的机会非常少。通常情况下，你发言还不到两分钟,就会有大法官向你发问。过去,有人发言时间还没满 20 秒,就会被打断。不过,大法官们近些年留给律师的陈述时间,似乎比以前宽裕一点儿。总之,任何大法官可能在任何时候向你提问,而你的任务就是回答好这些问题,而不是做一个事先预备好的演讲。在庭前准备过程中,我大部分时间都在设想大法官可能会问什么样的问题,并考虑如何回答。有时我会设想出上百个问题,即便大法官实际问你的问题可能还不到 50 个。曾有一次,大法官们在 30 分钟内,针对我的发言提出了 66 个问题。

庭审时,大法官们会问很多问题,有时甚至会打断彼此,互相插话。有一次,我忘记是哪个案子了,当时的首席大法官还是伦奎斯特,我正在回答一位大法官的问题,另一位大法官突然插话,问了另外一个问题,伦奎斯特看了看那位大法官,然后说:"先让她把话说完。"那天对我来说绝对是个了不起的大日子,因为首席大法官替我出头了。在我看来,这相当于首席大法官指出:"她的观点值得一听。"

法卡斯:您会不会有这个感觉,大法官们其实是通过您在互相交流?

马奥尼:他们经常这么做。我想这也是言词辩论的目的之一:大法官们可以藉此检验自己对本案的想法。这并不是说,大法官们必须借助提问来表明自己对案件的想法。无论内心是否已有定论,大法官们对各种问题的答案都很感兴趣。可以说,整个言词辩论的过程,都包含着大法官之间的对话和交流。这是很好的状态,也是我作为一名律师,力图实现的效果。你可以了解到大法官们在想什么,可以听到他们彼此间的交流和回应,这样你才有机会加入其中,努力说服他们。

法卡斯:有没有遇到过需要更换整套诉讼策略的时候?

马奥尼:整套策略?不会。我在做庭前准备时,因为没办法预见到庭审会出现什么样的局面,一般会做好备选方案。你当然会有那种全力以赴,力争全票支持的诉讼策略,但当庭审开始后,你可能迅速意识到这个策略不管用,那就得退回到备选方案,争取五或六张支持票。有时候,你必须根据情势变化,尽快调整方案,但也不是另起炉灶,因为你要调整的方案,通常也是事先准备过的预案。

法卡斯:您在做庭前准备的时候,对每位大法官的提问风格有多少了解呢?

马奥尼:了解大法官的提问风格,对律师当然会有帮助。你越是了解最高法院及其先例,以及这里的工作流程,你的优势就越明显。不过也有很多律师,哪怕是初次在最高法院出庭,但因为他们吃透了案子,预料到大法官可能会问的问题,同样会发挥得非常出色。哪怕不能准确预测到布雷耶大法官或者罗伯茨首席大法官具体会问什么,也丝毫不影响他们的发挥。总之,吃透案情是最重要的。

法卡斯:正式开庭前,您会待在最高法院的什么地方?您会一直待在法庭里么?

马奥尼:早上赶到最高法院后,我一般会先去自助餐厅。我喜欢早到一点儿,在自助餐厅喝杯咖啡,与一起工作的律师和同事们聊聊天。之后,我们会去律师休息室,书记官和副书记官也会过来,告诉我们庭审中的一些注意事项。他们会努力让律师们放松。律师休息室是个很有趣的地方,这里有种同志加兄弟式的友好气氛。您可能在这里见到之前素未谋面的对方律师。大家彼此都很友善,虽然每个人都会有点儿紧张。之后,大家会一起出发,来到法庭。

法卡斯:您有没有见过特别紧张的律师?

马奥尼:没有,至少没人紧张到晕倒。大部分律师在开庭前都会紧张,但他们会努力使自己看上去镇定,但多数人内心还是非常紧张。

法卡斯:大法官们入席前,你们已经就座了。大法官入席时的情况是什么样的?从哪儿入席?

马奥尼：所有人陆续就座，做好发言准备时，大法官们会从帷幕后走出，从审判席后面入席。这是个很正式的入场仪式，所有人都要起立，以示尊重。随着法槌落下，全体入座，庭审正式开始。整个过程仪式感很强。我们在一个庄严宏伟的建筑里，这里的程序也很正式，载满传统，没有任何非正式或者现代的东西。我很喜欢这样的风格，不想它有什么改变。我也没听说过哪个律师希望最高法院的程序能更现代一点。这个仪式培养了人们对最高法院和法庭程序的尊重。

法卡斯：在开庭时，您的注意力肯定都集中在案子上。不过当您的发言结束后，会不会关注到法庭本身？

马奥尼：某种程度上说，我从始自终，都会沉浸在法庭的气氛中，不过你说得对，言词辩论时，我的注意力都放在案子上，就算我先发表完意见，还得看对方如何反驳，所以必须倾听对方律师的观点。即使在等待开庭时，我内心也会反复演练辩词，直到最后一刻。所以，很不幸，我根本没有时间观察周遭的情形。我在当法官助理时，可能还有时间环顾四周，认真审视这间庄严的法庭。

法卡斯：您在最高法院任法官助理时，一定旁听过不少庭审。您在法庭内，会想到诸如"布朗诉教育委员会案"之类的历史著名案件吗？

马奥尼：当然，我在为自己代理的案件做庭前准备时，肯定得考虑很多相关判例。例如，我在处理一起涉及平权措施的案子时，肯定绕不过"布朗诉教育委员会案"[1]。我必须经常研究最高法院审理过的案件，尤其是出庭陈述前，更要吃透先例，因为你需要把它作为自己论据的一部分。我个人

---

[1] 平权措施（Affirmative Action），也被译为"肯定性行动"或"纠偏行动"，是美国一种带有补偿性质的社会政策，根据肯尼迪总统1961年签署的总统第10925号行政命令及随后出台的一系列法案，凡是以前在美国社会因种族和性别原因遭受歧视的群体（如黑人、印第安人、拉美裔人、妇女等），在同等条件下有资格优先享受政府政策的福利。这些社会福利包括就业、入学、获得政府合同、享受政府补贴、争取奖学金，等等。这项政策也受到保守派人士的激烈批评，认为在入学、招工上对少数族裔的优惠政策构成了对白人的"逆向歧视"，违反了宪法第十四修正案的"平等保护条款"。

更多是从律师角度看待每个判例。我的着眼点在于,如何借助这个判例说服法官,战胜对手。这是我的重点。我相信,历史学家对于这座大楼及其历史,会有不同的想法,但对我来说,历史和先例对我的意义,就是助我胜诉。

法卡斯:您有过特别失意的经历吗?

马奥尼:哈,当然啦。最惨的一次是以八票对一票输了官司,大法官们在言词辩论期间就特别不留情面,现场可一点儿也不有趣。庭审就是这样,如果进展顺利,那还比较愉悦,但如果大法官们看上去没有被说服,对你某些精妙的回答也无动于衷,那情势就严峻了。很可能是艰难的 30 分钟。

法卡斯:当时就能感觉到,结果可能对您这一方不利?

马奥尼:哦,当然。我能感觉到。即使我对输掉官司已有心理准备,内心还是会怅然若失。只有当你觉得这次可能会赢,或者至少有机会争取胜利时,才能体会到乐趣。

法卡斯:您赢过的案子,远远多于输掉的案子。

马奥尼:是的,我的确很幸运,有过不少获胜的经历。

法卡斯:您刚刚谈到了自己最不满意的那次结果,八票对一票。如果某个案子进展不错,胜利在望,您会感觉到么?有没有过一两起这样的案子?

马奥尼:通常某个案子胜算较大时,我能感觉到。但我不想过分强调这个。有一次,我代表安达信公司出庭,那是因安然公司倒闭引发的一起案件。我认为这个案子很重要,整个言词辩论都很顺利。我的母亲当天也到庭旁听。另外,那天还是伦奎斯特首席大法官主持的最后一场庭审,所以,这场庭审对我来说非常特别。

法卡斯:能否谈谈"密歇根大学案"?

马奥尼:"密歇根大学案"肯定是到目前为止,我代理过的案件中,最具有历史意义的一个。[1] 那天和以往不同,我赶到最高法院时,看到很多人睡在台阶上。为了争取到旁听名额,这些人已经在那儿等了好几天。示威者也很多,他们打着标语牌,表达对这起案件的关注。美国总统也在电视上公开谈到了自己对本案的立场。[2] 可以说,这个案子吸引了广泛的公众关注。平权政策问题,不仅容易引发争议,也与人们的日常生活息息相关:无论是高中毕业申请大学,还是身边同事的升迁,都可能涉及这一议题。所以大家对这个话题都有自己的立场。

所以,那天在最高法院,我觉得仿佛全世界都在看着我。这么说当然有些夸张,不过,关注这个案子的人的确比平常要多,那天也与众不同。和以前的开庭经历相比,那天确实很不一样。

法卡斯:那天您似乎与斯卡利亚大法官有过一场很有趣的互动。

马奥尼:那天大法官们确实问了很多问题。斯卡利亚大法官抛给我的问题是:密歇根大学的招生政策,是否太注重名额,以致越过了宪法所保护的底线,变成一个固定的配额指标。如果它是一个固定的配额指标,这样的招生政策就是违宪的。我的任务就是说服斯卡利亚大法官,告诉他:少数族裔学生的入学人数,是根据招生计划的目标决定的,不是固定的人数指标。这在法律上差别很大,前者是合法的,后者是违法的。让很多人都感到惊讶的是,斯卡利亚大法官一直在努力证明我的立论站不住脚,而我则尽力回应他的猛烈进攻。那天下午,全国公共广播电台(NPR)播了一段我俩在庭上的对话,事后我收到很多邮件和电话,都是表达对我的同情,觉得斯卡利亚

---

〔1〕 "密歇根大学案":即2003年的"格鲁特诉博林杰案"(Grutter v. Bollinger),与"格拉茨诉博林杰案"(Gratz v. Bollinger)同期审理,是关系到高校招生中的种族优惠政策是否违宪的两起重要案件。李·博林杰是时任密歇根大学校长。马奥尼代表密歇根大学出席了"格鲁特案"的言词辩论。关于此案详情及庭审细节,可参见〔美〕杰弗里·图宾:《九人:美国最高法院风云》,何帆译,上海三联书店2010年版,第192—201页。

〔2〕 在"密歇根大学案"中,时任总统小布什为迎合保守派选民,在一次电视直播讲话中公开表态,反对密歇根大学的招生政策,他说:"我强烈支持多元化措施,包括高等教育中的种族多元化,但是,密歇根大学采取的方式严重偏离了这一目标。究其实质,密歇根大学的招生政策相当于一种定额录取,这种仅仅根据学生的种族,就赋予或剥夺他们利益的做法是不公平的。"但是,小布什的立场遭到了军方高层的反对。

大法官怎么能这么不留情面。其实,我倒不这么认为。我觉得斯卡利亚大法官那天的状态很好,很多大法官们变得越来越严格,这也是应该的。这就是他们的工作。这项工作本身就很有挑战性。

法卡斯:您曾经代表大企业、大学和个人在最高法院出庭。我读到过一句您引用的话:"大法官,自由的守护者",这句话刻在最高法院大楼东侧的三角墙上。您在一篇文章中谈到,这个界定对您来说非常重要。能否结合您对法律的深层次思考,谈谈自己对最高法院的看法?

马奥尼:当然,自由是我们整个政府架构的基础,而最高法院最重要的功能之一,就是确保我们能够切实享有宪法赋予的自由。我想所有大法官都知道,这是最高法院的核心使命之一,而他们也将竭尽全力,确保我们的自由。虽然,对于哪些自由应当受宪法保护,哪些自由不受宪法保护,大家存在不同看法,但大法官们始终在以一种非常专业的方式,处理这些分歧。我非常希望人们能够知道,我们的司法系统有多么公正、敬业。在最高法院担任法官助理期间,我有机会目睹这座法院的运转机制,这绝对是一段非常激动人心的经历。

法卡斯:总统经常在电视上露面。人们也经常在电视上看到参众两院辩论的画面,只有最高法院的庭审一直禁止拍摄。当然,这是另一个话题的内容。但是,我总觉得最高法院有种神秘感,为什么会这样呢?

马奥尼:最高法院不是什么神秘的地方。我不知道人们为什么觉得那里很神秘。的确,人们在电视上看不到最高法院的庭审,但我也不太赞成把所有东西都搬上电视。而且我认为,不上电视对大法官们是有好处的,这样他们就不会像某些人一样,在电视上频繁出现,到哪儿都很快被人认出来。

我不觉得大法官们很神秘。是的,他们都很低调,但几乎所有法官都宁愿保持低调。我从没听说过哪个法院的法官,希望自己时刻暴露在公众的目光下。我不知道人们为何认为他们神秘。他们并不神秘。他们只是在尽心履行职责,况且,他们的判决是公开的,庭审过程也是公开的,只要愿意,任何人都可以来这里旁听庭审。我想人们应该来华盛顿，亲眼看看工作中的最高法院，以及这座宏伟的大楼。

法卡斯：您对这座大楼的什么地方印象最深？您觉得什么地方最与众不同？

马奥尼：从整体上看，这座大楼的庄严宏伟，给我留下了很深的印象。它是座大理石建筑……不知道具体用了多少块大理石，但肯定很多，如果一座建筑是用很多大理石建成的，而且是气势恢宏的古典风格，当然会令人心生敬畏。对我来说，我最喜欢的地方是大法庭，那是我作为一名出庭律师，履行职责、完成工作的地方。法庭是我最喜欢的地方之一。

法卡斯：您曾经担任过伦奎斯特首席大法官的助理，除他以外，历史上的首席大法官中，您还比较钦佩哪些首席？

马奥尼：我可是"一生只敬一首席"的姑娘。伦奎斯特首席大法官既是我的上司，也是我的导师。他担任首席大法官时，我出席的所有庭审都由他主持。当然，我也很尊敬现任的首席大法官，我这么讲，不是说他有什么不好。但我知道他也很热爱自己的前任，他会原谅我的。

法卡斯：您有很多机会了解伦奎斯特大法官么？

马奥尼：他了解每一位助理的情况，对我的职业生涯帮助很大。是他帮我争取到了第一次在最高法院出庭的机会。他乐于帮助自己的每一个助理。和他一起工作和相处的那些年非常愉快。

法卡斯：我们这次要参观一些大法官的办公室，一些助理也在大法官的办公室内办公。助理办公的地方是怎样的，工作内容又是什么？

马奥尼：我当法官助理已经是30年前的事儿了，不过这些年来，助理的工作内容应该不会有很大变化。有一点不同的是，当时伦奎斯特大法官只有三个助理，我们和他在一个办公室里办公，准确地说，那是一个套间。他的办公室有三个大房间，一间是他自己办公的地方；一间是他的两个秘书、行政助理，还有通信员办公的地方；还有一间就是三个法官助理办公的地方。我们坐在同一间屋子的桌旁办公，这也有助于促进同事之间的感情。

如果伦奎斯特大法官想和我们说话，他会直接走进来，和我们三个人聊天。他也经常叫上我们仨中的一个，陪他绕着最高法院散步。他穿着暇步士便鞋，这样就可以舒舒服服地与我们四处漫步，谈论案情。之后我们还会一起品尝奥利奥饼干。不仅是伦奎斯特的助理，其他大法官的助理也常与自己的上司研讨案情，并帮助大法官起草初稿。此外，他们还要帮助大法官审查、筛选案件，决定受理哪些案件。

法卡斯：除了庭审，大法官们还要做很多其他工作。如果人们有机会到这里参观，您最希望他们能了解哪些之前所不知道的情形？起码可以让他们知道纳税人的钱花在了何处。

马奥尼：我最希望人们看到大法官工作起来的那份努力和敬业，了解他们在这些案子上投入的时间、精力，了解法院工作人员之间，以及大法官们之间的友情和尊重。虽然世易时移，有些事情已经发生变化，但近十年来，最高法院的总体表现还是非常不错的。我非常希望人们能够了解大法官们有多么敬业、聪明和谨慎，他们协同合作，解决当下最棘手的法律问题。如果人们能够亲眼看到大法官们如何工作，大家绝对会为拥有这样的最高法院感到骄傲。

法卡斯：接下来谈谈庭审直播的事情。您赞成电视直播最高法院的庭审过程么？

马奥尼：不赞成。但我也不认为上了电视就会很糟糕。法官和律师会随机应变。我最近代理的一个案子，在纽约上诉法院的庭审时就被电视转播了，尽管如此，我还会像在最高法院开庭那样准备案件。不过，电视能不能转播庭审，还是应该交由法官决定。我可以猜到他们不希望电视直播的理由，但我们应该尊重他们的想法。这是我的个人看法。

法卡斯：您在最高法院出庭时，手下的团队有多少人？您的客户会与您一起出庭么？会不会有一个律师团队与您相互配合？

马奥尼：开庭时，律师席位有限。一般来说，会有一位律师陪我一起出庭。律师席可以坐四个人，不过如果有两方当事人，就意味着每方只能有两个席位。所以除我之外，通常只有另一位律师，一般是在准备诉讼文件时，与我配合最紧密的律师。客户一般也会在法庭内旁听，不过坐得没有那么近，不至于在背后督促你，或者质疑你为什么这样回答问题。

法卡斯：法庭的发言台上还有个指示灯，可以介绍一下指示灯及相关规则吗？

马奥尼：指示灯的规则是这样的，当你陈述意见时，如果白灯亮起，意味着你还有最后5分钟，如果红灯亮起，说明你的时间已经全部用光。在最高法院，当红灯亮起时，你应该马上结束发言。如果是伦奎斯特首席大法官主持庭审，那你可真的需要马上停止。记得斯卡利亚大法官有次问了我一个问题，他刚问完，我一个字都没来得及说，红灯就亮了。我看了看伦奎斯特首席大法官，他说："律师，我想你可以把刚才那个问题当成反问。"我只好坐下。不过，媒体并不知道当时红灯亮了，他们纷纷报道说，我被斯卡利亚大法官问住了。但规则就是这样。如今，红灯亮起时，首席大法官允许给律师一丁点儿富余时间，但仅限于说完正在说的这段话，然后就必须坐下。

法卡斯：您代理这些案件时，能预感到大法官们会怎么投票吗，或者猜到谁会是"摇摆票"？您会不会为了争取到"摇摆票"的法官，而有针对性地设计发言内容？

马奥尼：庭前准备时，我肯定会考虑大法官们会如何投票。但是，能不能预测到他们的投票结果，取决于在这个领域，大法官们是否已经以书面形式或其他方式表过态。有时，大法官们需要解释一个过去从来没有被解释过的法条的含义，这样的话，他们的立场就很难预测。相反，如果这个案子涉及平等保护和平权政策，考虑到大法官们已经就这类问题发表过许多书面意见,大致能预测到他们会如何投票。

所以,如果是涉及宪法"平等保护条款"的案件,你必须了解大法官们的基本观点会是什么。你需要结合他们过去的判词或文章,准备自己的发言。在"密歇根大学案"中,虽然我非常努力地去争取每一位大法官的支持,但我内心很清楚,如果想胜诉,就必须争取到奥康纳大法官那一票。所以,我们必须特别小心,确保我们提出的论点,符合奥康纳大法官过去在这一领域发表过的意见。

法卡斯:有没有过哪位大法官问出过完全出乎您意料的问题?

马奥尼:我代理过一个关于海地逃亡者的案子。这个案子的核心问题是,总统到底有没有权力拒绝接收并遣返逃亡的海地人。开庭时,布莱克门大法官问我,你有没有读过格雷厄姆·格林的小说《喜剧演员》(*The Comedians*)。老实说,我确实没想到他会问这个问题,也没读过那本小说。这本小说描写的是发生在海地的暴力镇压事件,而布莱克门大法官打算通过这本小说,从人道主义角度,探讨总统的政策是否合理。这个问题完全出乎我的意料。如果我读过这本书,当然可以回答这个问题,但遗憾的是,我没读过。这件事带来的教训就是,以后做庭前准备时,可能得多读点儿小说。

法卡斯:您觉得对于旁听的公众来说,理解庭审的内容会不会有点儿困难?

马奥尼:一般情况下,公众要想弄明白庭审的内容,还是比较困难的。能打到最高法院的案子,涉及的问题大都非常复杂,通常还包括对法条的解释。大法官们要斟酌语词含义,考证立法历史,分析章节差异,有时还会讨论相关法条与其他联邦法律的关系。公众很难理解这种类型的讨论。但是,也有大家比较容易弄明白的案子。我代理过一个案件,是关于征募八年级运动员入伍,以及宪法第一修正案在征兵程序中的适用的案子。这类案子案情比较简单,涉及的问题也不复杂,人们更能听明白我们在说什么。

法卡斯：允许公众自由旁听法院庭审的意义何在？

马奥尼：我想，它体现了我国的司法公开理念，当然，我是指所有法院在庭审上的公开性。很少有哪个法庭不向公众开放，即使有，也是在极为有限的情况下发生。民主这个概念，就是指政府工作的全面公开，让公众可以看到政府的运转情况。大家可以看到国会辩论，可以旁听法院审案，还可以根据《信息自由法》，参加行政分支的各类听证会。总之，我国的绝大部分程序都是公开的。

法卡斯：从参加庭审，到最终宣判，中间会经过多长时间？那段时间您是怎么度过的？

马奥尼：可能得好几个月，有时是六个月，有时是两三个月。你可能认为，我平时会紧张地等待判决结果，其实并非如此，因为每做完一个案子，我很快就会投入到下一个案件中，新案子即使不在最高法院审理，也可能在其他法院审理。我把每一起案件，都看作自己代理过的最重要的案件。所以，对于已经出过庭的案子，我可能会慢慢淡忘。当然，如果最后胜诉了，我还是会很兴奋；如果输了官司，心情当然很糟糕。不过，在庭审结束后，这已经不是我心中最重要的事情了。

法卡斯：对于什么时候宣判，您是否会有一定预感？

马奥尼：通常会有某种预感，比如这个月案子可能就会判下来。在开庭期即将结束时，预测什么时候出判决会比较容易，因为一共就剩那几个案子还没宣判了……事实上，有时去最高法院旁听其他案件，没准儿就能碰上自己代理的案件宣判。有一次我就赶上了。大法官们宣布"密歇根大学案"的判决结果时，我就在法庭里。因为那时已经是开庭期末尾了。之前我就推测，在那天宣判的概率比较高。不过，大部分律师是没时间坐在法庭里听案件宣判的，因为谁也不知道自己的案件哪天宣判。要想碰上自己的案子，他们得时常待在法庭里。

法卡斯：有些律师在庭审结束后，会从正门台阶上走下来。

马奥尼：庭审结束后，我一般也会从正门出来，然后一级级走下台阶，可能是因为那个角度的景致比较漂亮。律师进入最高法院时，一般是从马里兰大道那边走。如果那天的庭审一切顺利，从台阶上走下来时，你会觉得自己是这一天的女王。那种感觉很棒。走出法院后，我一般不与记者交谈，有些律师会这样做，我自己只会在客户要求的情况下这么做。

法卡斯：您在最高法院当过助理，桑德拉·戴·奥康纳在任时，您也在这里出过庭。在您看来，一位女性大法官加入后，最高法院有什么变化么？

马奥尼：我觉得桑德拉·戴·奥康纳加入最高法院，对公众和女性来说，都是一件非常重要的事。在这个社会里，榜样的力量非常重要。年轻的女性，会为奥康纳进入最高法院而感到自豪，我也有这种感觉。我很高兴看到奥康纳大法官能在最高法院任职。

大法官们也会很欢迎她的到来——至少留给我的印象是这样——没人希望最高法院永远只有男性大法官，也没人说大法官只能是男性。虽然符合大法官任职标准的女性很少，但并不是完全没有，而且每年都会有更多的优秀女性出现。奥康纳大法官已经为我们跨过了这条分界线，如今的美国，男女在各领域的机会也更加平等。

法卡斯：您在最高法院代理过22个案件，只输掉了两个。您是如何取得这样的成就的？

马奥尼：那些胜诉的案子，是我本来就该打赢的案子。我真的觉得自己很幸运，能碰到这么多胜算很大的案子。对很多案子来说，如果你向最高法院提交调卷复审申请，而法院同意复审，相对于被申请方，你就更有可能赢。我不知道自己为什么可以打赢那么多案子，但这说明我很幸运，而且我工作的确很努力。我很庆幸这一点。

法卡斯：非常感谢您接受我们的采访。

马奥尼：谢谢。

詹姆斯·奥哈马
走进最高法院历史深处

詹姆斯·奥哈马,马里兰州罗耀拉大学退休教授,法律史研究者。他是最高法院历史协会的理事,主管协会的出版委员会。2009年5月12日,奥哈马先生接受了C-SPAN主持人马克·法卡斯的采访。

法卡斯:您是如何对最高法院的历史产生兴趣的?

奥哈马:华盛顿是个有故事的地方,已有很多公开出版物记录了大法官的历史。但是,多数作者侧重描写最高法院推动宪政发展的历史,很少涉及最高法院作为一个机构或实体的历史,而我恰好对这一领域很感兴趣。我是五十多岁才上法学院的,我显然不打算去当执业律师,你不可能在这个年纪才开始做律师。所以,我的同学们学习如何起草合同时,我则在研究合同法是如何发展至今的。我阅读往日判例时,曾看到沃德·亨特大法官或乔治·夏伊拉斯大法官撰写的判决意见,他们的名字几乎已被人遗忘,而我却对这群人产生了浓厚兴趣。我开始阅读相关文献,最初只是业余爱好,后来慢慢成为我的主要工作。

法卡斯:您走近最高法院大楼时,脑海里会不会浮现出它的象征意义?

奥哈马:我认为它宣示着法律及其重要性。它意味着,我国是法治之国,而非人治之国。我想,最高法院的所作所为,也在努力证明这一点。与其他政府大楼相比,这座建筑规模不大,但引人注目,任何人面对它,都会受到很大触动……

我很喜欢这座大楼正面的台阶。尽管我已经到了得从侧门入院的年纪,但拾阶而上时,仍会被顶端那句"法律之下人人平等"打动……这段话其实是设计师想出来的,他想把它刻在最高法院大楼顶端。我想,没有多少人知道这段话的出处,但它却在民主社会被口耳相传。当时,人们正打算把这段话刻上去,首席大法官威廉·塔夫脱就去世了,新任首席查尔斯·埃文斯·休斯批准了设计师的建议。"法律之下人人平等"才被刻了上去。

法卡斯:您提到了塔夫脱首席大法官,我们注意到,三角墙上的人物之一,就有年轻时的塔夫脱。我们很想了解这段历史,以及他与这座大楼的渊源。

奥哈马:塔夫脱首席大法官是最高法院大楼建成的重要推手。他是唯一一位既做过美国总统,又在最高法院工作过的人。尽管过去也有卸任总统被提名过,但没人真正成为大法官。他认为,最高法院不能偏居一隅,只被人们事后想起。当时,最高法院在国会大厦内办公,办公场所非常狭小。就连法庭都曾是参议院的办公室。有时候,最高法院甚至得从参议院借房间开庭。最高法院的图书馆只能设在地下一层的旧办公室里。塔夫脱认为,最高法院应该有自己的办公场所。毕竟,在宪法层面上,它是与国会并列的政府分支。一些大法官不赞同另盖大楼的提议,但塔夫脱坚持己见,决心大力推动这项工作。

法卡斯:在您看来,其他大法官为什么不赞成搬出去?现在,大家都以为白宫、国会山和最高法院从一开始就在现在的位置,难道起初不是这样吗?

奥哈马:当年,皮埃尔·查尔斯·郎方规划设立华盛顿特区时,曾提议为最高法院建一座司法大楼。但是,这座大楼迟迟未开工,最高法院不得不借用国会的地下室办公。大法官只能趁参议院休会时,选择周六开会讨论案件。大法官们都在自己家里办公,通信员经常得带着判决意见初稿在不同大法官的住处穿梭……一些大法官对这种工作模式很满意。他们宁愿待在家里办公,想什么时候吃午饭,就可以什么时候吃,而且只需要在庭审时赶到国会大厦即可。

法卡斯:其他首席大法官能像塔夫脱这样,平地建起一座办公大楼么?

奥哈马:也许过去也有首席大法官考虑过盖大楼的事,并且为之努力过。但事实是,塔夫脱已经是第十任或第十一任首席大法官了,而过去的首席没有一个人促成此事,包括一些在位时间很长,甚至备受尊重的首席大法官。我猜想,当时一些大法官不愿到国会大厦附近办公,是因为他们的住处离这个地方太远,过来一趟很不容易。当时,许多大法官的住处比较接近。多数人都住在康涅狄格大道沿线或杜邦环岛附近。但是,塔夫脱决心已定,一心要为最高法院盖一座大楼。他当总统时就在考虑这个问题,等他成为首席大法官后,这个事情几乎成为他的心结。

法卡斯:在大楼的规划设计方面,他介入程度有多深?

奥哈马:塔夫脱起初到国会拨款委员会申请经费时,就对这座大楼的规划很感兴趣,但是,他很快遇到点儿小麻烦,因为国会大厦的设计师很想主导最高法院新大楼的规划。但是,塔夫脱根据国会一项法案,坚持亲自出任最高法院基建特别委员会的主席。塔夫脱和另外一位大法官都在委员会。国会大厦的设计师也是成员之一。不过,委员会里还是由塔夫脱说了算,因为参众两院拨款委员会主席都是他的好友,委员会其他成员也是两院议员。塔夫脱主导了委员会人选,并亲自挑选设计师。他很喜欢卡斯·吉尔伯特,认为全美的建筑师中,只有他能胜任最高法院大楼的规划设计工作。

法卡斯:大楼完工时,塔夫脱已经去世。整个工程是按照他的预先规划进行的么?

奥哈马:塔夫脱首席大法官在大楼落成之前去世。事实上,他在大楼奠基前就逝世了。然而,他对大楼的设计规划已非常熟悉,我想,他在去世前,知道大楼即将破土动工,应该觉得很宽慰。他经常与卡斯·吉尔伯特通信交流。塔夫脱还在总统任上时,就已任命吉尔伯特为美国美术委员会成员,负责国会大厦的景观规划,伍德罗·威尔逊任总统后,批准吉尔伯特续任。所以,吉尔伯特非常了解国会大厦,知道杰弗逊当年希望打造什么样的景观,同样,他也很清楚塔夫脱希望最高法院有什么样的外部景观。

法卡斯:大楼建成后,九位大法官有何反应?

奥哈马: 大楼建成后,一些大法官还是非常抵触。事实上,某些大法官仍在自己家里办公。当时的首席大法官已是查尔斯·埃文斯·休斯。他在最高法院大楼内的办公室就只有礼仪性用途,他会在那里接见比较尊贵的客人,但平时都在家里办公。绝大多数大法官甚至没有申请自己的办公室。第一位正式使用办公室的大法官是雨果·布莱克,他是富兰克林·罗斯福任命的第一位大法官。他被任命时,大楼已经竣工。

法卡斯:大法官们如何评价这座大楼?

奥哈马: 最高法院的大法官都是直言无忌的人,有的成员认为新大楼太过奢华。大楼建成时,哈伦·斯通还是联席大法官,后来升任首席大法官,据说,他曾把大法官比喻为卡纳克神庙内的九只黑色甲虫,说他们每个清晨都骑着大象上班。他还评论说,对最高法院内的九个老家伙来说,这座大楼过于奢华了。

此外,为建造这座大楼,使用了大量大理石、橡木和青铜,对那些习惯借用国会大厦的狭小场地办公的大法官来说,新大楼实在太过宽敞。吉尔伯特和塔夫脱认为新大楼应不同于华盛顿其他政府大楼,在设计上应更着眼于未来。他们觉得,最高法院的规模迟早会扩大。所以,当时的大法官会觉得富裕空间太多,有点儿浪费了。

法卡斯:布莱克大法官可能会觉得比较孤单。

奥哈马: 布莱克大法官初到时,可能还会觉得有点儿孤独。但是,自他之后,富兰克林·罗斯福又在短期内任命了许多大法官,比如紧随布莱克入院的斯坦利·福曼·里德大法官,很快,罗斯福又任命了菲利克斯·法兰克福特、威廉·道格拉斯和詹姆斯·伯恩斯。这些人都使用了新大楼内的办公室……但是,路易斯·布兰代斯大法官就从没有在新大楼办公。他非常喜欢在家里工作。布兰代斯才智超群,法学功底深厚,是一位非常温和、朴素的谦谦君子。或许他认为,与他的家相比,这座大楼实在不是适合写判决意见的地方,所以他从不在楼内办公。

法卡斯:这里的办公室是什么样的?他们如何分配空间?

奥哈马:每个大法官的办公室包括三个房间。一个是前厅,秘书在那儿工作,接待来访者。第二个则是法官助理工作间。第三个则是大法官自己办公的地方。最开始的办公室装修得非常豪华,统一配备了木质书架。每个房间都很漂亮。随后又增修了一些办公室,虽然用的橡木比较少,但还是非常舒适。后来,配备给大法官的助理越来越多。大楼初建成时,每位大法官只配备一名助理,首席大法官可以配两个……如今,每位大法官可以有四个助理,首席大法官可以有五个。当然,这就意味着一些资历比较浅的大法官的助理办公地点不在自己老板附近,有时甚至不在同一楼层。当然,对这些年轻的助理来说,只要工作需要,往返大法官的办公室并不困难。

法卡斯:您可以谈谈那一时期,不同大法官在言词辩论环节的表现么?

奥哈马:有些大法官会问很多问题,有些则很少提问。不仅现在如此,当年也是一样。罗斯福总统任命的威廉·道格拉斯大法官就从不发问。威廉·布伦南大法官也很少问问题。雨果·布莱克大法官同样问题不多。不过,菲利克斯·法兰克福特大法官习惯向律师密集发问。不同大法官在问答环节的风格迥异。当然,这并不意味着那些不提问的大法官事先就没有准备,或者他们对相关案件完全没兴趣。有些大法官就认为,言词辩论对于他们解决案件中的争议并无帮助作用。当然,其他大法官与律师之间的问答,他们也的确会认真倾听。

法卡斯：当您坐在法庭内旁听庭审时，是否会环顾法庭里的浮雕作品或建筑细节？

奥哈马：如果那起案件只对法律专业人士有吸引力，也不涉及重要的宪法议题，你或许会环顾四周，打量这座法庭。法庭空间很大，天花板的雕饰也非常漂亮。大法官们正上方和法庭后侧上方刻有许多神话中的人物，雕带上则是历代立法先贤的雕像。你可以看到摩西、穆罕默德、汉谟拉比、查士丁尼和奥古斯塔斯·恺撒，这些人都与法典编纂或法令制定相关。例如，缔结《大宪章》的约翰王就是其中之一。这么设计的用意在于昭示法律的庄严，并向世人宣示，这座法庭承继了无数伟大先贤的智慧，延续了他们对法律发展的贡献。

法卡斯：您坐在法庭里面时，是否发觉这个地方曾经审理过的某些案件，改变了我们国家的进程？

奥哈马：身在法庭内，很难不感受到这里发生过的诸多历史事件。当然，最高法院大楼1935年才建成。但是，你会联想到20世纪30年代"新政"时期，许多"新政"立法在这里被判定合宪或违宪。或者，你会联想到"布朗诉教育委员会案"。我在法庭时，眼前常浮现出瑟古德·马歇尔出任大法官前，以律师身份为伟大的民权事业激辩的场景，尤其是在"布朗案"中。在"布朗案"判决前，他也多次出庭辩论。我有时仿佛会看到布兰代斯、法兰克福特、道格拉斯或厄尔·沃伦坐在审判席上。即使对像我这样熟悉最高法院历史的人，走进这座法庭，都是一件大事——即使不是为旁听案件，即使是来听人演讲，也是大事。

法卡斯：您可以向没有来过这里的人，描述一下最高法院大厅的场景么？

奥哈马：如果您从正门前的台阶进入最高法院，会看到法庭就在大厅尽头。这是一座令人印象深刻的大理石大厅，正好位于正门与法庭之间。最有特点的就是那些大理石廊柱。这些廊柱之间，陈列着历任首席大法官的半身雕像,包括伯格在内的所有首席大法官都在其中。但威廉·伦奎斯特首席大法官的半身雕像还没加进去。一路走来,你可以看到约翰·杰伊,然后是约翰·马歇尔,接着是罗杰·坦尼,还有塔夫脱、查尔斯·埃文斯·休斯,随后是厄尔·沃伦。你会感觉自己走入了最高法院的历史画卷。此外,但凡有大法官去世,这座大厅会用来停放逝者灵柩,供众人凭吊纪念。这里有时还会用于重大活动,举行宴会。最高法院历史协会每年会在这里组织餐会。当然,这里同时是通往法庭的入口。

法卡斯:所以,某种意义上,当您漫步大厅时,会感觉自己步入了最高法院乃至这个国家的历史?

奥哈马:是的,其中包括许多有趣的历史掌故。例如,首席大法官罗杰·坦尼曾撰写过"德雷德·斯科特案"的判决意见,所有历史学家都认为这是美国历史上最糟糕的判决,也是最高法院在历史上犯过的最大的错误。[1] 坦尼去世后,国会拒绝拨款制作他的半身雕像。如今,国会在另一座大楼办公,而雕像都集中在这座楼内了。事实上,直到公众的情绪平复后,国会才同意拨款,制作了坦尼首席大法官的半身雕像,所有首席的雕像才凑齐。

法卡斯:所有首席大法官中,有没有您特别喜欢的人物,或者基于某种原因,您不太喜欢的人?

奥哈马:没有我不喜欢的首席大法官。不过,有几位是我特别尊敬的。大家都尊重约翰·马歇尔,他或许是英语世界最伟大的法官。他在法律的发展进程中,有着至关重要的地位。不过,我也非常尊重其他几位首席。其中一位的名字恐怕已被公众遗忘。他就是梅尔维尔·富勒。他由格罗弗·克利夫兰总统任命,担任了25年首席大法官,并于1910年去世。他的个头

---

[1] 在这起案件中,最高法院拒绝承认黑奴的美国公民身份,招致社会各界批评。这起案件的判决也间接导致了"南北战争"的发生。关于此案判决详情,参见〔美〕斯蒂芬·布雷耶:《法官能为民主做什么》,何帆译,法律出版社2012年版,第四章"引发内战的判决:德雷德·斯科特案"。

很矮,所以,你看那个时代九位大法官的"全家福"画像时,会发现坐在正中间的首席大法官脚下踩着一块厚垫子,否则,他的脚根本够不着地。他是位很有幽默感的人。奥利弗·温德尔·霍姆斯认为他是一位伟大的首席大法官,因为他脾气很好,每当大法官们在内部会议上因意见分歧闹得不愉快时,富勒总能化解尴尬,活跃气氛。在他领导下,最高法院气氛融洽。遗憾的是,大家并没有因此记住他。富勒当了很长时间的首席大法官,他与霍姆斯一样伟大,可惜被世人遗忘了。

还有几位首席大法官。比如哈伦·斯通。他当首席时,我还是个小男孩。我还记得罗斯福死后,斯通主持杜鲁门就职典礼的情形。当时,杜鲁门被召到白宫,首席大法官在那里主持了就职典礼。此后不久,斯通就去世了。斯通在最高法院做了很多年联席大法官后,才被罗斯福总统任命为首席大法官。他是为数不多的几位从联席大法官岗位上升任首席大法官的人。绝大多数首席大法官都是从最高法院之外的岗位上被直接任命的。

法卡斯:您之前在电话里提到一段非常适用于最高法院的话,在这座大楼内,总统不是首长。

奥哈马:宪法前三条规定了政府不同分支的构成。宪法第一条明确国会由参议院和众议院组成,属于立法分支。随后规定总统领导行政分支。之后明确最高法院主导司法分支。所以,从技术上讲,总统造访最高法院大楼时,他只是一位尊贵的客人。当然,他仍是美利坚合众国的总统。但他不是司法系统的首脑,最高法院才是。总统很少来最高法院,但他过来时,大法官们总是坐在上席,总统只是作为国家元首,坐在某个尊贵的席位。这就像总统在国会发表演说时,众议院议长和参议院议长——后者一般由副总统兼任——会坐在比总统的讲台高的位置。

法卡斯:2000年的"布什诉戈尔案"中,最高法院"选"出了一位总统,

当时门外有许多示威者。[1]

奥哈马：最高法院门外经常有抗议者。对我来说，这正是民主意义的最好阐释。严格来说，大法官和法官都依照法律判案。他们不会受某一方当事人抗议的影响，哪怕双方当事人群起反对。不过，宪法规定人民有权和平集会，表达观点。所以，在最高法院门前抗议是很常见的，而在白宫或国会大厦门前抗议就更常见了。最高法院离街道比较近，抗议者离法院大楼比他们在白宫门前示威时离总统官邸近多了。当然，白宫门前有很大一块儿草坪，而且是用栅栏隔开的。抗议者可以在拉法耶特公园示威，但不能冲到台阶前，但是在最高法院，他们可以走上台阶抗议。

法卡斯：您提到过，"9·11"事件之后，最高法院门前也设置了护柱。

奥哈马：这些护柱可以防止汽车靠近大楼。它们是"9·11"事件之后，为保护大楼免受潜在袭击而安放的。尽管如此，你还可以看到一些细微的法律标识。你看，每个护柱上，都有"Lex"字样，也就是拉丁文中的"法律"。

法卡斯：最高法院的选址也有一段有趣的历史掌故。对我来说，这是一段很有意思的背景故事。

奥哈马：最高法院坐落在第一街上。正好位于马里兰大街与第一街分隔出来的一小块儿不规则区域。这是一片很有历史意义的地段。1812年战争中，英国人烧了国会大厦，这把火实际上是1814年放的，被烧的那座砖木建筑就在这儿，又叫旧国会大厦。当时国会就在这座楼内办公，直到国会大厦修复。内战期间，这里成为关押南部联盟间谍和要人的监狱。后来，部分建筑的用途发生变化，这里又建起一些联排公寓。来自加州的最高法院大法官斯蒂芬·菲尔德就住在其中一栋公寓内。但是，为了修建最高法院

---

〔1〕 关于此案详情，可参见王磊编著：《布什诉戈尔》，北京大学出版社2002年版（收录了本案案情详细介绍、庭审记录、判决意见全文）；〔美〕杰弗里·图宾：《九人：最高法院风云》，何帆译，上海三联书店2010年版，第127—160页（详细记录了最高法院围绕此案的意见分歧和裁判内幕）；〔美〕艾伦·德肖维茨：《极不公正：联邦最高法院怎样劫持了2000年大选》，廖明等译，法律出版社2003年版（讨论了大法官们的意识形态对本案裁判的影响）。

大楼,他的住房被拆除了。国家妇女党的办公楼也在这里,后来也被拆除。国家妇女党曾提出抗议。他们现在在距此两个街区外的一栋历史悠久的建筑内办公。那栋楼的主人曾当过托马斯·杰弗逊和詹姆斯·麦迪逊的财政部长。业主也不愿搬走,但他们的对手是一心想为最高法院盖大楼的美国前总统。所以,他们都输了。

法卡斯: 从破土动工到大楼落成用了多长时间?

奥哈马: 大楼的规划工作约在1929年完成。1930年左右开始动工。塔夫脱首席大法官也是在1930年去世的。大楼大概在那个时候奠基。整座大楼于1935年竣工。第一次开庭时间是1935年10月。当代最高法院的开庭期通常从10月的第一个星期一起算。所以,新大楼落成后首次开庭时间应该是1935年10月的第一个星期一。

法卡斯: 他们如何分配最高法院内的办公室?

奥哈马: 最高法院内的办公室按年资分配。资深大法官有权挑选办公室。当然,无论入院多晚,首席大法官都被推定为最资深的。在他之后,其他大法官就以任命被确认和宣誓就职时间为序了。如果有大法官退休,并搬离之前的办公室,最资深的大法官就有权选择这间办公室。所以,有时一个人退休,会有好几位大法官同时换办公室,尽管多数情况下,大法官在任期间,会一直在一个地方办公。当年,所有大法官都在同一楼层办公。现在,因为法官助理人数增加了,有些大法官会在其他大法官的楼上办公。

法卡斯: 我们聊聊雨果·布莱克吧。他是第一位正式搬进新大楼办公的大法官,他曾是三K党成员,提名时因此备受争议。对他来说,这可不是一个好开头。

奥哈马: 布莱克大法官被任命时,是参议院议员。他原来在参议院办公楼内有个办公室,但并不住在那里。他住在一个名叫沃德曼公园的公寓式酒店,所以布莱克需要一个办公地点。他被任命时人还在欧洲,但很快传出他加入过三K党的消息。他从欧洲返回后,专门上电台回应了此事。他承认自己年轻时的确是三K党成员,但承诺这段经历将不会影响他作为大法官诚实、公正地履行职责。我认为,他随后的职业生涯,证明他的确说到做到。他是最高法院在推动民权方面最伟大的人物之一。[1]

法卡斯:回到内部会议的话题,会议室内只有九位大法官议事,没有任何其他人在场。您有没有想到过这个房子内发生过什么样的历史事件?

奥哈马:是的,我的确思考过,当这间会议室只有九位大法官议事时,发生过什么样的历史。他们研讨案情的方式各有不同。斯通任首席大法官时期,内部讨论没有任何限制,大家自由争论,旷日持久,有时一个案子得讨论好几天。

后来,大法官增加了自律规定,要求所有人发言完毕之前,任何人不得进行第二次发言。我猜测,有时某位大法官只会说:"我同意某某大法官的说法。"然后就没话了。

有些首席大法官,如厄尔·沃伦,认为首席大法官应当在像"布朗诉教育委员会案"那样重要的案件中,代表最高法院多撰写全院一致的判决意见。另一些首席大法官,如富勒,认为越是大案要案,判决意见就越应该让其他大法官写,首席大法官最好超脱于政治,甚至不与政治发生瓜葛。富勒首席大法官很少主笔重要案件的判决意见。有些人说这是因为他低调、谦逊,但我认为,他可能只是觉得这些案件更适合由别人处理。

法卡斯:根据您对最高法院的研究,当一些具有历史意义的任命发生时,最典型的就是对桑德拉·戴·奥康纳的任命,这座大楼内是否因为她而发生了一些变化?毕竟她是最高法院第一位女性成员。

奥哈马:其实,奥康纳大法官获得任命前,人们就预计到总统会首次提名一位女性成员到最高法院,在任大法官们提前作出一项决定,宣布他们今

---

[1] 雨果·布莱克大法官的传记已有中译本,即〔美〕霍华德·鲍:《宪政和自由:铁面大法官胡果·布莱克》,王保军译,法律出版社2004年版。

后将以"大法官"互称,而不再是"大法官先生"。如果你读过去的著作,或者最高法院的判例汇编,会发现当年的判决意见上,作者称谓往往是布兰代斯大法官先生或者法兰克福特大法官先生。现在的官方判例汇编上,会说这份意见由斯蒂文斯大法官或金斯伯格大法官主笔。这些称谓不再细分为先生、太太或女士,可能是女性大法官也不喜欢这类称呼。这是其中一个变化。

还有另一项变化。最高法院的部分设施也不得不进行调整。这里面有个挺有趣的事。最高法院餐厅内有个房间是专门给大法官的配偶用餐的,一直叫做"女士餐厅"。现在,马上要来的是一位女性大法官,她的配偶是男性。难道这个地方还能叫"女士餐厅"?不久,这个餐厅的名字也换了。

现在已经有人在研究,有女性成员的法院——当然,不仅是最高法院——在处理案件时,和完全由男性组成的法院有何不同。研究结果表明,除了性别歧视案件,男性和女性判案没有什么显著区别。原告诉称遭遇工作上的性别歧视时,女法官比男法官的立场更为开明。所以,女性成员的出现,或许会影响到最高法院在这类议题上的判决。我对这一领域的研究成果并不熟悉,但无论如何,最高法院有女性成员加入都是一件很好的事。

法卡斯:您前面提到的女士餐厅现在在什么地方?叫什么名字?

奥哈马:我想,他们为给女士餐厅改名字颇费了一番周折,当时已经有两位女性大法官了,而且他们的配偶都健在。伦奎斯特首席大法官的妻子去世后,有人建议用她的名字给这个餐厅命名,所以这个餐厅现在的名字是娜塔莉·康奈尔·伦奎斯特餐厅。

法卡斯:大法官们有自己的私人餐厅么?

奥哈马:有一个足够大的餐厅供所有大法官就餐,里面放着九把椅子。这个餐厅并不常用。许多大法官中午都在办公室工作,直接就在那里吃午饭了。最高法院还有一个自助餐厅,有时你会看到大法官在那里排队,尤其是早饭时间。我有段时间常去最高法院,常在那里吃早饭。当时,哈里·布莱克门大法官还在最高法院,他几乎每个早上都在自助餐厅与自己的助理一起吃饭。看着这些刚从法学院毕业的年轻助理和大法官坐在一起插科打诨、说说笑笑,是一件挺有意思的事。有时大法官会被助理逗得前仰后合,有时助理们也被大法官逗得哄堂大笑。那些偶尔在最高法院自助餐厅吃早饭的参观者,可能不知道某个正被一群年轻人簇拥的绅士,正是一位最高法院大法官。

法卡斯: 谈谈底层大厅那座约翰·马歇尔的全身雕像吧。[1]

奥哈马: 这座雕像有一段有趣的历史。多年来,它一直安放在国会大厦的露天花园内,后来筹备罗纳德·里根的就职典礼时,雕像正好挡住了某个通道,再加上雕像长期日晒雨淋,已经有锈蚀迹象。所以,人们将雕像修缮之后,搬进了最高法院大楼内。另一个有趣之处,在于这座雕像是威廉·韦特莫尔·斯托里的作品。

威廉·韦特莫尔·斯托里是最高法院大法官约瑟夫·斯托里之子,后者也是马歇尔在最高法院的同僚。可以想象,这位雕像作者作为大法官的儿子,是认识马歇尔的。当然,雕像是马歇尔去世后才完成的。威廉·韦特莫尔曾是一名律师,中年赴欧洲学习雕塑,归国后没有再执业。他后来被认为是19世纪末最好的雕塑家之一。他制作的这座雕像栩栩如生。举世公认,约翰·马歇尔是最高法院最伟大的大法官。至于谁排第二,就存在争议了。有人认为应是路易斯·布兰代斯,有人觉得该是奥利弗·温德尔·霍姆斯,还有人认为是厄尔·沃伦,但无论谁排第二,排在第一位的毫无疑问是约翰·马歇尔。

漫步在最高法院底层大厅,你同样会注意到最高法院历史上那些伟大人物。我想,最高法院文史室安排在这里悬挂许多大法官的肖像画,绝对是明智之举,当然,这也可能来自大法官们的建议。徜徉其中,你会看到威

---

〔1〕 马歇尔雕像:1882年,美国国会委托著名雕塑家威廉·韦特莫尔·斯托里制作一尊约翰·马歇尔的纪念雕像。斯托里将马歇尔塑造成宪法权威解释者的形象:巨大的青铜体雕像,身着法袍,一手紧握联邦宪法,另一手伸开,表情慈祥,极具感染力。雕像的大理石底座下,斯托里用两个具有象征意义的横楣来赞颂美国的宪法传统。马歇尔雕像于1884年在国会大厦西面揭幕,1982年迁至联邦最高法院底层大厅安放。

廉·布伦南或瑟古德·马歇尔大法官的画像,他们都是当代最高法院历史上起到过关键作用的人物。

法卡斯:说说瑟古德·马歇尔大法官吧,第一位非洲裔大法官的到来,给这座大楼带来了什么样的变化?

奥哈马:林登·约翰逊总统任命瑟古德·马歇尔出任大法官时,曾说了一番话:"我是在正确的时间任命了一个人去一个正确的地方。"他的意思不仅是说马歇尔是一位一流的法律人,还包括:"我任命了一位一流的法律人,而且这位一流的法律人还是非洲裔美国人。"

对他的任命,可谓正当其时。奴隶制已经结束一百多年,我们终于有了一位非洲裔大法官。瑟古德·马歇尔是独一无二的人。对他的任命开一时风气之先。作为律师,他不仅是民权自由史上最伟大的民权法专家,身上也充斥着各种传奇故事。有些故事与他本人的律师执业经历有关。在20世纪30年代的南方,他几经辗转,始终为民权事业而战。因为所有旅馆都拒绝他入住,他不得不借宿在别人家里,有时还受到生命威胁。他很喜欢讲故事,而且不拘小节,这些都会给大法官之间的人际交往带来细微变化。

法卡斯:我们前面的谈话也涉及这个问题,为什么用了那么长的时间,最高法院才有自己的办公场所?

奥哈马:最高法院与华盛顿另外两个政府分支有很大不同——我不是说最高法院本身就是一个分支——它只是司法分支在华盛顿的代表。这些年来,最高法院的职能变化比国会、总统要大很多。

根据宪法,最高法院只是一所上诉法院。国会立法设立最高法院的初衷,似乎只是让它审理上诉案件,也不想让大法官们太忙。随后,国会又给最高法院增加了巡回审判的职能。所以,早年的最高法院,即18世纪90年代和19世纪早期,大法官们都不住在华盛顿。他们都住在家乡,如南卡罗来纳州、马里兰州或康涅狄格州。他们可能受命在某个地区审案,之后又得赶往另一个地区。某种意义上说,那时当一个最高法院大法官,可不是一件容易的事。

最高法院大法官通常并不年轻,19世纪早期美国男性的平均寿命才60岁,所以,你可以想象一群老头四处奔波审案的场景。这在南方地区很常见。这些地区往往叫巡回区。例如,当时负责南方巡回区的就是詹姆斯·艾尔德尔大法官,他住在北卡罗来纳,却经常在佐治亚州、阿拉巴马州和密西西比州审案。所以他始终处于旅行状态。如果你是一位最高法院大法官,估计一年只能到华盛顿一到两次,其他大部分时间都得在外奔波。记住,那时公路还没有铺好,有时得乘轮渡从一个地方赶到另一个地方,有时得坐马车在雨后满是泥泞的路上颠簸,一天只能走几英里的路程。你经常得住在肮脏的小旅馆里,吃着很糟糕的食物。[1]

所以,那时在华盛顿不需要办公场所。他们每次最多只在华盛顿待一个月,能在国会大厦办公就足够了。直到内战发生前,最高法院大法官才开始住在华盛顿。所以,得到建国很长一段时间后,最高法院才的确需要在华盛顿有一个法庭。到19世纪90年代,最高法院大法官仍得在自己负责的巡回区内开庭。

进入铁路交通时代,公路已经铺好,轮船和旅馆都更加舒适。但是,像斯蒂芬·约翰逊·菲尔德这样来自加州的大法官若想开庭,一年至少得坐一次火车去加州,在那里审上几周案子,然后又得乘火车赶回来。所以,直到19世纪80年代,才有人觉得需要一个永久性的办公地点,而且还只是少数人这么认为。当然,不到40年时间,塔夫脱首席大法官就将建大楼的设想化为现实。

法卡斯:塔夫脱决定另建办公场所时,最高法院在国会大厦内是如何办公的?

奥哈马:即使在早期,最高法院借用国会大厦的房间办公时,仍然存在很多问题。这些房间都在地下室,里面光线微弱,又被称作"老最高法院办

---

[1] 关于早期最高法院巡回办案的历史,可参见〔美〕伯纳德·施瓦茨:《美国最高法院史》,毕洪海等译,中国政法大学出版社2005年版,第15—33页。

公室"。因为使用油灯照明,这里总弥漫着一股浓重的鲸鱼油味儿。尽管有壁炉可以取暖,但这里常年又潮又冷。后来,最高法院又迁到楼上的"老参议院办公室",按照塔夫脱的描述,大法官如果想开会讨论案件,必须借用参议院某个委员会的听证室。大法官们没有法袍室可供更衣,只能穿着法袍在外面走来走去。

还有一件事令塔夫脱忧心忡忡:那些长途跋涉赶来,准备为自己一生中最重要的案件辩论的律师,可能连个为庭审做准备的地方都没有,只能站在外面的走廊上研究案情、阅读诉状,当然,另一方的律师也是同等待遇。总之,直到20世纪20年代和30年代初,最高法院大法官还没有自己的办公室。他们为美国政府肩负重任,但这些工作只能在家里完成。所以,塔夫脱关于另建办公场所的想法肯定是对的。

法卡斯:可以多为我们介绍一下卡斯·吉尔伯特么?

奥哈马: 卡斯·吉尔伯特是他那个时代最知名的建筑师之一。他内战前在俄亥俄州出生,年少时就举家从俄亥俄的湛斯维尔迁往明尼苏达州的圣保罗。他的父亲是位工程师,当时属于富裕阶层。吉尔伯特9岁丧父,母亲继承了大笔财产。所以吉尔伯特接受过很好的教育。他在麻省理工学习建筑,但并没有修完全部课程。因为家境宽裕,他年轻时就去了欧洲8个月,在那里四处游历,画了许多建筑素描。他回国后,加入了美国当时最好的建筑师事务所。他在那里完成了一些项目后,决定回到圣保罗市,与另一名建筑师合开了一家事务所。

之后一段时期,他完成了一系列非常重要的建筑项目。1900年,事务所搬到纽约市办公,他设计了纽约许多主要建筑,包括纽约当时最高的建筑——吴华兹大楼。他还设计了两个州的州议会大楼——家乡明尼苏达州和西弗吉尼亚州的议会大厦。没有哪个建筑师同时设计过两个州议会大厦。他还是纽约海关大楼的设计师。

所以,这是一位非常擅长设计规模宏大的政府办公楼的建筑师。他不仅精于设计现代建筑,丰富的设计阅历也令塔夫脱首席大法官相信,他可以设计出符合杰弗逊对首都的想象的建筑。所以，雇主和设计师一拍即合。塔夫脱需要吉尔伯特，吉尔伯特想要这个项目。

吉尔伯特成为最高法院正式设计师之前几年，他就已设计出大楼草图，并发给塔夫脱过目，所以塔夫脱事先已知道吉尔伯特的大致设想。塔夫脱成为委员会主席，并开始挑选设计师时，吉尔伯特自然是首要人选。塔夫脱和吉尔伯特都没能活着看到大楼落成。吉尔伯特是在大楼竣工前几个月去世的。我这里有许多吉尔伯特与塔夫脱的继任者休斯首席大法官的通信，可惜他在大楼落成前几个月去世了。吉尔伯特去世时，享年75岁。

法卡斯：关于这座大楼的外观和大小，吉尔伯特起到了多大的决定作用？塔夫脱呢？

奥哈马： 我想，塔夫脱与吉尔伯特之间，其实是合作关系，塔夫脱既然认定吉尔伯特就是自己想要的设计师，就没打算对吉尔伯特如何做一个好设计师指手画脚。我想，塔夫脱已经告诉他，最高法院需要多大的建筑空间，吉尔伯特也反馈了关于该如何利用空间的设想。关于大楼外观，这里有吉尔伯特当年一幅图样，他打算给最高法院大楼加一个圆顶，这个圆顶不像国会图书馆旧楼那个，比国会大厦的圆顶要小。整个大楼的主体部分是盒状的，看起来几乎像一个蛋糕。当然，最终还是确定了现在的设计方案，如果你看当年的图样，会觉得还是现在的设计更漂亮。我不知道塔夫脱在修改设计方案过程中起到了多大作用，但是，考虑到两个人之间的深厚友谊和大量通信，我觉得塔夫脱应该起到了重要作用。

法卡斯：我们知道，最高法院内部对于是否需要盖一座新大楼，存在不同意见。那么，国会对于是否拨款也存在内部分歧么？幕后有没有什么精彩故事？

奥哈马： 对于建造新大楼，国会内部也有一些反对意见。塔夫脱最初提出这个想法时，征求了几位参议员的意见，部分参议员持反对态度。但是，塔夫脱最终还是争取到许多关系不错的参议员的支持。塔夫脱是一个很讨人喜欢的人。当然，他还是美国前总统，现任最高法院首席大法官。参议员尊重权力,知道该如何与权力打交道,而塔夫脱掌握着权力。所以,塔夫脱最终顺利入主督建新大楼的委员会,并得到参议员们的配合。塔夫脱申请的拨款金额是1000万美元,这在当时可是一笔大数目,不过,最终获得的拨款要略少一些。大萧条引发的通货紧缩,最终解决了经费紧张的问题,因为在当时的经济情况下,塔夫脱申请的那1000万美元拨款最多只够盖一座大楼。塔夫脱本来打算在大楼竣工后,再向国会额外申请一笔拨款,以购买家具和其他必要的设施。但是,大萧条期间,通货严重紧缩,现金购买力比以前更强了。那笔资金不但盖好了大楼,完成了装修,买好了家具,还有100万结余,最后全部返还了国库。成本要低于预算。这恐怕是历史上第一座实际花费低于预算的政府大楼了。

法卡斯:在您看来,如果没有塔夫脱,最高法院得用多久才可能有一座新大楼?

奥哈马:即使没有塔夫脱的推动,用不了太长时间,还是可能盖一座大楼。原因在于,"大萧条"期间,罗斯福或许会觉得花笔钱刺激经济是个不错的决策。这样不仅可以增加就业机会,还会扩大乘数效应。总之,盖大楼对经济有益无害,所以那个时期建了许多高楼。罗斯福行政分支还是很有可能为最高法院修一座新办公楼的。

当时,曾有人提议将最高法院大楼修在杰弗逊纪念堂现在所在的地方,一些大法官反对这么做。我想,他们可能希望离国会和国会大厦近一点儿。还有人希望最高法院能离联合车站近一点儿,方便从外地赶来开庭的律师。如今,从车站步行很快就能走到最高法院,打车路程也一点儿都不远。总之,将地址选在华盛顿任何一个地方,都不如最高法院目前所在的位置方便。

法卡斯:非常感谢您!

威廉·苏特
法庭需要我做什么，
我就去做什么

2009年1月15日，C-SPAN主持人康妮·多伊贝尼在威廉·苏特的办公室采访了他。苏特将军自1991年起，就在最高法院担任书记官。他于1990年以少将军衔从美军退役。他服役多年，参加过越战，长期担任军法官。他毕业于图兰大学法学院。

多伊贝尼： 您今天上午都在忙些什么？

苏特： 上午有一次开庭。主要内容是：公布上周大法官内部会议上作出的决定，这个大约要一分钟时间。接着宣布最高法院新近两起案件的判决意见。这两起案件的多数意见都由布雷耶大法官主笔，所以由他一并宣读。接着，我们会举行仪式，接纳八十位来自不同律所的律师成为最高法院出庭律师协会成员，他们会在法庭宣誓。所以，今天大都是些仪式性事务。

多伊贝尼： 您开庭时穿什么衣服？

苏特： 晨礼服。这是最高法院的传统穿着，最高法院执法官和我都穿这个。言词辩论时，首席政府律师及其手下也这么穿。现在，他的一些女性下属不穿晨礼服了。最高法院的执法官现在是位女性，她通常穿晨礼服出庭，我的一位副手是女性，她也这么穿。按照传统，凡是公开的正式场合，如国会大厦内的国情咨文发布会、总统就职典礼，大法官们出席时都要身着法袍，我和执法官则穿晨礼服。这一传统延续多年，过去，所有出席言词辩论的律师都要穿晨礼服。现在要求已没那么严格，律师只需穿正装出庭即可。

多伊贝尼：您知道这项传统延续多长时间了吗？

苏特：的确不清楚。但肯定有很长时间了。这里很多传统都延续多年。

多伊贝尼：除了开庭时段，您日常主要做哪些工作？书记官的主要职责是什么？

苏特：法院的书记官——不管是初审法院的，还是上诉法院的——主要工作就是处理法院的各类法律事务。当然，我们的工作不是起草判决，而是和外界打交道——通常是受理最高法院出庭律师协会成员提交至本院的各种文件，如复审令申请、诉状、答辩状、中止令申请，等等。书记官办公室负责受理文件，审查这些文件的正当性与合法性，将它们输入电子数据库，然后排定开庭日期，将诉状提交大法官审阅，并为最高法院保管所有案件卷宗。

多伊贝尼：对您来说，这份工作最麻烦的环节是哪一块儿？

苏特：这个差事不麻烦，却非常了不起。能在最高法院工作，是非常光荣的事。许多年前，我还在部队任军法官时，就因为留恋那里尽忠报国的袍泽之谊，才会依依不舍。但我现在发现，这里与军队差不多，它规模不大，远离政治，大法官们终身任职。这里没有专门的行政系统。受雇于此的人们非常称职，大家都认为自己是在履行宪法赋予法院的使命。所有人都没有把这仅仅看作一份工作。我在这里很快乐，并以在此工作为荣，所以没觉得有什么麻烦的。大法官需要什么，我们就尽可能满足他们的要求。

多伊贝尼：书记官办公室有多少人？

苏特：书记官办公室有 32 人，多数是法律辅助工作人员。这里有四位专职律师，都有非常好的法律素养……因为你们过来，他们特地打扫了档案室，许多工作人员的任务就是整理各类档案。现在，最高法院已经实现了高度自动化的办公,但我们仍然要处理许多大部头的卷宗。我们尽量进行无纸化保存,但类似调卷复审令申请之类的文件仍需整理、归档。这些文件得先送到大法官的办公室,阅后还得返还。所以我们必须有一个专门机制,负责最高法院各类文件的收发流转。

多伊贝尼:普通公民经常向最高法院申诉么?你们处理过完全没有法律背景的人提交的复审申请么?

苏特:每天都有。我们每年会收到8 000份申请,请求复审或审理相关案件。这个法院有完全的自主选案权,这就意味着,只有极少数上诉是最高法院必须受理的。这其中,约有2 000份申请是由专业律师提交,他们往往来自律所、州政府或联邦政府,这些诉状都是打印好的,而且必须支付诉讼费用。另外6 000份申请都来自贫困阶层。这些人都不宽裕,半数人在狱中,只有一半人请了律师。当然,他们也是依照法律,申请最高法院复审自己的案件。这座大楼正门上写着"法律之下人人平等",事实上,我们也一直是这么做的。有些申请可能过于琐碎繁冗,但我们都会逐一认真审阅。有时你还会遇到一些所谓"狱内自学成才的半吊子法律通"或压根儿没有请律师的人。案件类型有普通民事案,也有涉及收养、儿童监护权或所得税的案子。任何人都可以提交申请。有些申请还是手写的。

20世纪60年代,最高法院审理过一起特别著名的案件,"吉迪恩诉温莱特案"(Gideon v. Wainwright)。这起案件的复审令申请是一名关押在佛罗里达州的囚徒在监狱的信笺纸上手写的。他的申请最终被批准,此案经过审理,成为保障被告人聘请律师权利的重要判例。[1] 如今,许多人因为没有律师帮助,又未经过法律训练,提出的申请很难获得批准,但这些人仍在不断努力。我们的日常工作,就是处理这些申请。书记官办公室的职责之一,是为人们提交这类申请提供便利。《最高法院诉讼规则》的内容平实直白,通俗易懂,就放在我们的官方网站上。我们有专门为那些没有律师帮

---

[1] 关于此案详情,可参见〔美〕安东尼·刘易斯:《吉迪恩的号角》,陈虎译,中国法制出版社2010年版。

助的人准备的表格,当事人填完表格,就可以很轻松地向最高法院提出复审申请。

多伊贝尼:20年前,如果您跟某人说起最高法院已经全自动化或全电子化办公,那人可能会觉得很好笑。

苏特:他们或许会觉得好笑。我已经在这儿工作了18年,从中获益良多。这里已经完全实现了办公自动化。无论打印材料,还是法官助理们撰写备忘录,都可以在线进行。我们有非常先进的设备,技术部门的工作人员也非常优秀,保证一切可以有序进行。这里的计算机系统从没有出过问题。

多伊贝尼:这也是一座充满伟大传统的建筑。您们是如何将高科技的运用与保留悠久传统结合起来的?

苏特:我们非常注重传统和纪律,这些都是不断传承延续下来的。其中一项传统是,律师上午出庭前,我会在律师休息室向他们简要介绍注意事项,让他们知道当天该怎么做。我要确保没人忘记打领带、穿皮鞋,新手很容易忘记这些。他们进入法庭后,会看到桌上放着的羽毛笔。这些笔都是纯手工制成,是最高法院为律师们准备的礼物,也是出庭纪念品。我们不提供自动水笔。他们可以把这些羽毛笔拿回家,放在陈列柜里。一些传统会一直保留。比如,律师发言时,会先说:"尊敬的首席大法官,希望我的发言能让诸位满意。"这些都是一直延续下来的传统,而且会永远保持下去。在最高法院,每方发言只有30分钟,30分钟就是30分钟,多一分钟也不行,这是传统,也是纪律。

多伊贝尼:我们到过律师休息室,您在那里主要做什么工作?

苏特:按照要求,律师们上午九点一刻在那儿集合,大家一般都会准点到达。他们通常并不认识自己的对手,有人来自纽约,有人来自加州或其他地方。这是一个全国性的法院,不会出现律师们三五成群,出现在法院各个角落的情况。大家见面时,会互致问候。人到齐后,我会向他们介绍注意事项,比如什么时候可以进入法庭;提醒他们哪位大法官因主动申请回避而缺席审判;回答他们的提问。我还会向他们提供润喉糖或阿司匹林,反正他们觉得什么能让他们更舒服,我们就尽可能准备好。这里还有男女卫生间。总之,律师休息室是一个很人性化的地方。这些年来,许多律师都反馈说,他们很喜欢这里。不过,首席政府律师及其手下不会来这儿,因为他们都是最高法院的常客,不需要了解这些。我 18 年前来此工作时,罗伯茨首席大法官还是副首席政府律师,他不会参加我们的注意事项通报环节。但是,当他离开政府,到律所工作后,就常来参加了。他出任首席大法官并成为我的上司后曾告诉我,他很喜欢注意事项通报环节。这个环节令人获益匪浅,应该一直保持。有时一些律师会在临开庭前提出一些请求。我们会请双方一起进入法庭做准备工作,大家都有平等机会获胜。我们不会偏袒任何一方,这也是我们的职责。

多伊贝尼:您有时是不是有点儿像法律顾问?庭审当天,您会发现有些人比较紧张吗?

苏特:我可不是法律顾问,但我有时会私下鼓励他们,让他们不要担心或紧张。有些人确实比较紧张,他们会找我们要润喉糖……或者多要一杯水。我们会尽可能满足他们,确保他们一切就绪。律师在这儿出庭,压力肯定非常大。我经常说,上诉审庭辩成功的三大秘诀就是:准备,准备,再准备。有些律师非常优秀,他们发言时,几乎不看笔记,也不看三乘五寸的卡片。我不建议这么做,但有些人确实经验老到,不用做任何准备,一样表现得很好。

多伊贝尼:他们都是自己离开律师休息室,然后走进法庭的?

苏特:是的,我得确保他们站在正确的位置,申请复审人站这边儿,被申请复审人站那边儿……我会检查并确认所有位置都无不妥。我还得提醒那些获准加入律师协会的人,告诉他们该站在什么地方,何时发言,宣誓时该说什么。他们可不想大老远跑到最高法院,却紧张得说不出话来,所以我们必须详细为他们解释相关要求。我会认真核查,确保一切就绪,保证十点钟准时开庭。

多伊贝尼:发生过延迟么?
苏特:从来没有。

多伊贝尼:正式开庭后,您的主要工作是什么?
苏特:我会在法庭上,随时听候大法官差遣。有时他们会需要一些文件;有时他们会指示律师再提交一些材料。我会做些笔记,确保一切记录在案。反正,法庭需要我做什么,我就去做什么。有时也会发生一些奇怪的事。某个律师可能突然需要一份材料,我们就尽快拿给他。当然,我的这项工作,也是传统之一。

多伊贝尼:您坐在哪儿?
苏特:如果你面对法庭,我就坐在审判席左侧,执法官坐在右侧,我们的席位都比大法官略低一些。我如果伸出手,可以握到坐在最左侧的资历最浅的大法官的手,这也是个合适的距离。我会倾听庭审,但对自己感兴趣的案子会听得更认真些。我来此工作后,共出席过一千三百多场庭审,见识过许多杰出法律人的风采,其中不少人是大法官。他们会问很多问题,事先进行过精心准备。我有一位记者朋友,从事最高法院事务报道已有50年,他曾告诉我,根据他多年来的观察,在庭审方面,现在的最高法院准备最为充分,大法官们效率很高,在充分了解案情基础上,提出了许多一针见血的问题。在上个开庭期的某次庭审中,他们问出了102个问题。在另一起案件中,问出106个问题。一个小时问那么多问题,律师们当然得精心准备。

多伊贝尼:谈谈您与大法官在日常工作中的接触和交流吧。
苏特:日常工作中,我主要接触的是首席大法官。但是,每周内部会议结束后,我都要和最资浅的大法官见面。他会根据会议记录,向我和部分工作人员宣布会议决定的事项,比如:"我们受理这起案件;我们拒绝受理那些案子;我们打算采纳首席政府律师在这起案件中的动议",等等。随后,我们会返回办公室,经过再次确认,制作最高法院相关指令的文书,并于下周一发布。当天上午,最高法院开庭时,首席大法官会宣布,最高法院相关指令将由书记官发布,指令内容宣布后,很快会被上传到官方网站上。包括记者、执业律师或普通民众在内,凡是对此感兴趣的人,都会知道我们又受理了什么案件,哪些案件将在下个开庭期审理。

多伊贝尼:当您记录最资浅的大法官通报的会议决定事项时,您会知道会议上的具体情况么?

苏特:不会,当然不会。我们只听结果,整个过程大概只用几分钟。我与阿利托大法官合作得不错,这个差事他只干了几个开庭期。布雷耶大法官则干了十一年半。他很擅长这项工作。他当了太长时间最资浅的大法官。[1]

多伊贝尼:当您坐在法庭内观审时,会有什么感受?

苏特:我之前已提到,我十分敬畏这座大楼和这个机构。我也是一名资深法律人。过去曾在部队的军法处工作,从事法律工作已有 30 年。在最高法院,我主要负责司法行政和文书工作,但坐在法庭内,我也会想,这些纠纷能在法庭里解决,总比在大街上用非法手段解决好。我会想到 1935 年以来,这座大楼内审理的许多里程碑案件,还有一些称不上里程碑的案子——但这些案子对某些人可能非常重要。某个我可能不感兴趣的破产案,或许对某个人或某个群体至关重要,他们都指望最高法院能解释法律,提供指引。这是一个神圣的地方,永远不会过时。我想许多律师和听众,尤其是学者,都会有这样的感受。

---

〔1〕 目前,艾琳娜·卡根是最资浅的大法官,会议记录轮到她来做了。

多伊贝尼：这些年来，最高法院大楼内哪些地方时常会引起您的注意？

苏特：天花板上雕刻的玫瑰形花样。我过去从没见过。近些年才陆续在一些建筑内看到。几年前，我在纽约一栋大楼内看到时，曾想："似乎和我们那里的挺像。"后来我还去问过本院文史馆，看是不是一个建筑师设计的。但答案却是否定的。这些玫瑰形图案非常漂亮，我很喜欢。

多伊贝尼：法庭之内，什么有形之物代表了最高法院的传统呢？

苏特：法袍。法袍是匿名的标志。这些人不是修道士。他们会公正解释法律，也不会被任何政治游说所影响。台下常能看到记者旁听。我国没有秘密审判。记者可以随便出入。公民可以列队旁听。任何人只要愿意，都可以到庭审现场来。我们很乐意开放庭审，让公众都来旁听，哪怕是像"布什诉戈尔案"那样举国瞩目的重要案件。上百人云集于此，旁听最高法院审案。这也是民主政治的最好体现。

多伊贝尼：您看到庭外那些列队旁听庭审的人们，会有什么想法？

苏特：我认为他们是地球上最伟大的人民。我们也是地球上最伟大的国家。这里面有许多假期中的学生，或者学生团体，他们未必理解自己目睹的一切，但都想看看这座作为权利的最后救济途径的法院。这不是我的大楼。我们不是这座大楼的主人，你们才是。大法官都是为人民服务的。我们很高兴看到来自不同行业、不同族群的美国人来到这座法院，走进这间法庭。

多伊贝尼：您曾有机会与来访的学生团体交流么？

苏特：我到这儿工作后，起码与一千三百多个学生团体进行过交流，几乎两到三周一次。包括男童子军、女童子军以及来自美国各地高中的学生团体。我还接待过一个英国橄榄球学校的成员，那儿可是橄榄球的发源地。与学生团体交流是非常有趣的事，他们会问很多问题。我特别喜欢与高中生交流。我会告诉他们一些正在审理的，与和他们的同龄人有关的案子。

我会介绍案件事实,还会读相关宪法条文给他们听。然后我会让他们投票表决,决定哪方应该胜出。这些都非常有意思。他们的老师有时会对投票结果非常吃惊。另外,大法官们也经常发表公共演讲。但不是正式的演讲,多数针对的是法学院学生。

多伊贝尼:可以向我们介绍一些书记官办公室的历史么?

苏特:首位书记官是1790年任命的。他就是约翰·塔克先生,他的肖像挂在我身后那面墙上。早年的书记官都不太忙,因为连最高法院都没多少案子可审。相对于最高法院,制宪者更关注另外两个政府分支。在塔克先生治下,最高法院书记官办公室得以成立。历史上有过许多有趣的书记官,有人干了36年,有人只干了1年。我刚到这里工作时,曾说:"我干得至少要比那个任期最长的人要长。"我做到了。书记官要做许多记录、誊写工作,不少有意思的人都当过书记官。在同僚的帮助下,我搜集了不少与之相关的历史文献。等我退休了,我打算整理出一部书记官的历史,里面肯定有不少有趣的故事。

多伊贝尼:最高法院有过多少位书记官?

苏特:十九位。

多伊贝尼:这十九位中,哪位最有趣,您可以谈谈他么?

苏特:应该是来自第九巡回上诉法院的詹姆斯·布朗宁,他被任命时还是上诉法院的资深法官。我想,他应该是总统宣誓就职时,最后一位手托圣经的书记官了,当时的总统是约翰·肯尼迪。我见过布朗宁先生,他是一位非常讨人喜欢的人。我认识五位前书记官。他们都是很有趣的人,但也各有不同。我是第一个有过军旅生涯的书记官。

多伊贝尼:您这里有当年的文物么?

苏特:有的。我右手边的拉盖书桌,曾经属于伊莱亚斯·考德威尔,他在1800年至1826年担任本院书记官。我把这张桌子放在他的画像下方。我还在桌上放了几支羽毛笔,没准儿他回到这张桌前时会用得着。

多伊贝尼:问一些与您的军旅背景有关的问题吧。您在军中一直做到少将,哪些经历对现在这份工作有帮助呢?

苏特:我法学院一毕业就参军了。我加入过预备军官训练队。最八卦的是,跟我在德州胡德堡的预备军官训练队一起受训的,有后来的"猫王"埃尔维斯·普莱斯利。我办公室里还放着一张与他的合影。我在军中拥有了丰富的起诉和辩护经验。我在世界许多地方驻扎过:泰国曼谷;越南;弗吉尼亚州的夏洛茨维尔,那里也是军法署所在地,当然,五角大楼也在那儿。我在不同地方执行过许多任务,每次都感觉重任在肩,很有挑战性,而且充满乐趣。我觉得自己过去所做的一切,都是为现在这份工作做准备。在部队时,你可能还是一只工蜂,在这里则是作为管理者或行政人员,必须尽可能把各类事项安排得井井有条。

多伊贝尼:您最喜欢这座大楼哪个地方?

苏特:这间办公室。它非常舒适,是接待访客的好地方。许多雇员会来这里和我交谈。我把很多工作都授权给手下独立完成。所以他们不用事事向我请示。每个大法官都配备了法官助理,这些人都非常优秀,也很敬业。他们有时会就相关事务,来找副书记官或我办公室的其他员工联系工作,一般不用直接找我。所以我认识一些助理,但认识的不全。

多伊贝尼:您还记得第一天来这儿工作的情形么?

苏特:记得。那时我还没摸到门道,只是装作对情况很熟悉的样子。刚到一个新岗位,必须小心谨慎地适应各种变化。我拜访了所有大法官。能一下子见到这么多大人物,是段很有意思的经历。而且,我发现这里的员工都很优秀,预算也全部够花。内心就没那么紧张了。我至今还记得,自己第一天上班时,穿了一套崭新的西装。

多伊贝尼：您以游客身份参观过最高法院么？

苏特：我曾经以军官身份来这里旁听过一起与军方有关的案件的庭审。有时我也会来旁听一些自己很感兴趣的案子。作为法律人，我还是愿意来旁听的。我大概在这儿旁听过四次庭审，所以我对这个地方并不陌生。不过，那时我对这里的地形还不熟悉，经常迷路。

多伊贝尼：您前面提到，不是很多人见识过法庭内发生的事。让我们假设一下：庭审即将开始，您走出律师休息室，确认每个人已准备就绪，您自己也入席。这会儿正好是上午十点，接下来会发生什么？

苏特：我们的法警、执法官和助理要做许多工作。大家必须确保所有律师就座，旁听者全部入席，一切都井井有条。然后会有"5分钟提示音"，意味着还有5分钟就要开庭了。随后，大法官从帷幕后分三组进入法庭。执法官会依循传统，宣布"肃静、肃静、肃静"，提醒大家法官驾到，大法官落座后，全体人员起立，这是一个非常神圣的时刻。有些人会说："简直难以置信，他们居然在这儿，我居然看到他们了。"这不是百老汇的演出，但有时候的确会让人感到汗毛直竖，惊叹"这一切居然是真的"。随后，随着执法官一声槌响，所有人坐下，庭审开始了。一切井然有序，每个人都觉得这是一个庄严神圣的时刻。

如果是正常的言词辩论日，首席会先宣布接纳新律师入会的决定，然后他会说："现在我们听取第08410号案件，'史密斯诉琼斯案'的言词辩论，霍尔茨先生。"接着，霍尔茨先生会说："尊敬的首席大法官先生，希望我的发言能让诸位满意。"他们知道该站在哪儿发言，没人会找不着北。每个人都知道自己该干什么。首席大法官那里有一份书记官办公室预先准备好的台本，上面标出了出庭律师的姓名，甚至附上了音标，确保他能准确读出律师的名字。我们可不希望任何一个环节出差错。

多伊贝尼：苏特将军，谢谢您！

附录二　如何了解最高法院

了解最高法院资讯的
网络资源

若想以最快捷、便利的方式了解最高法院的资讯,可以访问最高法院官方网站,地址为:www.supremecourt.gov,这个网站的使用界面非常友好,各类资讯也随时更新。最高法院的判决和指令发布后,几分钟内就会上传到这里。按照最高法院和美国律师协会的合作协议,所有已受理并排期开庭的案件,相关诉状也会上传发布。

最高法院官方网站可以随时查询到开庭时间、待审案件。言词辩论记录会在庭审结束后几小时内上传。大法官们出庭听审当周周五,最高法院就会将本周的庭审音频记录上传。此外,访客还可以在网站上查询到历年联邦年度司法报告、大法官演讲稿、最高法院历史、建筑概况、游客指南和全体大法官的简介。

除了最高法院官方网站,由伊利诺伊理工学院和芝加哥肯特法学院共同维护的"肃静"项目官方网站,也是获取最高法院资讯的不错选择,地址是:www.oyez.org。这个网站免费提供种类、格式多样的案件材料和历史文献,包括所有庭审的音频记录。

本书附录一的受访者之一、最高法院记者团团长莱尔·丹尼斯顿创办的免费网站 Scotusblog 值得大力推荐,网址为:www.scotusblog.com("Scotus"是美国最高法院[Supreme Court of the United States]的常用缩略语),这个网站会分析新近判决,上传最新提交的调卷复审令状申请,每日提供关于最高法院最新新闻报道和评论。另一个值得推荐的网站是 Findlaw,网址为:*http://supreme.lp.findlaw.com/index.html*,更新速度没有 Scotusblog 那么快,但网站所有资源也全部免费,并提供十九世纪以来的全部判决意见文本。

美国最高法院大法官年表[1]

提名的总统/大法官	宣誓就职日	任期结束日	任职时间
乔治·华盛顿			
约翰·杰伊*	1789.10.19	R 1795.6.29	6
约翰·拉特里奇	1790.2.15	R 1791.3.5	1
威廉·库欣	1790.2.2	D 1810.9.13	21
詹姆斯·威尔逊	1789.10.5	D 1798.8.21	9
约翰·布莱尔	1790.2.2	R 1795.10.25	6
詹姆斯·艾尔德尔	1790.5.12	D 1799.10.20	9
托马斯·约翰逊	1792.8.6	R 1793.1.16	1
威廉·佩特森	1793.3.11	D 1806.9.9	13
约翰·拉特里奇*†	1795.8.12	R 1795.12.15	0.3
塞缪尔·蔡斯	1796.2.4	D 1811.6.19	15
奥利弗·埃尔斯沃思*	1796.3.8	R 1800.12.15	4
约翰·亚当斯			
布什罗德·华盛顿	1799.2.4	D 1829.11.26	31
艾尔弗雷德·穆尔	1800.4.21	R 1804.1.26	4
约翰·马歇尔*	1801.2.4	D 1835.7.6	34

[1] * = 首席大法官；† = 从联席大法官任上被晋升为首席大法官（任职年限仅指担任首席大法官的年限，之前担任联席大法官的时间列在前面）；D = 死亡；P = 晋升为首席大法官（担任首席大法官的时间单列）；R = 退休或辞职。

(续表)

提名的总统/大法官	宣誓就职日	任期结束日	任职时间
托马斯·杰弗逊			
威廉·约翰逊	1804.5.7	D 1834.8.4	30
亨利·布罗克霍斯特·利文斯顿	1807.1.20	D 1823.3.18	16
托马斯·托德	1807.5.4	D 1826.2.7	19
詹姆斯·麦迪逊			
约瑟夫·斯托里	1812.2.3	D 1845.9.10	34
加百利·杜瓦尔	1811.11.23	R 1835.1.14	23
詹姆斯·门罗			
史密斯·汤普森	1823.9.1	D 1843.12.18	20
约翰·昆西·亚当斯			
罗伯特·特林·布尔	1826.6.16	D 1828.8.25	2
安德鲁·杰克逊			
约翰·麦克莱恩	1830.1.11	D 1861.4.4	32
亨利·鲍德温	1830.1.18	D 1844.4.21	14
詹姆斯·M.韦恩	1835.1.14	D 1867.7.5	32
罗杰·B.坦尼*	1836.3.28	D 1864.10.12	28
菲利普·P.巴伯	1836.5.12	D 1841.2.25	5
马丁·范布伦			
约翰·卡特伦	1837.5.1	D 1865.5.30	28
约翰·麦金利	1838.1.9	D 1852.7.19	15
彼得·V.丹尼尔	1842.1.10	D 1860.5.31	19
约翰·泰勒			
塞缪尔·纳尔逊	1845.2.27	R 1872.11.28	27
詹姆斯·K.波尔克			
利瓦伊·伍德伯里	1845.9.23	D 1851.9.4	5
罗伯特·C.格里尔	1846.8.10	R 1870.1.31	23
米勒德·菲尔莫尔			
本杰明·R.柯蒂斯	1851.10.10	R 1857.9.30	5
富兰克林·皮尔斯			
约翰·A.坎贝尔	1853.4.11	R 1861.4.30	8

(续表)

提名的总统/大法官	宣誓就职日	任期结束日	任职时间
詹姆斯·布坎南			
内森·克利福德	1858.1.21	D 1881.7.25	23
亚伯拉罕·林肯			
诺亚·H.斯温	1862.1.27	R 1881.1.24	19
塞缪尔·F.米勒	1862.7.21	D 1890.10.13	28
戴维·戴维斯	1862.12.10	R 1877.3.4	14
斯蒂芬·J.菲尔德	1863.5.20	R 1897.12.1	34
萨蒙·P.蔡斯*	1864.12.15	D 1873.5.7	8
尤利塞斯·S.格兰特			
威廉·斯特朗	1870.3.14	R 1880.12.14	10
约瑟夫·P.布拉德利	1870.3.23	D 1892.1.22	21
沃德·亨特	1873.1.9	R 1882.1.27	9
莫里森·R.韦特*	1874.3.4	D 1888.3.23	14
卢瑟福·B.海斯			
约翰·马歇尔·哈伦	1877.12.10	D 1911.10.14	34
威廉·B.伍兹	1881.1.5	D 1887.5.14	6
詹姆斯·加菲尔德			
斯坦利·马修斯	1881.5.17	D1889.3.22	7
切斯特·A.阿瑟			
霍勒斯·格雷	1882.1.9	D 1902.9.15	20
塞缪尔·布拉奇福德	1882.4.3	D 1893.7.7	11
格罗弗·克利夫兰			
卢修斯·Q.C.拉马尔	1888.1.18	D 1893.1.23	5
梅尔维尔·W.富勒*	1888.10.8	D 1910.7.4	22
本杰明·哈里森			
戴维·J.布鲁尔	1890.1.6	D 1910.3.28	20
亨利·B.布朗	1891.1.5	R 1906.5.28	15
小乔治·夏伊拉斯	1892.10.10	R 1903.2.23	10
豪厄尔·E.杰克逊	1893.3.4	D 1895.8.8	2

（续表）

提名的总统/大法官	宣誓就职日	任期结束日	任职时间
格罗弗·克利夫兰			
爱德华·D.怀特	1894.3.12	P 1910.12.18	17
鲁姆斯·W.佩卡姆	1896.1.6	D 1909.10.24	13
威廉·麦金利			
约瑟夫·麦克纳	1898.1.26	R 1925.1.5	26
西奥多·罗斯福			
奥利弗·温德尔·霍姆斯	1902.12.8	R 1932.1.12	29
威廉·R.戴	1903.3.2	R 1922.11.13	19
威廉·H.穆迪	1906.12.17	R 1910.11.20	3
威廉·霍华德·塔夫脱			
霍勒斯·H.勒顿	1910.1.3	D 1914.7.12	4
查尔斯·E.休斯	1910.10.10	R 1916.6.10	6
爱德华·D.怀特*†	1910.12.19	D 1921.5.19	10
威利斯·范德文特	1911.1.3	R 1937.6.2	26
约瑟夫·R.拉马尔	1911.1.3	D 1916.1.2	5
马伦·皮特尼	1912.3.18	R 1922.12.31	10
伍德罗·威尔逊			
詹姆斯·C.麦克雷诺兹	1914.10.12	R 1941.1.31	26
路易斯·D.布兰代斯	1916.6.5	R 1939.2.13	22
约翰·H.克拉克	1916.10.9	R 1922.9.18	6
沃伦·G.哈定			
威廉·H.塔夫脱*	1921.7.11	R 1930.2.3	8
乔治·萨瑟兰	1922.10.2	R 1938.1.17	15
皮尔斯·巴特勒	1923.1.2	D 1939.11.16	17
爱德华·T.桑福德	1923.2.19	D 1930.3.8	7
卡尔文·柯立芝			
哈伦·F.斯通	1925.3.2	P 1941.7.2	16
赫伯特·胡佛			
查尔斯·E.休斯*†	1930.2.24	R 1941.6.30	11
欧文·J.罗伯茨	1930.6.2	R 1945.7.31	15
本杰明·N.卡多佐	1932.3.14	D 1938.7.9	6

(续表)

提名的总统/大法官	宣誓就职日	任期结束日	任职时间
富兰克林·D. 罗斯福			
雨果·L. 布莱克	1937.8.19	R 1971.9.17	34
斯坦利·F. 里德	1938.1.31	R 1957.2.25	19
菲利克斯·法兰克福特	1939.1.30	R 1962.8.28	23
威廉·O. 道格拉斯	1939.4.17	R 1975.11.12	36
弗兰克·墨菲	1940.2.5	D 1949.7.19	9
哈伦·F. 斯通*†	1941.7.3	D 1946.4.22	5
詹姆斯·F. 伯恩斯	1941.7.8	R 1942.10.3	1
罗伯特·H. 杰克逊	1941.7.11	D 1954.10.9	13
威利·B. 拉特里奇	1943.2.15	D 1949.9.10	6
哈里·S. 杜鲁门			
哈罗德·H. 伯顿	1945.10.1	R 1958.10.13	13
弗里德·M. 文森*	1946.6.24	D 1953.9.8	7
汤姆·C. 克拉克	1949.8.24	R 1967.6.12	18
谢尔曼·明顿	1949.10.12	R 1956.10.15	7
德怀特·D. 艾森豪威尔			
厄尔·沃伦*	1953.10.5	R 1969.6.23	15
约翰·M. 哈伦	1955.3.28	R 1971.9.23	16
小威廉·J. 布伦南	1956.10.16	R 1990.7.20	33
查尔斯·E. 惠特克	1957.3.25	R 1962.3.31	5
波特·斯图尔特	1958.10.14	R 1981.7.3	22
约翰·F. 肯尼迪			
拜伦·R. 怀特	1962.4.16	R 1993.6.28	31
阿瑟·戈德伯格	1962.10.1	R 1965.7.25	3
林登·B. 约翰逊			
阿贝·福塔斯	1965.10.4	R 1969.5.14	4
瑟古德·马歇尔	1967.10.2	R 1991.10.1	24
理查德·M. 尼克松			
沃伦·E. 伯格*	1969.6.23	R 1986.9.26	17
哈里·A. 布莱克门	1970.6.9	R 1994.8.3	24

（续表）

提名的总统/大法官	宣誓就职日	任期结束日	任职时间
小刘易斯·F.鲍威尔	1972.1.7	R 1987.6.26	16
威廉·H.伦奎斯特	1972.1.7	P 1986.9.26	15
杰拉尔德·R.福特			
约翰·保罗·斯蒂文斯	1975.12.19	R 2010.6.29	34
罗纳德·里根			
桑德拉·戴·奥康纳	1981.9.25	R 2006.1.31	24
威廉·H.伦奎斯特*†	1986.9.26	D 2005.9.3	19
安东宁·斯卡利亚	1986.9.26		
安东尼·M.肯尼迪	1988.2.18		
乔治·H.W.布什			
戴维·H.苏特	1990.10.9	R 2009.6.29	20
克拉伦斯·托马斯	1991.10.23		
威廉·J.克林顿			
露丝·巴德·金斯伯格	1993.8.10		
斯蒂芬·G.布雷耶	1994.8.3		
乔治·W.布什			
约翰·G.罗伯茨*	2005.9.29		
塞缪尔·A.阿利托	2006.1.31		
巴拉克·奥巴马			
索尼娅·索托马约尔	2009.8.8		
艾琳娜·卡根	2010.8.7		

C-SPAN近期关于公众对最高法院认识的民意调查

美国人对最高法院有何认识,希望最高法院有什么改变,C-SPAN就此议题进行了民意调查。调查由Penn, Schoen and Berland Associates, LLC实施,801位选民接受了调查。调查结果表明,十分之九的美国人认为最高法院对他们的日常生活有重要影响——但仅有一半人能说出一起由最高法院审理的具体个案。

这项2009年9月17日进行的民意调查显示,公众支持最高法院进行重大变革,许多人赞成重新考虑大法官终身任职的宪法规定,近三分之二(约65%)的人希望摄像机能够进入最高法院的法庭,并实现庭审直播。以下是民意调查中使用的14个问题。

1. 美国最高法院的工作能影响到每位普通公民的日常生活,对这个说法,您的态度是非常同意、同意、反对还是强烈反对?

非常同意,39%

同意,49%

反对,10%

强烈反对,2%

2. 您能说出美国最高法院判过的任何一起案件的名称吗?

能,49%

不能,51%

49%的受调查者表示能说出一起最高法院判例的名称,他们的答案多数是:"罗伊诉韦德案"(占84%)。还有少量答案涉及:"布朗诉教育委员会案"(9%)、"普莱西诉弗格森案"(3%)、"布什诉戈尔案"(1%)、"哥伦比亚特区诉赫勒案"(1%)、"马伯里诉麦迪逊案"(1%)。在谈及"布什诉戈尔案"(涉及2000年总统大选纠纷)者当中,71%的人表示该判决不会影响他们对最高法院的看法。

3. 2000年的"布什诉戈尔案"判决会不会影响到你对最高法院的看法?

会,29%

不会,71%

民意调查显示,公众支持最高法院进行重大变革,许多人赞成重新考虑大法官终身任职的宪法规定,近十分之八的美国人知道最高法院大法官并没有强制退休年龄。

4. 最高法院大法官有没有强制退休年龄?

有,21%

没有,79%

约有一半的受调查者认为大法官不应终身任职。

5. 如今,美国最高法院大法官都是终身任职。您对大法官终身任职制持何态度,非常同意、同意、反对还是强烈反对?

非常同意,14%

同意,31%

反对,36%

强烈反对,20%

四分之三的受调查者赞成最高法院大法官以 18 年为一个任期,这个提议来自《哈佛法律和公共政策杂志》,相关方案刊载在《纽约时报》上。

6. 有人建议,最高法院大法官应当以 18 年为一个任期,之后再由时任总统决定是否连任,并由参议院确认。与终身任职制相比,您对此建议持什么态度?

非常支持 18 年任期制,31%

支持 18 年任期制,47%

支持终身任职制,12%

非常支持终身任职制,11%

(事实上,2009 年夏天前上任的八位大法官平均任职时间为 17 年。索尼娅·索托马约尔大法官的前任戴维·苏特任职时间为 18.6 年。)

受调查者支持的另一项变革措施,是庭审直播。近三分之二的人赞成摄像机进入最高法院。

7. 美国最高法院至今仍不允许摄像机拍摄庭审过程。请问您对这一做法的态度。

非常同意,30%

同意,35%

反对,22%

强烈反对,13%

(每个州都在某种程度上允许摄像机拍摄上诉法院的庭审过程。1996 年以来,联邦第二、第九巡回上诉法院也允许摄像机拍摄具体案件的庭审过程。此外,加拿大最高法院 1981 年就允许摄像机进入法庭,英国最高法院则从 2009 年 10 月放开对电视摄像机的限制。)

8. 您能说出任何一位最高法院大法官的姓名吗？
能,46%
(克拉伦斯·托马斯,14%
约翰·罗伯茨,11%
露丝·巴德·金斯伯格,7%
安东宁·斯卡利亚,6%
戴维·苏特,3%
塞缪尔·阿利托,2%
斯蒂芬·布雷耶,1%
安东尼·肯尼迪,1%
约翰·保罗·斯蒂文斯,1%)
不能,54%

9. 您能说出最高法院第一位女性大法官的姓名吗？
能(桑德拉·戴·奥康纳),41%
不能,59%

10. 近年来,最高法院共有过多少位女性大法官？
没有,3%
一位,9%
两位,27%
三位,37%
四位,8%
五位,6%
六位或六位以上,9%

11. 近年来,最高法院共有过多少位非洲裔大法官?

没有,9%

一位,28%

两位,39%

三位,9%

四位,4%

五位,5%

六位或六位以上,4%

12. 最高法院的庭审是否使用陪审团?

是的,19%

不用,67%

不知道,14%

13. 最高法院每起案件的庭审时间一般是多久?

30 分钟,10%

60 分钟,9%

90 分钟,10%

一天,5%

两天,9%

不知道,58%

14. 美国首席大法官是否必须有法律人背景?

是,48%

否,52%

2009 年 9 月的调查情况参见:

http://supremecourt.c-span.org/assets/pdf/SC_SeptemberPollindepthAgendaResults(092209).pdf

2009年6月的调查情况参见:
http://www.c-span.org/pdf/CSPAN%20Supreme%20Court%20Online%20Survey_070909_6pm.pdf

申请最高法院审理案件数及最高法院实际审理案件数(1980年—2010年)

年份	申请数	审理数
1980	5 144	136
1981	5 311	153
1982	5 079	157
1983	5 100	159
1984	5 006	150
1985	5 158	158
1986	5 123	154
1987	5 268	148
1988	5 657	146
1989	5 746	131
1990	6 316	117
1991	6 770	112
1992	7 245	111
1993	7 786	90
1994	8 100	85
1995	7 565	81
1996	7 602	93
1997	7 692	98
1998	8 083	83
1999	8 445	86

(续表)

年份	申请数	审理数
2000	8 965	87
2001	9 176	80
2002	9 406	78
2003	8 883	82
2004	8 588	80
2005	9 608	79
2006	10 256	73
2007	9 602	74
2008	8 966	82
2009	9 302	82
2010	7 857	86

著作权合同登记号　图字:01-2012-1351
图书在版编目(CIP)数据

谁来守护公正:美国最高法院大法官访谈录/(美)拉姆(Lamb,B.),(美)斯温(Swain,S.),(美)法卡斯(Farkas,M.)编;何帆译.—北京:北京大学出版社,2013.1
ISBN 978-7-301-21534-0

Ⅰ.①谁… Ⅱ.①拉… ②斯… ③法… ④何… Ⅲ.①法官-演讲-美国-文集 Ⅳ.①D971.262-53

中国版本图书馆CIP数据核字(2012)第263353号

THE SUPREME COURT: A C-SPAN Book, Featuring the Justices in their Own Words
by C-SPAN, Brian Lamb, Susan Swain and Mark Farkas
Copyright © 2010 by National Cable Satellite Corporation
Simplified Chinese translation copyright © 2013 by Peking University Press
Published by arrangement with PublicAffairs, a Member of Perseus Books Group
through Bardon-Chinese Media Agency
博达著作权代理公司
ALL RIGHTS RESERVED

书　　　　名:	谁来守护公正:美国最高法院大法官访谈录
著作责任者:	〔美〕布莱恩·拉姆　〔美〕苏珊·斯温　〔美〕马克·法卡斯　编
	何　帆　译
责 任 编 辑:	曾　健　陈晓洁
标 准 书 号:	ISBN 978-7-301-21534-0/D·3205
出 版 发 行:	北京大学出版社
地　　　　址:	北京市海淀区成府路205号　100871
网　　　　址:	http://yandayuanzhao.com
电 子 信 箱:	yandayuanzhao@163.com　新浪官方微博:@北大出版社燕大元照法律图书
电　　　　话:	邮购部 62752015　发行部 62750672　编辑部 62117788
	出版部 62754962
印　刷　者:	北京汇林印务有限公司
经　销　者:	新华书店
	965毫米×1300毫米　16开本　25.75印张　373千字
	2013年1月第1版　2019年7月第9次印刷
定　　　　价:	58.00元

未经许可,不得以任何方式复制或抄袭本书之部分或全部内容。
版权所有,侵权必究
举报电话:010-62752024　电子信箱:fd@pup.pku.edu.cn